U0918337

全国教育科学规划课题“教师教育力提升与‘双一流’背景下
教师教育综合化改革研究”（BAA180019）

陕西师范大学优秀学术著作出版基金资助

中国教师教育综合化研究

龙宝新◎著

中国社会科学出版社

图书在版编目(CIP)数据

中国教师教育综合化研究／龙宝新著．—北京：中国社会科学出版社，2022.8

ISBN 978-7-5203-9960-9

Ⅰ.①中… Ⅱ.①龙… Ⅲ.①教师教育—研究—中国
Ⅳ.①G451.2

中国版本图书馆 CIP 数据核字（2022）第 049348 号

出 版 人　赵剑英
责任编辑　刘　艳
责任校对　陈　晨
责任印制　戴　宽

出　　版　中国社会科学出版社
社　　址　北京鼓楼西大街甲 158 号
邮　　编　100720
网　　址　http://www.csspw.cn
发 行 部　010-84083685
门 市 部　010-84029450
经　　销　新华书店及其他书店

印　　刷　北京明恒达印务有限公司
装　　订　廊坊市广阳区广增装订厂
版　　次　2022 年 8 月第 1 版
印　　次　2022 年 8 月第 1 次印刷

开　　本　710×1000　1/16
印　　张　17.25
插　　页　2
字　　数　251 千字
定　　价　88.00 元

凡购买中国社会科学出版社图书，如有质量问题请与本社营销中心联系调换
电话：010-84083683

目　录

第一章　绪论

“培养高素质教师队伍”“加快一流大学和一流学科建设”是十九大报告的两大亮点，是新时代党和国家办好人民满意教育事业的关键链环，二者在高等教育改革实践中的重要结合部就是教师教育综合化。2018 年，教育部等五部门关于印发《教师教育振兴行动计划（2018—2022 年）》颁布，明确要求：教师教育事业要“主动适应教育现代化对教师队伍的新要求，遵循教育规律和教师成长发展规律，着眼长远，立足当前，以提升教师教育质量为核心，以加强教师教育体系建设为支撑，以教师教育供给侧结构性改革为动力，推进教师教育创新、协调、绿色、开放、共享发展，从源头上加强教师队伍建设，着力培养造就党和人民满意的师德高尚、业务精湛、结构合理、充满活力的教师队伍”。在这一形势下，我国新一轮教师教育综合化改革必须调整路向、深度跟进，强化其“推进一流教师教育学科与教师教育大学建设”的初心与本意。历史地看，我国教师教育综合化正面临着重重挑战——师范大学去师范化倾向初现，综合大学开砍教育学院，地方师范院校深陷“更名热”……迫于形势，2017 年 1 月，教育部王定华司长宣布：“十三五”期间我国 181 所师范院校一律不更名、不脱帽；2017 年 11 月，教育部正式启动师范类专业认证工作……强力为师范大学、师范专业健康、持续发展保驾护航！在这一背景下，反思我国教师教育综合化改革的路径与初衷，沿着“教师教育力提升”这一改革主线，调适教师教育综合化进程的路径，其现实意义不容小觑。

第一节　教师教育综合化的研究现状

教师教育综合化的实质是高校“教师教育力”的凝聚与提升，焦点是一流教师教育大学、一流教师教育学科的培育，其最终目标是为师范专业建设提供有力支持，助推教育人才供给侧改革，为基础教育学校造就一大批高素质预备教师。为响应这一目标，学术界与实践界联手做出了一系列重要探索，出现了一系列研究成果。“中国知网”信息显示：截至2021年8月13日，以“教师教育综合化”为主题的文献总量仅200篇，2005年形成高峰期，2003年、2013年形成了两个次高峰期，最早1篇于1998年发表（见图1-1），为成广兴等老师发表在《泰安师专学报》上的《加快师专课程综合化进展 全面提高学生素质》一文；以“师范教育综合化”为主体的文献总量为169篇，2006年形成高峰期，最早1篇于1990年发表，为《辽宁师范大学学报》巩其庄同学的硕士学位论文《我国高等师范教育改革的方向：综合化》（见图1-2）。可以判定，教师教育综合化研究的真正高峰期出现在2005—2006年，最近研究小高峰期为2019年，与国家教师教育新政《关于深化教育改革全面推进素质教育的决定》（1999年）、《教师教育振兴行动计划》（2018年）等的出台息息相关。

一　教师教育综合化的理念探索

受欧美教师教育大学化、专业化改革浪潮的影响，20世纪末我国出台《关于深化教育改革全面推进素质教育的决定》，提出“调整师范学校的层次和布局，鼓励综合性高等学校和非师范类高等学校参与培养、培训中小学教师的工作，探索在有条件的综合性高等学校中试办师范学院”的全新教师教育布局，“教师教育综合化”理念呼之欲出，迅速形成了三个理论焦点：

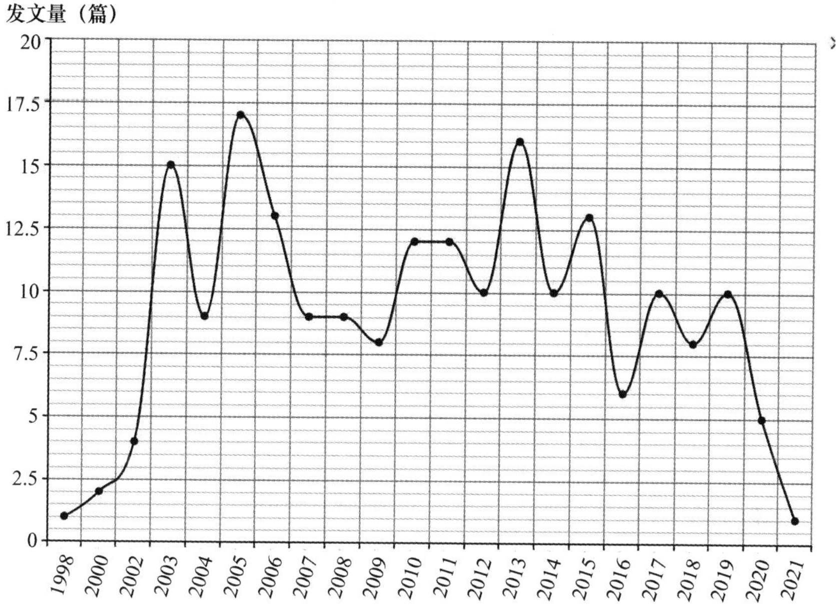

图 1-1 “教师教育综合化”主题研究趋势图（基于“中国知网”数据）

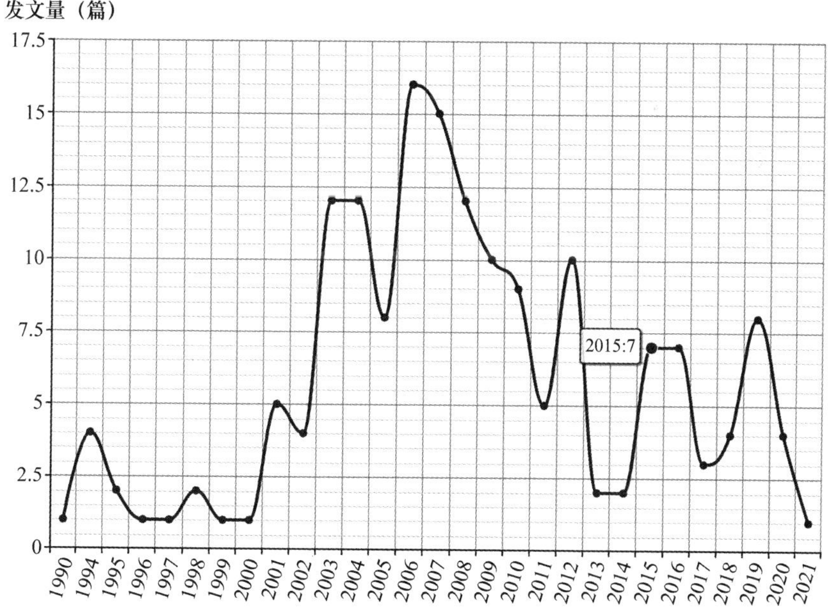

图 1-2 “师范教育综合化”主题研究趋势图（基于“中国知网”数据）

（一）教师教育综合化的内涵与内核问题

在教师教育进程中，什么是“综合化”、“综合性”？学者有三种看法：一是“把师范教育建筑在更广阔的基础之上”，适应基础教育学校发展的要求；[①] 二是在“高水平”办学目标指引下实现学校办学定位、学科结构、专业设置、课程设计、人才培养模式等方面的全面综合化；[②] 三是学科设置的综合化、学院建设的研究化与大学内部教师教育的“教育学院”化。[③] 学科是师范专业的依托，学科综合化是教师教育综合化的内核与心脏，在高水平师范大学的综合化转型中具有战略地位。[④] 内涵上，“学科综合性”意指为教师教育在师范大学的新学科专业格局中找到合适的位置，是让学科发展处在“教师教育”的麾下，而非追求大而全的学科规模；[⑤] 实质上，学科综合性是多样化教师教育相关学科间的渗透、交叉与融合，[⑥] 知识综合化与功能综合化是其两翼；[⑦] 目标上，学科综合性关注的是师范大学办学质量和效益的“高水平”，即通过学科间的多样性互补发展来实现整体综合效益的最大化。[⑧]

（二）一流教师教育大学与一流教育学科建设的关系问题

教师教育综合化的直接表现是教师教育大学化，即高水平师范大学建设与高水平综合大学举办师范专业，一流教师教育大学建设与一流教师教育学科是“双一流”教师教育改革的两翼。

---

① 巩其庄：《我国高等师范教育改革的方向：综合化》，《辽宁师范大学学报》（社会科学版）1990 年第 2 期。

② 钟秉林：《教师教育的发展与师范院校的转型》，《教育研究》2003 年第 6 期；石云、赵华荣：《论高等师范院校教师教育的综合化发展》，《当代教师教育》2004 年第 1 期。

③ 檀传宝：《何谓与何为——关于北京师范大学转型的初步研究》，《教师教育研究》2003 年第 6 期。

④ 胡玲翠：《教师教育开放背景下师范大学综合化转型研究》，博士学位论文，陕西师范大学，2014 年。

⑤ 李学农：《师范大学综合化与教师教育专业化》，《江苏高教》2005 年第 2 期。

⑥ 甘晖：《学科综合化：高水平师范大学转型的战略选择——以陕西师范大学为例》，《高等教育研究》2013 年第 4 期。

⑦ 朱永坤：《综合化：教师教育发展趋向》，《师资培训研究》2006 年第 1 期。

⑧ 钟秉林：《教师教育的发展与师范院校的转型》，《教育研究》2003 年第 6 期。

1. 国内研究

在国内，学者认为，一流师范大学的特征是：特色鲜明的定位，精英人才的培养，一流的科研、教师、管理与服务。① 在实践中，不同师范大学的改革思路大同小异。如北京师范大学，其思路是实施学科发展战略、深化教育改革、开展人才队伍建设、振兴科研实力、推进国际化发展等；② 东北师范大学的思路则是：以一流学科建设为核心，打造教师教育优势特色学科领域，带动大学治理体系创新与整体办学水平提高；③ 云南师范大学的思路是：实施人才强校、优势学科、教育创新、科技创新等工程。④ 在一流大学建设中，教育学科与教师教育相关学科扮演着“桥头堡”角色。在国内，学者认为我国一流教师教育学科建设的重点是：强调教育实践对教育研究的重要性，重视与其他学科、大学的联合，关注教师研究者培育与国际化推进等。⑤

2. 国外研究

在国外，作为世界一流大学，哈佛大学教育学院的学科建设经验是：建设一支背景丰富多元、专兼职相结合的师资队伍，以适应教师教育学科的“实践性较强、具有跨学科性质”的特点；按照学科齐全、综合性思路发展师范专业；与利益相关方携手合作，不断积累学术势力，争取较高的学科学术认同与专业影响力等。⑥ 再如斯坦福大学教育学院，其一流教师教育的学科建设经验是：强调师资队伍的多学科性，关注重大教育实践和政策的科学研究，立足学科面向实践培养顶尖学术

① 刘晨光：《一流师范大学的比较优势和特征分析》，《黑河学院学报》2017 年第 8 期。

② 施达轩：《北京师范大学向世界一流大学迈进》，《中国政协》2004 年第 B03 期。

③ 刘益春：《扎根中国大地以一流学科助推世界一流师范教育》，《中国高等教育》2017 年第 19 期。

④ 宁波：《云南师范大学加快建设区域性高水平大学》，http：//www. chinadaily. com. cn/dfpd/yn/bwzg/2012-02/21/content_ 14654464. htm，2012 年 2 月 21 日。

⑤ 张东辉：《从教育学的学科发展看美国一流教育学院的学位与专业设置》，《学位与研究生教育》2008 年第 1 期。

⑥ 蒋凯、杨锐、牛新春等：《世界一流大学的教育学科及其学术特色（笔会）——哈佛大学教育学院及其办学特色》，《苏州大学学报》（教育科学版）2017 年第 1 期。

人才等。[①] 对国际教师教育综合化研究经验丰富的 Ruth Hayhoe 认为，美国、英国等国家提倡由综合大学培养中小学教师，中国和日本等国家注重师范大学培养中小学教师，二者各有其优势，我国综合化改革中面临的主要问题是：师范大学面临着研究型大学的挑战，师范大学的综合化改革不宜太快，而应该坚守自己的办学传统，走出一条基于自身传统优势的一流师范大学振兴之路。[②]

（三）学术性与师范性的整合问题

教师教育是双专业教育，教师教育综合化的内部冲突是学术性与师范性间的关系处置问题。一类观点认为，综合化的意图是强化教师教育的学术性与开放性，适应宽口径、强基础的现代教育人才培养要求；一类观点认为，“融合观”超越了“师范观”、“学术观”与“机械学术观”，综合化意在强化教师教育的学术性，实现二者间的有机整合与高水平结合；[③] 一类观点认为，二者结合的关节点是“师范学术性”、教师教育学术性，[④] 等等。

二　我国教师教育综合化的政策省视

教育政策是教育理念落地的桥梁与推力，我国教师教育综合化政策的演进线路（见图 1－3）：

在此，将上述政策中的“教师教育综合化”提法与要求在此做一梳理与分析（见表 1－1）：

---

① 牛新春：《斯坦福大学教育研究生院：立足学科，关注实践，影响政策》，《苏州大学学报》（教育科学版）2017 年第 1 期。

② 黄成亮：《许美德中国高等教育研究的焦点及启示》，《江苏高教》2019 年第 12 期。

③ 巩其庄：《我国高等师范教育改革的方向：综合化》，《辽宁师范大学学报》（社会科学版）1990 年第 2 期；曹青青：《我国教师教育模式综合化的建构及其改进策略研究——基于“师范性”与“学术性”争论的分析》，硕士学位论文，河北大学，2016 年；宋涛：《高等师范院校综合化发展道路之我见》，《鞍山师范学院学报》1994 年第 1 期。

④ 孙二军、李国庆：《高师院校“学术性”与“师范性”的释义及实现路径》，《高教探索》2008 年第 2 期。

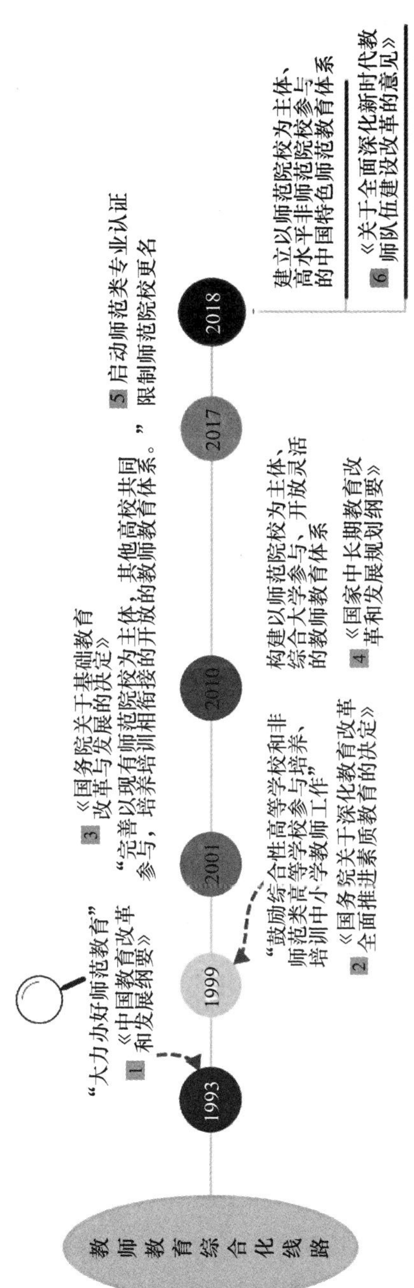

图1－3　我国教师教育综合化政策调整线路图

表 1－1　　我国教师教育综合化政策梳理

序号	时间	政策文件	教师教育综合化表述	演进趋势
1	1993	《中国教育改革与发展纲要》	“其他高等院校也要积极承担培养中小学和职业技术学校师资的任务。”	政策明朗期
2	1999	《关于深化教育改革全面推进素质教育的决定》	“调整师范学校的层次和布局，鼓励综合性高等学校和非师范类高等学校参与培养、培训中小学教师的工作，探索在有条件的综合性高等学校中试办师范学院。”	
3	2001	《国家关于基础教育改革与发展的决定》	“完善以现有师范院校为主体、其他高等学校共同参与、培养培训相衔接的开放的教师教育体系。加强师范院校的学科建设，鼓励综合性大学和其他非师范类高等学校举办教育院系或开设获得教师资格所需课程。支持西部地区师范院校的建设。以有条件的师范大学和综合性大学为依托建设一批开放式教师教育网络学院。”	体系化推进期
4	2010	《国家中长期教育改革与发展规划纲要》	“加强教师教育，构建以师范院校为主体、综合大学参与、开放灵活的教师教育体系。”	
5	2018	《关于全面深化新时代教师队伍改革的意见》	实施教师教育振兴行动计划，建立以师范院校为主体、高水平非师范院校参与的中国特色师范教育体系，推进地方政府、高等学校、中小学“三位一体”协同育人。	品质提升期

三　教师教育综合化的实践探索

在改革实践中，教师教育综合化是师范大学综合化与综合大学办师范专业双轨并驱、相向而行的过程，在具体路径与院校实践中表现多姿多态。

（一）师范大学综合化的两种路径是外延发展与内涵发展

师范大学综合化有两种路径，即外延发展与内涵发展。其中，前者主要是合并、更名，后者主要是“内生”、“嫁接”与“移植”，[①] 其中，调整办学目标为“转型为以教师教育和教育科学为主要特色的综合性大学”较为普遍。如果把控不当，综合化很有可能走上一条师范教育“全职—特色—边缘”的退化之路，[②] 强化教师教育特色尤为重要。

（二）办好“大师范”，推进教师教育大学化

走出“小师范”，办好“大师范”，开设非师范专业，是师范大学综合化的自然选择。[③] 教师教育大学化是“大师范”办学理念的直接体现，其三种基本方式是：师范院校升格为综合性大学，综合性大学参与教师培养与培训，师范大学、师范学院内在品质的综合大学化等。[④] 在这一理念指导下，改革开放以来我国师范院校减少 100 余所，师范大学中非师范专业比例迅速超过师范专业，教师教育综合化发展势态汹涌。

（三）教师教育综合化带来诸多实践问题

一方面，教师教育学科弱化、与基础教育脱节、教师教育质量下降等，甚至有学者慨叹，“教师教育质量反不如 10 年前师范专科的培养质量”[⑤]。在这种情况下，加强师范专业与师范大学刻不容缓；另一方面，综合大学开始退出教师教育，如中山大学、兰州大学等校先后撤销教育学院，教师教育综合化的另一翼迅速萎缩。

四　教师教育综合化研究的动态分析

上述研究表明：在国内外，教师教育大学化、综合化势不可当，而

---

① 万四华、李莉：《地方学院综合化中的教师教育模式探新》，《宜春学院学报》（社会科学）2007 年第 5 期；甘晖：《学科综合化：高水平师范大学转型的战略选择——以陕西师范大学为例》，《高等教育研究》2013 年第 4 期。

② 钟秉林：《论师范大学的发展与教师教育的改革——以北京师范大学的改革探索为例》，《北京师范大学学报》（社会科学版）2010 年第 1 期。

③ 马超山：《师范院校应走综合化发展道路》，《辽宁高等教育研究》1994 年第 1 期。

④ 胡玲翠：《教师教育开放背景下师范大学综合化转型研究》，博士学位论文，陕西师范大学，2014 年。

⑤ 姚瑶：《综合化背景下师范大学教师教育发展问题研究》，硕士学位论文，沈阳师范大学，2014 年。

综合化的实质正是以学科综合化为核心的大学办学定位、课程结构、人才培养、教师队伍建设等在内的系统工程，我国教师教育综合化进程正处在路向摇摆、初衷偏离与目标模糊的胶着状态。

整个研究正呈现出三个明显特点：其一，抽象理论探究多，但中国特色教师教育综合化理论体系探究罕见，尤其是对综合化核心问题，如学科复合、专业复合、教师素养复合、综合化实质等问题还处在浅层次探究阶段；其二，院校实践研究多，放眼全国的研究相对较少，许多师范大学核心领导，如钟秉林、甘辉等对本校综合化案例进行了探究，但对全国综合化进程的深度思考较少；其三，国家政策立场的态势是持续强化高校综合化进程，提高综合化的品位，但要真正提高高水平综合大学对教师教育事业的吸引力、参与度与竞争力，国家教育政策调整还面临种种压力与挑战。

未来教师教育综合化进程研究的主要方向是：研判综合化改革的正途，强化教师教育特色的内涵，确保综合化进程健康持续推进；突破综合化进程中种种貌合神离的假象，如更名、盲目发展非师范专业等，让一流教师教育学科与一流师范大学建设成为综合化的两大坚强堡垒；认真解决好综合化进程与优秀教师培养间的“手段—目的”关系问题，有力遏止种种综合化“异化”现象的发生。

第二节　教师教育综合化研究的价值与框架

在“双一流”建设背景下，全面推进教师教育综合化研究具有明显的价值与意义，科学设计研究框架，精准定位研究目标，全面统筹研究内容，是科学推进研究的行动起点。

一　研究价值分析

在当前背景下，推进教师教育综合化研究的价值集中体现在两个方面：一个是学术价值，另一个是应用价值。

（一）学术价值

相对于上述研究，本书的独特学术价值主要体现在以下两个方面：

1. 有利于厘清教师教育综合化的初心与正途

教师教育综合化的原本意图是：打造一流教师学科与师范大学，提升教师教育的专业性品位，凝聚教师教育大学的“教师教育力”。从学科建设视角出发，对我国教师教育综合化理念进行正本清源式分析，对于打造教师教育学科高峰，增强一流学科建设对师范专业的支撑力度都具有重要理论参考意义。

2. 有助于完善中国特色一流师范大学的理念

教师教育综合化的主体是师范大学综合化，其重心是一流师范大学的建设。本书将从“教师教育力提升”这一角度出发，赋予“一流师范大学”以全新的内涵与定位，进而廓清我国一流师范大学建设的关键指标与时代使命，不断完善“中国特色教师教育综合化”的理论体系与建设理念。

（二）应用价值

本研究的应用价值主要是：

1. 促进优质教师教育资源的凝练

以大教师教育学科（教育学科 + 分科学科）融合与一流教师教育学科培育为手段，以“高学术性 + 高师范性”兼容并蓄为指针，本研究有助于聚焦教师教育发展的核动力——“教师教育力”，凝练优质职前教师教育资源，提高我国教师教育系统的整体效能，真正解决“源头上提高教师培养质量”的改革难题，落实十九大报告中提出的“培养高素质教师”目标。

2. 优化教师教育综合化路径

教师教育综合化势不可当，但富有中国特色的改革路径尚未形成，如何走出一条有利于教师专业化培养的中国式综合化路径仍旧是摆在改革者面前的一道难题。以教师教育综合化的历史回顾与理念重构为契机，本研究将为参与教师教育的高校提供务实的理念支撑、备选方案，引导其在后续改革中建立专业自信，探寻改革路径与优化线路，助推中国特色、富有生机的教师教育综合化路径最终形成。

二 研究框架设计

本书重点关注的是20世纪90年代以来我国高校教师教育综合化理念、政策与路径等方面存在的缺陷与改进问题，研究对象是教师教育大学，即师范大学与参与教师教育的综合大学，涉及的直接对象以个案选择的方式产生。据此，本书的具体内容是：分析20世纪90年代以来我国教师教育综合化的轨迹与走向问题，构成这一问题的研究节点是：一流教师教育学科、一流师范大学、优秀教师培养、师范专业“双专业性”、教师教育力、综合化路径等，它们决定了本书的基本框架（见图1-4）。

读图表明：本研究的基本框架是：从教师教育专业化与优秀教师培养的起点出发，在教师教育领域“双一流”建设的背景下，分析教师教育综合化的三个关键环节：一流教师教育学科培育、一流师范大学建设与本土化教师教育综合化路径。在综合化进程中，一流教师教育学科建设是基石，一流师范专业建设是焦点，一流师范大学与教师教育政策供给是支撑，“教师教育力”的凝聚与提升是终端目的。

与之相应，本书的四个核心内容是：

（一）教师教育综合化的内涵与初衷反思

主要从教师教育专业化、优秀教师培养、“教师教育力”形成等角度反思当前教师教育综合化路径的缺陷与隐患。所谓“教师教育力”，就是教师教育机构在优秀教师培育中呈现出来的综合实力，其核心构成要素是：教师教育理念的前瞻力、教师教育学科的整合力、教师培养模式的变革力、职前教师培养的竞争力与教师教育品牌的辐射力等。它是评判教师教育综合化路径科学化水平的重要指标，是反映一所教师教育大学的教师培养实力的综合指数。

（二）立足一流教师教育学科建设的教师教育综合化理论研究

主要探究师范专业发展与一流教师教育学科建设间的反哺互依关

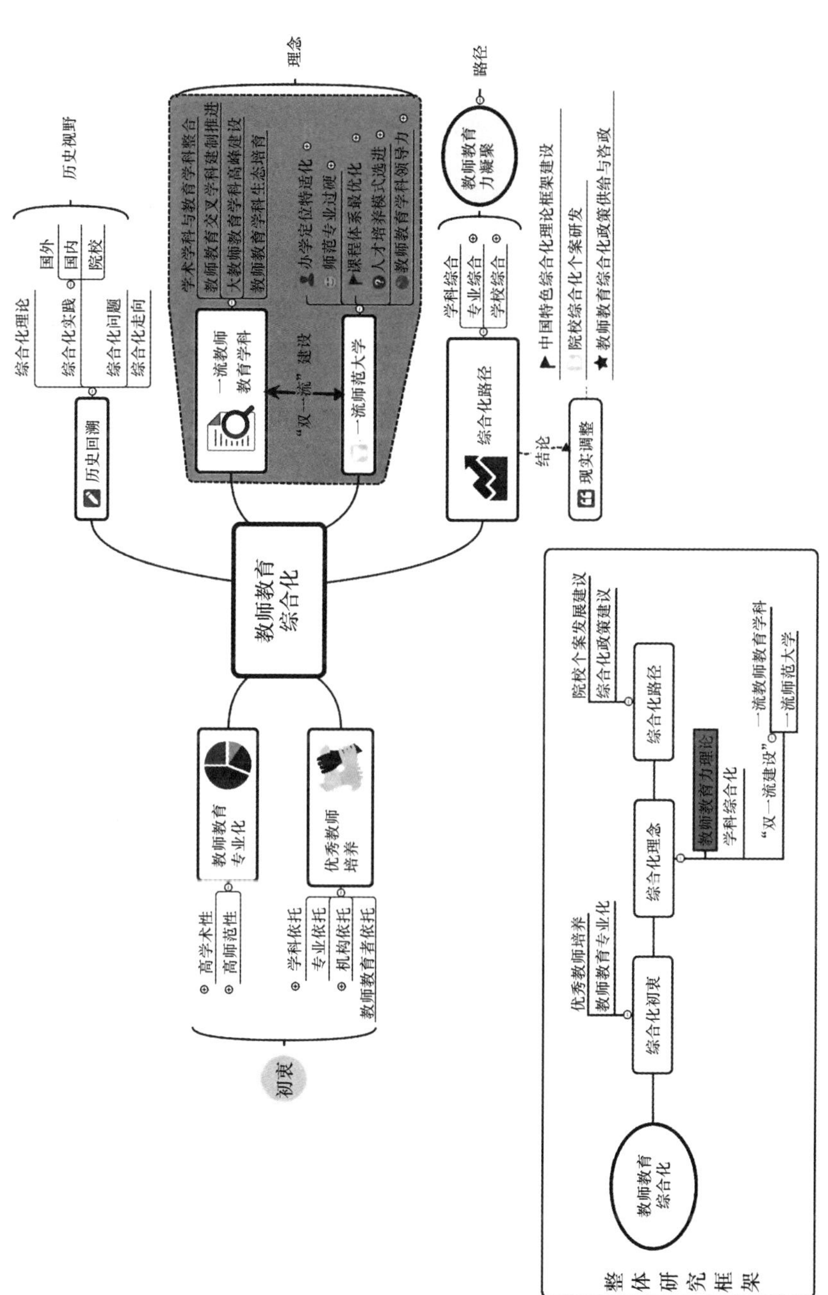

图1-4 研究内容设计框架图

系，分析如何借助教师教育综合化改革来培育教师教育学科优势与高校的“教师教育力”，借此建设出高水平师范专业，释放出教师教育优势学科的潜能。

（三）面向一流师范大学建设的教师教育综合化理论研究

重点分析如何通过教师教育综合化来解决综合化与特色化、专业化、行业化等之间的关系问题，促进师范大学转型升级与品位提升，让综合化成为提升高校“教师教育力”，促进高水平师范大学建设的理论依据。

（四）聚焦教师教育力提升的教师教育综合化路径研究

主要分析新时代中国特色教师教育综合化的理念、路径与方案问题，具体包括：新时代中国特色教师教育综合化的蓝图构思，教师教育综合化的三大具体路径——学科综合、专业综合与学校综合的实现策略，以及当代中国教师教育综合化的路径校正与政策调整等问题。

三　研究假设与思路

研究假设是一项研究的灵魂，研究假设的具体展开就是研究思路（见图1－5），因此，阐明本研究的基本假设，厘清研究基本思路，是确保研究活动高质量推进的前提与基石。

（一）研究假设

结合上述分析，参考既有理论研究成果，本书提出五点基本假设，并据此勾画研究思路。这五点假设是：

1. 教师教育综合化是凝练教师教育大学的“教师教育力”，“根源上提高教师培养质量”的重要策略，它需要理论先导、高校探索与政策干预等三方面的合力推进；

2. 教师教育综合化的初衷是提高教师教育大学的“教师教育力”，即更好地实现“强师范性”与“强学科性”间的高水平有机整合；

3. 当代中国教师教育综合化路径走偏的主因是：受制于“就业市场崇拜”与“综合大学情结”，导致综合化进程徒具其表，进而内涵模糊、偏离初衷；

4. 教师教育综合化的表现具有多侧面性，如综合化理念、综合化模式、综合化定位、综合化课程等，院校发展个案是这些侧面的具体结合形态；

5. 教师教育综合化必须遵循三条规律：学科共生规律、教师专业发展规律与一流师范大学形成规律，“中国特色教师教育综合化路径”的开辟必须满足这三条基本规律。

（二）研究思路

在此基础上，本书拟定的大致研究思路是：以教师教育综合化的历史研究与案例研究为出发点，通过教师教育综合化初心反思与理念架构，为提出理想的中国教师教育综合化路径搭建桥梁，最终实现助推我国教师教育大学凝练教师教育力的目的。具体思路参见图 1－3。

读图表明：本书的基本思路是：沿着一条主线，即教师教育综合化的“历史进展—现实案例—初衷分析—路径调整”，采取配套研究方法，如文献研究、理论分析、调查研究、个案研究、谱系图分析等，全面思考我国教师教育综合化的理想与现实、意图与实践，生动展示个案院校综合化改革的轨迹、经验与问题，为达成预定研究目标提供最优化、最适合的研究线路。

该研究思路的主要特点是：

1. 问题驱动。研究从国家教育事业发展的主要矛盾——“优秀教师人才供给不足”与教师教育大学的现实要求——“源头提高教师质量”出发，聚焦“教师教育综合化路径偏离”这一现实问题展开研究，将国家战略要求与具体教育问题紧密结合起来。

2. 紧扣主题。整个研究紧扣“教师教育综合化”展开，沿着“历史研究—案例研究—理论研究”的线路展开，保证研究的主线、主题一以贯之，为问题研究的深入提供技术线路支持。

3. 虚实结合。本书将实体研究，即案例研究、现状测评、经验提取等与虚体研究，即理论回溯、理念透视、理论迁移、理论建构等结合

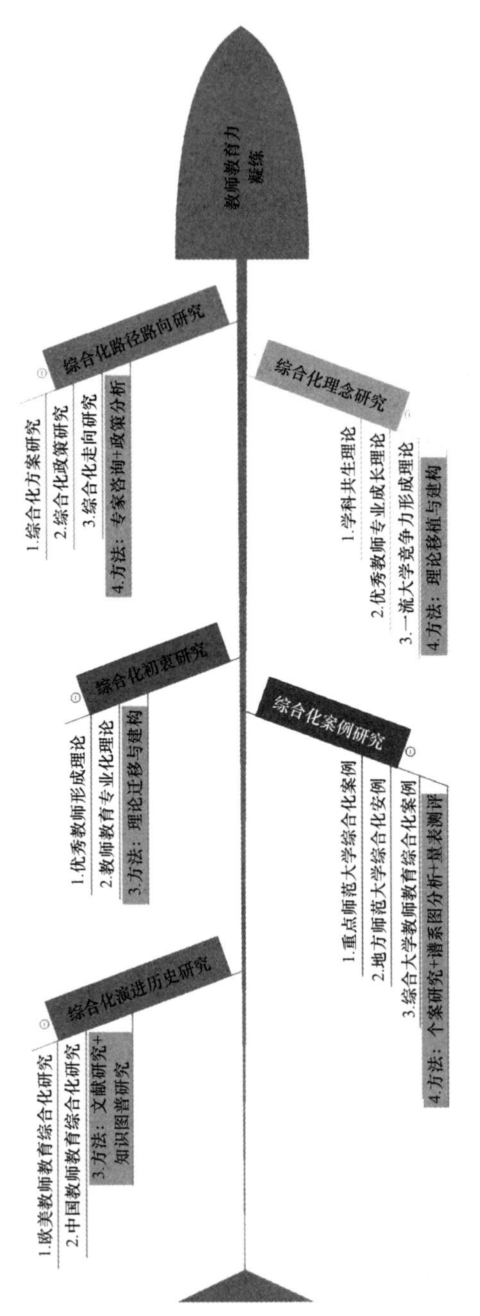

图1－5 研究思路设计图解

起来，确保综合化实践研究始终处在理念与行动、初衷与现实间的张力关系中，致力为整个综合化改革超越现状、迈向理想、持续改革提供研究支持。

第二章　一流学科体建设：教师教育综合化的基石

当代教师教育综合化处在“双一流”建设的大背景之中，深入分析一流学科建设的含义，借此推进教师教育综合化，尤其是学科综合化，对于全面提升教师教育事业质量而言意义重大。2020 年，教育部、财政部、国家发展改革委印发《统筹推进世界一流大学和一流学科建设实施办法（暂行）》（以下简称《办法》），其中明确指出：“双一流”建设的近期目标是：“坚持以学科为基础，支持建设一百个左右学科，着力打造学科领域高峰。”这一表述充分表明：学科是我国大学组织的根基，学科建设是一流大学建设的中心，学科实力的凝练与培育是我国“双一流”建设的焦点。从这一立场出发，深入吃透“学科”的内涵所指，精准把握学科发展的规律，是我国学科建设事业推陈出新、永攀高峰的行动基点。尤其在当前，学科速成论、学科移植论、学科突进论等论调大行其道，学科建设中的浮躁心态时隐时现，作为“生命体”的学科观被弃之脑后，非常值得大学人警惕！本书认为，学科与学科群都是生命体，学科建设必须遵循生命节律、生命进化法则来稳步推进，一切学科建制、学科政策、学科评估活动都必须在“助长”思维指引下介入学科生命体的发展，在“一流学科”指针导航下开展教师教育综合化改革才具有科学性、先进性与前瞻性。

第一节　学科生命体意义上的学科建设

作为一种文化现象、社会现象，学科是知识进化史上特定历史阶段的产物，是人类知识与科学事业、教育事业联姻的产儿，是人类知识积累转生的堡垒。在学科发展史上，15 世纪是科学知识诞生的世纪，近代自然科学的形成是重要推手；19 世纪是学科制度诞生的世纪，大学是学科建制的先驱，从此，人类知识生长被纳入“学科之家”中进行。总而观之人类知识可分为三个时代：其一是前学科时代，所有人类知识以认识成果的形式弥散在社会生产生活领域与哲学大系之中；其二是学科时代，人类知识被学科化为不同的单元与组块，被图书馆分类学载入不同的“科类格栅”；其三是后学科时代，人类知识将在横断科学，如“三论”的统摄下走向全新的知识共生体。就学科发展简史、学科发展谱系来看，学科的产生与发展不应成为大学恣意规划、人为干预的对象，而应该是自然生长、生命延绵、持续精进的行程。在这一认识论的启示下，当代学科实践应该走出构建论，走向生命论，进而赋予学科以“生命体”的全新内涵，促使人类学科按照生命发育的节奏与规律自主成长、自由生长，真正推动学科建设事业走出一条由“‘编学科故事’走向‘谱写学科传奇’”[①] 的转变之路。

一　学科：作为生命体的存在

所谓生命体，就是“以繁殖为目的，能自发进行熵变的自我进化体系”[②]。每一个生命体都是一个活体、有机体、自组织，都是一个新陈代谢、自然演进、自我更新的小系统，都有其独特的结构与功能。厘清学科生命体的独特结构与功能，是科学制定学科发展规划，设计学科建设政策，有力助推学科发展的入手点。

① 张德祥：《高校一流学科建设的关系审视》，《教育研究》2016 年第 8 期。

② 佚名：《2014 年十大科学发现》，《芳草（经典阅读）》2015 年第 4 期。

（一）学科作为生命体的存在

作为一种独特的生物形态，生命体具有三个关键特征：一是开放性，即生命体在与外界环境的物质、能量、信息交换中实现成长；二是自组织性，即面对外部生存环境的变化，生命体能通过选择性反应与自我调整实现自我的进化或自适应；三是自我复制性，即具有自我衍生与生长的机制，生命体能够借助自我基因的复制实现生命体的延续与生长。所以，学者一般认为，“自我调节、自我复制和独立的选择性反应”① 是所有生命体区别于非生命体的三大典型特征；“广义的生命泛指变化和运动，狭义的生命指有机生物体”②。据此可知，学科生命体的三大特征的汇聚点就是“运动”，即在内因与外因的交互作用下实现生命体的进化与生长。

显然，学科绝非一个非生命体，这是“生命体”概念传达给我们的一条重要启示。道理很简单，如果学科是一个可以任由管理者、政策制定者去揉捏、规划、组配的事物，一个可以按照人的意志去随意设置、增删、变更的事物，那么，学科根本不需要费尽心机地专门建设，因为人们无须遵从学科本然的发展逻辑与生命节律。其实，学科源自知识，知识是学科的安身立命之本、自然生长之基，每一个学科或学科群落都是按照自己的生命节律、成长轨道去发育、生长的。在这一意义上，只有坚持“学科本位、学者主体、融身环境”的思维，学科生命体的衍生、演变才可能顺其自然、茁壮成长，学科建设才可能走上一条顺应成长、助推发育的科学轨道。

（二）学科生命体的构成

学科更像一株“植物”，而非一台可以随意组装的机器；学科建设者更像一个园丁，而非学科发展指令的编制者。这是我们言说学科的基本假定。正如有学者所言，“学科结构是高低错落、疏密有致的‘植

① 张古忍：《关于生命起源的哲学思考》，《湘潭师范学院学报》（社会科学版）1993 年第 6 期。

② 庞发现：《试论人生发展的科学化趋势》，《学术交流》1988 年第 2 期。

物’，学科生长的文化环境和学科生长的制度环境就是‘阳光、水、空气’，没有这些，‘植物’难以百花竞放、树木葱茏”[①]。那么，学科生命体的基本构成是什么呢？在此，我们顺着“学科”概念的本然内涵谈起。

所谓学科，其经典含义有三：

其一，是指人类知识学问的分类体系。“知识是组成学科的细胞，是学科的核心和命脉”[②]，这是“学科”的本意所在。正如有学者指出，“学科的核心是知识的发现和创新”[③]，“知识是组成学科的细胞，是学科的核心和命脉”[④]。学科的该含义散见于图书馆的目录学中，出现在当代大学的“大类招生”实践中。进言之，当代大学不按照专业招生而是按照“大类”来招生，其用意正是按照学科分类或“一级学科”来招生，以此为大学生提供更为开阔的知识基础，为其大学职业选择构筑一条过渡带。学科其实就是“具有内在逻辑关系的各个知识单元和理论模块组成的知识系统”[⑤]，社会需要学科的原初意义在于它能够对碎片化知识进行分类归档、条块组织，促使人类知识分层、分级、分类式地发展。这一“分类”的社会承担者就是图书馆与学科划界者。

其二，是指社会化了的学科建制。学术研究的基本组织是学科共同体，即以学科点、学位授权点、学术研究协会、专门研究领域为中心组织而成的学者共同体、学术创新体、学术共生体，这是“学科”概念的主导含义与物质载体。学科的大学组织是学位点，学科的社会组织是专门研究会，所有学科组织的共同连接点是某一专门研究领域。在大学中，学科组织是学术研究、人才培养、社会服务的公共依托；离开了学科建制，学者失去了栖身家园，研究失去了资源集结点，社会失去了学术管理抓手，知识的集群化发展与治理将无从实现。

① 张德祥：《高校一流学科建设的关系审视》，《教育研究》2016年第8期。

② 翟亚军：《大学学科建设模式研究》，博士学位论文，中国科学技术大学，2007年。

③ 刘海燕、曾晓虹：《学科与专业、学科建设与专业建设关系辨析》，《高等教育研究学报》2007年第4期。

④ 翟亚军：《大学学科建设模式研究》，博士学位论文，中国科学技术大学，2007年。

⑤ 翟亚军：《大学学科建设模式研究》，博士学位论文，中国科学技术大学，2007年。

其三，是指学术权力的运行机制。学科的引申义是“规训”（discipline），是社会组织、学者团体依托“知识—权力”体制运行的社会规训体系。“所谓的知识—权利体制，这种制度包括潜性的学科规训权力和显性的规范要求，通过对研究主体、研究对象、研究载体、研究方法以及学科新人的控制规约学科的发展。”① 学科的前身是知识，而哪些知识可以堂堂正正跻身大学的学科、中小学的科目之列，取决于学科的“潜规则”；学者可以自由进入各门学科开展科学研究，而当他一旦宣示正式加入某一特定学科之后，其研究范式、研究思维、研究方法论等都可能被该学科“潜规则”。“潜规则”是一门学科坚不可摧的“硬核”，是学术权力的隐形存在方式，其主体内容是学科范式，即学科共同体尊奉的价值共识、研究传统及其使用的话语体系等。在学科范式规约下，研究者以“圈子”的形式存在，学科成了“生产论述的操控体系”②，学者的研究活动具有了边界与规限。

与上述含义一致，作为生命体，学科的核心构成是：知识体系、学科建制与学术圈层，其中，知识体系是学科的本体、实质，学科建制是学科的主体、表象，学术圈层是学科的隐身、心脏，三者有序联结、交互作用，构成了具体的学科生命体。以人体为喻，知识体系好似学科之“足”，学术圈层好似学科之“心”，学科建制好似学科之“身”；只要整个机体血脉畅通、运转有序，学科生命体就可能健康、持续、快速发展（见图 2－1）。

图 2－1 表明，学科生命体植根于特定知识体系之中，其物化存在形态是依托大学或政府部门存在的学科建制，其内核是学术圈；学术圈下连学科知识，上挂学科建制，成为学科知识通往学科建制的守门员。学科生命体的新陈代谢是借助最具能动性的学术圈运转实现的，学者群体与学术权力潜在定义着学科内涵，无形控制着学科建制的具体“模样”。

---

① 谭月娥：《“学科”演进的理性审视》，《中国高教研究》2011 年第 9 期。

② 华勒斯坦：《学科·知识·权力》，刘健芝等编译，生活·读书·新知三联书店 1999 年版，第 13 页。

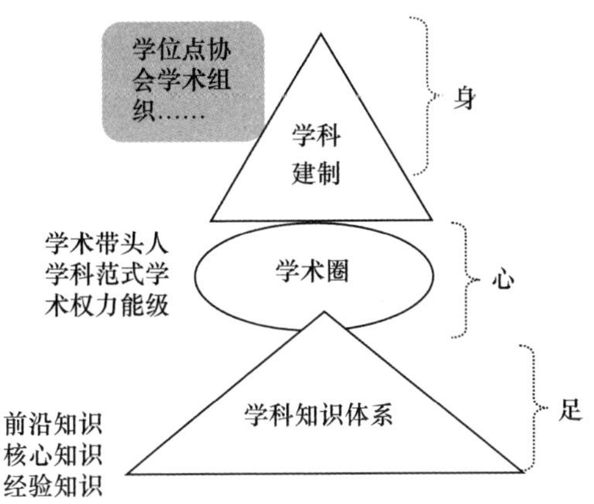

图2－1　学科生命体的架构

二　学科生命体的发育

生命体发育的基本形式是物种基因的自我复制与因应环境的持续变异。对学科而言，这一基因无疑是学科知识传统，一切学科知识的增殖、涌现与生产都是在这一传统的持续复制中实现的。伯顿·克拉克指出，“每一学科都有一种知识传统”①。学科生命体发育其实就是学科知识的自然增殖、学科知识传统的再制，而学科建设，包括学科建制、学术用权、学科规划等则都是为了助推学科知识的生长，或者说，都是为学科知识转生而提供土壤环境与信息刺激的实践。简言之，学科生命体的发育是知识传统的复制再生过程，是在学科知识与外部世界交互作用中实现的自我生长过程，是学科发展外因助推学科本性实现的过程。显然，学科本体、学科团体、学科生态是学科生命体发育中不容忽视的三个节点，自育（包括内向发育与外向发育）与群育则是学科生命体发育的两种基本方式。

（一）学科生命体的内向发育

外向生长、外向发育、外向互动是学科生命体发育现象的一个侧

① ［美］伯顿·克拉克：《高等教育系统——学术组织的跨国研究》，王承绪等译，杭州大学出版社1994年版，第87页。

面，是学科社会化、外在化进程中的一个重要片段；对学科生命体而言，内向生长、自我成长才是学科发育的本性使然。所谓“内向互动”，就是学科知识与学科团队间的交互作用过程，就是学科知识生产者与学术知识成果间的相互转化状态。其实，在社会中，学科知识的两个主要载体是物质载体与主体载体：前者主要是教材书籍与物化了的科技产品，后者主要是指学者、研究者。只有学科知识转存于后一载体之中并被学者这一主体活化之后，学科知识的活性与生长性才可能显现，进而进入生长的状态。因此，学科生命体的自我生长主要是在学者这一主体世界中完成的，知识的物质载体只是一个中转站、暂存点，学科生命体的内向互动其实就是知识与学者间的双向交互作用过程：知识是学者研究活动的起点，知识的习得改变了学者的认知世界；学者是知识转生的空间，其学术研究活动是知识创生发展的过程。

在学科生命体发育中，学术成果，如论文、专著、发明等是被物化了的知识，承载着其生产时的时代背景、社会印记、逻辑链环，学者习得这些知识其实就是其基于自己的认知结构、研究实践、学术权力层级、社会生活要求去激活、活化物态学科知识的过程，如若这一过程进展顺利，学术研究、知识创造的过程就会发生，进而引发既有学科知识的裂变，新知识随之产生。该过程进行完毕之后，学者可能将其中产出的新成果、新创意固化为物态的学科新知识，将之以教材、论文、发明等形式再次固定下来，学科知识的一次内向互动周期宣告完成（见图2－2）。

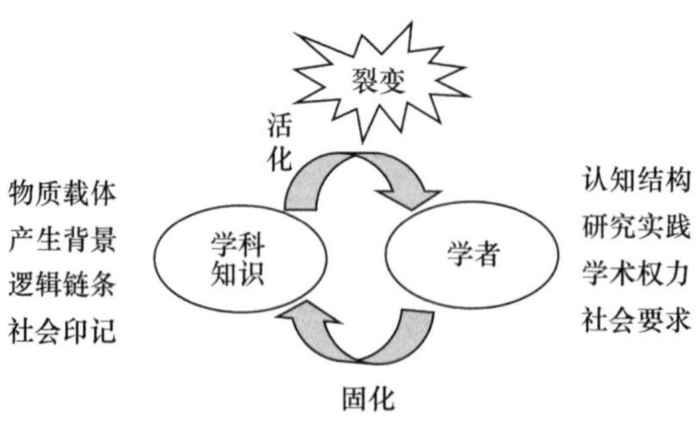

图2－2　学科知识的内向互动机制

图 2－2 表明，学科生命体的内在发育走的是知识“内爆”之路，而实现这一内爆的途径是学者与学科知识间“活化—固化”的双向实践：所有学科知识的底色都是其物质载体、产生背景、知识逻辑链条、社会时代印记等，它们是解读学科知识符号的重要参照系；所有学者对学科知识的活化与解读都是基于自己的学术背景，如认知结构、研究实践、学术权力层级、社会要求等进行的；学者在活化知识、开展研究中会引发知识“内爆”或“裂变”，这就是学科知识创生的机制。因此，一切外来干预知识生长的举措都必须经由影响学者学术背景、研究实践、学术经历等间接途径来实现，任何学科管理实践都必须经由学者学术实践这一媒介来生效。借助这一路径，学科知识实现了跨时代、跨主体的再生与创生，学科生命体的进化环节得以实现。

（二）学科生命体的外向发育

学科是大学的精元，是科学、教学、服务等事业的交接点，知识创生与传承是大学的生命基因。在大学中，学科生命体的发育是在自我复制与环境交互中实现的，它必须在与科学事业与教学事业的联动中释放自己的功能，实现自己的价值，汲取发展的营养。正因如此，学科生存的重要形式就是“知识的生产与高级专门人才生产的整合”①。显然，大学学科的发育一定是双向度的：一方面是学科与科学事业的联动，即大学学科借助知识创生实践参与科学事业，并在这一过程中培育科技精英，产出高科技成果，发挥学科在科研事业延续中的特异功能；另一方面是学科与教学事业间的互动，即借助大学课程开发与专业建设实践，为社会培养出批量应用型专门人才，实现大学参与社会建构的价值（见图 2－3）。这就是学科生命体的外向互动机制，它充分体现了大学学科作为科学生命之源、社会生存之基的地位。从这一意义上看，没有学科，就没有大学功能的存在，就没有“大学使命”一说；脱离了对

① 鲍嵘：《学科制度的源起及走向初探》，《高等教育研究》2002 年第 4 期。

社会事业的参与，一切学科发展实践都可能是孤芳自赏、自说自话的，学科生命体随时可能濒临枯萎凋零的危机。

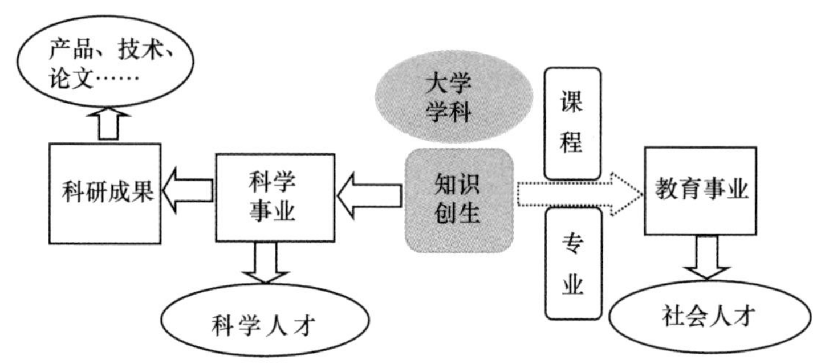

图2－3　大学学科的外向互动机制

（三）学科生命体的集群发育

随着知识分类的细化，大量学科产生，这就构成了学科丛生、群落共存、集群发展的局面，学科群由此成为某一区域内学科共存的重要形式，一个个学科杂合体、学科联合体、学科共生体随之诞生。在一个地区中，所有学科同步发展、相互映衬，形成了一个学科杂合体；在大学中，所有学科共时态存在，学科间的碰撞时有发生，形成了一个学科联合体；在学院内，所有相邻学科毗邻式存在，形成了一个学科群生体……这些学科与其他学科互生式存在、共生式发展，形成了一个全新的学科生命体——学科群落，带动学科群落沿着集群存在、群生发展的轨道前进。

1. 学科间互倚发展规律

在学科群落中，学科间的发展具有某种相倚关系，即一门学科的发展水平决定于毗邻学科发展的水平，单一学科发展力间接影响着学科共同体的发展水平提升。由此可以推知，学科高原、学科高峰的出现多多少少是强大亲缘学科推动的产物，学科群落中的高端学科能有效带动毗邻学科的发展，进而呈现出“一荣俱荣、一损俱损”的发展关系。这就是学科间的生态关系。“学科生态是一流大学和一流学科建设的基础和条件，没有好的学科生态很难支撑和发展学科高峰和学科高原。”①学科间相倚发展规律决定了某一区域中的所有学科间都是一种命运共同体关系，一流学科需要在相互带动中实现自己的最佳发展状态。

2. 学科科际共生规律

在学科独立生长中，知识与学者、环境间的关系尤其重要，学科发展的规律就是知识与学者、环境间的三体互动规律；在学科群落生长中，学科间关系关联、国家学科政策、学科生态品质等因素显得更为重要，学科间互动关系、学科政策的价值取向、学科生态构建是制约学科集群发展的关键参量。所以，学科集群发展的规律主要是指学科群落在宏观学科政策、学科生态环境影响下表现出来的学科互生规律，学科间的合作与融通水平决定着学科群体发展的品质。这是学科群落作为生命体的直接体现。在学科社区内，不同学科间的交互作用时有体现，尤其是在研究方法、学术思维、交叉研究等方面会出现诸多共通点，由此实现学科间的互促与共进。

3. 学科链式发展规律

学科之间不仅有共生关系，更有衍生关系，即由一个母学科衍生出众多子学科的亲缘关系。学科间的次生、再生关系就构成了学科链，它表明：每一个学科的发展都是一个连续体，亲缘学科群落的存在正是学科群的生命体特征的体现。例如教育学，在其发展中衍生出了一系列子学科，如高等教育学、职业技术教育学、特殊教育学等，教育学子学科的衍生正是本学科生命体自我复制的表现。作为生命体的学科群落，其生命性特征就是：学科在分化、细化、再生中日渐强大，学科群生是学科内核——知识传统自我复制的产物。

4. 学科间差异共存规律

学科群落中，学科间差异是某一学科存在的标识，是本学科特色与亮点的体现，在群生中彰显学科特色是学科共生发展的规律之一。学科

① 张德祥：《高校一流学科建设的关系审视》，《教育研究》2016 年第 8 期。

群生的状态是学科共生体，是以知识间的合作、对话、互生为特点的学科运动，而这一运动发生的前提是学科间在立场、方式、主张、视域方面的绝对差异。学科群生的实质是学科个性与学科共性的同步增长，学科间差异的长期共存、相互吸引、不断强化是学科群生的基本态势。

基于上述分析可见，学科生长的两种形态是：学科自身的内在互动与学科群内的科际共生。一切生长总是自生、自动、自主的，学科生命体的生长亦是如此：学科内向互动机理凸显了学科生长的自为性，学科外向互动机理凸显了学科生长的开放性，学科群生机理凸显了学科群体生长的联动性。借助这些学科生长机理，诸多学科现象，如“先发效应”、“群发效应”、“后发效应”① 都可得到解释。显然，学科建制旨在为学科的三种生长方式提供平台、空间与服务，因为没有学科建制，学科生长很可能长期处在自然自生状态，学科自觉很难实现；学科建设意在加速学科独立体生长的品质与速度，提高学科群体生长的水平，助推高峰学科、高原学科、高端学科的显现。当然，在没有学科政策、学科团队、学科评价辅助的情况下，学科发展的步伐无人能阻挡，只是发展的水平将受到限制；在学科发展进程中嵌入学科建设工程、学科评估操作的用意是加速学科在自有轨道上的发展，而非要用主观意志的干预与规划迫使学科发展脱离轨道、任人宰割。在这一意义上，对学科生命体而言，任何学科建设工程与实践都只是一种助推、一种顺势推进，永远代替不了学科生命体自身的发展，改写不了学科生命体内在的发展节律。

三 “一流学科”建设的工作原则

生命体进化规律启示我们：一切生命体的发展都是自我更新、自我创生、自我基因再生产的过程，相对而言，环境、文化、资源、生态都只是外因，都必须经由生命体自我生产实践的中转来实现。将这

① 翟亚军：《大学学科建设模式研究》，博士学位论文，中国科学技术大学，2007 年。

一原理迁移到学科管理实践中来，其自然结论便是：学科生命体发展的实质是学者对学科知识传统的生产与再生产；学科及其群落发展的主体是学者及其学术圈；学科管理，如学科建制、学科政策、学科评估等都只是学科发展的催化剂与助推器而已。因此，坚持学科本位、学科特色、学科积累、学科首创是一流学科培育的首要原则；促进学科群内科际共存、共生、共创是促进一流学科群生的根本原则；强化学科管理的服务性、支持性与导向性是一流学科建设的重要原则。简言之，“学科本位、科际协同、管评服务”构成了一流学科建设工作的三大原则。

（一）学科本位原则

“一流学科”称谓的产生是基于“学科金字塔”存在的假设，即假定学科群内分层存在、能级多样、分级治理的学科群生设想。作为学科金字塔塔尖的学科，一流学科一般具有许多高显示度的发展指标，如学界认可度高、卓越人才密集度、学术水平超前、学术成果显著等，这些指标成为普通学科建设的标的。当前，许多世界一流学科，如北京大学的哲学、清华大学的土木工程、北航的航天学等，都是国内杰出哲学家、科学家的荟萃之地，都是我国本学科标志性学术成果的发源地。回顾这些学科的发展史，几乎都经历了一个漫长的学术积累过程，都有一部艰辛的学科奋斗史，其发展轨迹其实就是学科生命体的进化史。从这一角度来看，许多学科发展外力，如政策波动、资源增减、评价制度、市场供需信号等对其的干预力都是较为脆弱的。进言之，只要具备基本生存发展条件，这些学科发展的惯性与态势将持续延绵，其学科地位不会被轻易撼动。鉴于此，坚持学科本位原则，例如强调学者主体地位，弘扬求真至上的学术精神，坚持学术圈自治的原则，强化学科知识传统，尊重学科发展的自然节律等，都是建设一流学科的首要工作原则。正如有学者所言，学科建设必须“以学科本身的需要为出发点，关注学科体系的严谨、完整和包容性，关注概念、范畴的确定性以及概念与概念、范畴与范畴之间的逻辑关系，或者说试图建立起自己学科独有的学术话语”①。每一门学科都是一个相对独立的生命体，任何将社会主观意志凌驾其上的做法都注定要受到学科生长规律的制裁，好的学科建设政策的显著特征就是：“顺木之天，以致其性”。

当然，强调学科发展自在、自主、自治原则，并非支持学科任性发展、恣意蔓延，而是要解决好价值引导在学科发展中的嵌入点问题。进言之，学科发展是知识自生产与知识应用实践相耦合的过程，决定学科社会效应的关键环节是学术成果的社会应用，因此，对学科发展的价值导航必须嵌入到学科与社会、市场间的结合部上去，而非将之植入学科生命体内部中去。为此，基于学科生长、学科本位的一流学科建设必须强调两个具体原则：其一是把握学科生长性要求，尊重学科发展的自在性特点，并对其生长要求加以创造性满足，最大化地呵护学科知识的自生产逻辑；其二是关注学科应用方向，善于利用价值导航手段引导学科正向发展，将学术成果应用到美好社会建构的社会实践中去。在实践中，坚持这两个学科发展原则要求学科建设工作一定要坚持“遵循自然、以外促内、干预适度”的政策，谨防学科管理意志逾越了学术知识生产的禁区，给学科发展带来阻力与伤害。

（二）科际协同原则

现代学科不可能孤军奋战，而是在学科群落中存活的，充分利用好毗邻学科的背景支撑功能，促使其在相互吸收、平等竞争中自然胜出是一流学科建设的另一工作原则。从学科本源上讲，所有现代学科都是知识分化的结果，都是哲学的产儿，每一部学科演化史都是其与母体学科的分娩史，都带来了学科视野窄化的天然缺陷，由此，与亲缘学科结盟共进是学科自强的另一重要路径；从学科走势来看，与学科分化、细化同步增长的是科际沟通的要求，一系列横断学科，如学习科学、价值哲学、系统科学等都是学科融通的直接产物。当然，在一所大学、一个区域内，每个学科与毗邻学科间的互动共生关系是学科生命体延绵的关键

① 刘海峰：《高等教育学：在学科与领域之间》，《高等教育研究》2009 年第 11 期。

条件，可以说，每一门一流学科都是踩在相关学科的肩膀上脱颖而出的，善于经营、协调学科间的关系，构建科际共生的立交桥，是一流学科建设的又一重要关注点。

客观地讲，一门学科的生命延续靠的是基因复制与外向摄入，一个学科群落生命的延伸靠的是公共发展平台的搭建与平等交流机制的构建。在这一意义上，学科群生的品质取决于学科生态的营建，取决于学科共生体的经营，取决于良性科际互动机制的建立。学科生态是学科群落的生长基、生命线，学科群是在学科生态中自在生长、整体演进的。在特定大学或区域内，学科间形成的这种良性互动关系就是学术生态，即“学科与外界的信息和能量的交换与适应、学科的自组织与他组织相互关联、学科之间的共生互动与协同进化”① 机制，其内核是确保每一门学科都得到健康、持续、快速发展的支持性学术环境。在学科社区中，当一门学科借助非法手段攫取了重要学术地位或榜单排名时，这一学科的认可度与公信力会下降；当一门学科借助公平游戏规则赢得了学科群落的认可与尊重时，该学科的发展道路将得到学界的尊崇与效法。这就是良性学科生态的直接体现。无疑，学科群生、科际协同最需要的是公正、纯洁的学科交锋平台，需要的是平等互尊、相互欣赏、机会共享、荣辱与共的学科交流文化的培育。可以说，离开了这些平台、文化、环境的培育，一流学科的成长就无从谈起。

从科际协同共生角度看，一流学科是在学科群落中自然“长出来”的，是一个学科群落“公推出来”的，是学科竞赛游戏中“自然显现出来”的。可以说，没有学科群落的沃土，一流学科就是无源之水；没有学科间的竞争与互鉴，一流学科就失去了营养之源。在学科建设中坚持科际协同的原则就是要求学科核心发展资源，如人才、资金、权力等的投放一定要坚持“全面撒网、公平竞争、重点培养”的原则，努力构建一流学生生长所必需的生态土壤，为一流学科在科际对话、竞争

---

① 张德祥：《高校一流学科建设的关系审视》，《教育研究》2016 年第 8 期。

中成功出线提供大环境、大平台的支持，努力形成学科整体与学科个体间互促共赢的局面。进言之，那种将全部精力、财力仅仅聚合在少数所谓“重点学科”，甚至认为对弱势学科的支持是资金浪费的学科建设思维绝对是错误的。本书认为，在一流学科建设中，那些真正不适宜支持的学科一定是重复建设学科，以及那些与重点建设学科关联较弱的弱势学科，而非随意成批取消大学学科的建设计划。

（三）管评服务原则

每一个学科生命体都是在内外交互中发展前行的，都是在外界资源、人才等营养注入中不断壮大的，学科生命体与外部环境的沟通方式是贡献与索取的统一：一方面，学科凭借自己的实力在知识产品化、科学技术化、学术服务化的转化中为社会生产生活做出自己的贡献，形成自己的社会绩效，实现自己的存在使命；另一方面，社会按照学科贡献率分配学科发展资源，如人才、资金、设备、权力等，为学科发展提供必需的社会发展条件。从这一角度看，社会看重的是学科衍生出来的社会生产力，学科看重的是自身综合实力，而学科管评活动居于二者之间，承担着媒介与纽带作用：一方面，学科评估借助学科实力评价与社会绩效评价为社会资源分配提供信号，为学科管理提供基本信息支持，进而对学科发展发挥外部导向作用；另一方面，学科评估通过同类学科间实力对比关系的显化、量化，为学科科际对话提供依据，激发学科间的竞争力，为学科发展提供动力机制。因此，当代学科建设一般应该沿着“学科生长—学科评估—学科管理—学科服务”的思路推进，即基于学科生长逻辑，对学科实力与绩效进行全面评估，据此开展学科管理活动，为学科生长提供最佳学科发展服务。

在学科管评服务中，学科生长、学科评估、学科管理是学科发展链条上的三个关键链环：学科生长是学科评价的对象，是学科管理的基石，如何用科学的评价信息引导学科发展是一门真正的学问。从学科生命体角度来看，学科评价一定是纵横交错、立体交叉的信息收集体系，其核心构成要素是学科横剖面与学科纵剖面，即学科实力评估与学科潜力评估。其中，学科实力是本学科领域中某学科相对于其他学科而言的比较竞争力、比较优势，它主要涉及以下学科要素，即学科方向、学科平台、学科资源、学科团队、学术成果、社会贡献等，由此构成了一个以学科方向为领头，以学科团队为主干，以学科资源、学科平台为支架，以学术成果、社会贡献为延伸的学科有机体；学科潜力是本学科在学科发展中体现出来的发展力与生命力，它常常以学科势头、活力、潜能的方式体现出来，它主要涉及以下学科要素，即学科方向伸缩、学科科际交流、青年学科骨干状况、发展资源吸引力、学术产出走势等，由此形成了一个以学科方向调适与开创为领衔，以学科科际交流与青年学科骨干培育为枢纽，以资源吸引力为支撑，以学术产出走势为标志的学科生命体。在这一意义上，学科评估是对学科生命力，即实力与潜力的综合评估，这一评估思路的引入有可能克服传统学科评估的短板——"用标准宰制学科生命"的误区，正如学者所言，"当根据评出的一流学科进行强化、建设的时候，其实可能就限制了该学科"[①]。一次真正有效的评估一定是学科生命力的激发者、呵护者与促进者，是借助评估来夯实学科本身的内生力与爆发力。

显然，学科管理是学科评估信息的认可与使用过程，构建服务型学科发展服务体系要求学科管理机构善于站在学科生命体发育的角度来设计管理政策，策划管理服务，推进质量管理。有效的学科管理政策绝不会跨过学科评估信息与学科生长链环去直接干预学术圈内部的事情，去恣意侵入学术生产的腹地，而应该站在助长学科生命体的角度，将学科发展权、知识生产权交由学者与学术圈去处置，将学科发展资源匹配到学术生产最需要的环节上去，鼎力为学科发展创建良好的学术生长环境。即是说，内行的学科管理者善于聆听学科专家的声音，善于洞悉学科发展的要求，善于甄别学科评估信息，致力为学科发展提供最优质的管理服务，让学科及其生命体得到最有效的保养与滋养。

---

① 马陆亭：《一流学科建设的逻辑思考》，《高等工程教育研究》2017 年第 1 期。

第二节 面向知识生产力提升的一流学科建设

大学是人类知识生产的专属场址，学科是促进知识生产的社会建制，在这一意义上，服务知识生产与再生产是大学存在的天命所归。所谓知识，就是人类认识一切自然现象、社会事象、文化事物的智慧结晶体，相对经验而言，其根本特征是：系统性、深刻性与专门性。大学是将经验擢升为知识的社会机构，学科存在的意义与价值正是肩负起经验升级活动的社会重任。在当代中国学术背景中，回归知识生产的初心，弃置种种功利性的由头，是中国特色一流学科建设健康推进的保护神。我们相信：知识是学科的前身、内核与本体，学科是知识的产床、怀抱与苗圃，面向知识生产力提升的学科建设逻辑才有其合法性、科学性；一切学科建设工程只有在助推知识生产、知识蜕变的链条中方有其存在的意义、言说的必要。

一 当前学科建设的“路径锁定”现象剖析

显然，推进一流学科建设是国家的使命，规范学科点设置、规划学科建设路径、规定学科建设质量标准等，都是有担当、负责任政府的体现。然而，一旦政府权力与干预的介入偏离了适度、准确、应当的轨道，上述举措很可能误导一流学科建设，致使其陷入功利化、快餐化、指标化的旋涡，陷入“路径锁定”、偏离初心、迷失方向的困局，进而给学科发展带来重重阻力。正如有学者所言，“路径依赖是一种制度的‘锁定’……是因为它会逐渐缩小人们的决策范围，最终冻结选择行为”[①]。目前，这一“依赖”的表现是多样化的，其中最具代表性的便是资源依赖、项目依赖、权力依赖、指标依赖等，非常值得学科建设者警惕！其实，任何一种人为政策的干预都会给社会事物发展带来“双

① 郭书剑、王建华：《论一流学科的制度建设》，《高校教育管理》2017 年第 2 期。

面效应”，而对负面干预效能的及时捕捉与有力遏止则是规导政策效应的一把利器。

（一）功利驱动路径

大学参与一流学科建设的直接驱动力是什么？学者们心知肚明：它会给大学带来丰厚的资源受益，助其收获知名度与美誉度，给本校学者参评形形色色的人才计划带来更多的指标实惠，无形中增强大学对外部资源的吸附能力，等等。正是在种种显在或潜在利益驱动下，我国大学参评一流学科的热情空前高涨，甚至不惜一切财力与代价攫取参评中的优势。诚然，一流学科建设需要外部动机的诱导，但内部动机才是学科发展的生命线，过强的外部动机可能扰乱大学学科建设的节奏、阵脚与心态，诱使学者、学院放松“学术研究”、“知识生产”的主业，专事一些沽名钓誉、旁门左道之事。在强大外部功利动机驱使下，“作为大学内部自治的基本单位，学科不再是一个自足的和自治的组织，而是逐渐成为一个自利的组织和附属的组织”①。大学对功利思维的“路径依赖”理应引发学科政策设计者的反省。“学科是‘苗’，资金则是‘水’。”② 学科苗壮成长需要的是适量资金“水源”的浇灌，如若本末倒置、功利主导，学科建设很可能退化为攫取资源的功利场，学术的纯粹性与自由性将无法得到保障。

（二）学科拼凑路径

学科是学科要素，即与学科发展相关的人、事、物等有机链接而成的生命体，是各要素在交互作用中自然生长的连续体，其中，许多链环与要素都是隐性的、内隐的，学科评估活动无法将之可视化、指标化。进言之，那些隐性的学科要素是：学科精神、学科文化、团队氛围、学科传统、学科气质等；那些隐性的学科链环是：要素间的互动方式、要素间的有机配合、要素间的流畅联络通道、要素在重大应用环节上的组织力与整合力等。从某种角度看，学科建设是为了筑就一种无形的学科

---

① 王建华：《一流学科评估的理论探讨》，《大学教育科学》2012 年第 3 期。

② 郭书剑、王建华：《论一流学科的制度建设》，《高校教育管理》2017 年第 2 期。

"精、气、神"而组合学科要素、凝练学科特质、充实学科内涵的过程。然而，在我国学科建设中"拼凑一流"的问题尤为突出：在一些一流学科中，拔尖学者是"挖"来的，学科方向是相关学科"凑"出来的，学科优势是校内"调配"出来的，学位点是申报书"拼"出来的……本学科真正的专有学科发展资源较为稀薄。如果没有学科文化、学科精神、学科特色的粘连与内融，这些学科就会生命脆弱，更别说孕育出高端学术成果了。

（三）指标导向路径

学科排名是当代学科建设的关注焦点，评价指标成为我国学科建设中的至高崇拜，"为指标而建"成为当代我国大学学科建设的潜台词。一切学科发展指标都具有外现性、表层性与孤立性：它们只是学科发展中的一段"切片"与状态数据，只是凝固化、碎片化的学科发展参数，难以反映学科的真实生命发展状态。进言之，学科评估指标只有被置于学科生命体、生态链中方能展示其真正内涵，只有被置于学科生长进程与生态体系中才能显示其本真内涵所指。盲目的指标崇拜只可能导致学科发展"重表轻本、重评轻建"的怪相出现，进而打乱学科培育的自然节奏。一流学科是学科历史中"生长"出来的而非专家"评"出来的，是在卓异学科文化土壤中"长"出来的而非用评价指标"量"出来的。进言之，一流学科在学科排名中的地位是自然表现出来的，是其良好"学术基因"自然生发的结果。用理性、生态、整体的眼光看待学科评价指标，在学术积淀中凝聚学科的内力、历练学科的内功，这才是一流学科建设的正常路径。

（四）规模竞争路径

学科需要一定的体量保证才能获得正常发展，因为只有在基准体量中才能融进基本学科要素，产生要素间互动、联合、生长的现象，但是，一旦学科评估与建设过于看重体量，甚至将体量指标视为决定学科竞争取胜的关键指标，则可能引发学科建设中变态与失序现象出现。诚如有学者所言，我国当前学科建设是"一种外延式的体量考核，而非学科真实状态的反映”[①]。在当代我国学科评估中，学科发展关键指标的测评只重总量不重均值，只重标志性项目、成果、人才的数量而不重其在学术界的真实影响力，其结果，学科实力竞争极易异化为数量竞争、规模竞争与外延竞争，诱使学科点开展急功近利的学科扩容、贪大求全等建设，而将品质提升、实力凝聚、精品培育等关键工作弃之一边，故不利于学科开展精细化的内涵建设与高品位的文化建设。

鉴于上述问题，本书认为：我国学科建设工作必须实现根本性的转型，即由外在建设走向内在建设，由功利驱动走向学术驱动，由经济逻辑走向知识逻辑。知识生产是学科建设的本然内涵，促进知识生产是学科建设的本意所在，沿着知识生产逻辑来开展各项学科制度、学科组织、学科平台、学科梯队建设才是我国一流学科建设必须回归的正途！

二　学科建设的知识生产逻辑

国内调研数据表明：学科的本意是“知识体系”,[②] 学科的本容是“知识体”，其他一切学科事物都只是“知识体”的附生物、衍生物与表皮物，沿着知识生长、生产、再生的逻辑来建设学科是学科建设的本真逻辑。有学者指出：“知识已经成为组织核心能力的关键资源，学科作为典型的知识型组织，要实现良性发展必须有效整合其内外部知识资源，从而不断提升其核心能力。”[③] 尤其是知识经济盛行的当代，知识成为人类社会发展的先导力、核动力、制导力，人类必须将学科建设成为人类关键知识、社会核心知识、科技先进知识的孵化器，将之建设成为知识繁衍与增生的产床，以肩负其学科建设工作的本然使命！为此，我们需要从知识的立场去重新审视学科建设的本质与工程。

---

① 武建鑫：《走向自组织：世界一流学科建设模式的反思与重构》，《湖北社会科学》2016 年第 11 期。

② 周光礼、武建鑫：《什么是世界一流学科》，《中国高教研究》2016 年第 1 期。

③ 李春林、刘丽丽：《一流学科的演进特征与生成机理》，《国家教育行政学院学报》2017 年第 11 期。

（一）学科存在的本体意涵是提升知识的原生力、整合力与市场力

有学者指出，“学科组织的联合协作正是基于知识逻辑的驱动”①。为此，学科建设的本体不是人才、学会、学位点，而是知识体系、知识科类、知识集群、知识生命体，前述所有学科组织要素都是着生在“学科知识体系”这一母体之上的。可以说，知识是学科存在的本体，知识体是学科生长的母体，学科建设的根本目的是：凸显学科建制、学科组织、学科平台对学科发展的支撑力与促动力，全力提升知识生产力，即知识的原生力、整合力与市场力。为此，按照现代知识的存在特性与生长规律来建设学科、优化学科，是当代大学学科建设的基本逻辑。

1. 现代知识的三重特性

作为现代社会的一种特殊生产力构成要素——知识具有诸多特殊属性，这些属性将知识生产与一般产品生产区别开来，并向知识催生实践提出了一些特殊要求。现代知识具有三重特有属性，即弥散性、广谱性、增生性，与之相应，知识生产方式发生了很大变化。所谓弥散性，是指现代知识弥散在一切社会生产、生活过程之中，具有明显的实践依存性、社会依存性与文化依存性，尤其是随着专业博士群体的出现，知识成为高科技、高价值社会生产生活实践的伴生物，学院知识与实践知识交互催生成为当代知识发展中的新景观；所谓广谱性，是指知识与实践应用之间是“一对多”的关系，一种知识在和多种相关实践结合中会衍生出多种社会产品、社会发明，知识在多样化使用中能够衍生出形形色色的社会文化与科技成果；所谓增生性，是指知识在使用价值上不仅有时间上的耐用性、交流中的共享性，而且还能在使用中产生出更具创意与效能的新知识，让知识在使用中历久弥新。知识的这三重特性告诉我们：其一，知识生长具有双通道性，一个是专业化的大学知识生产渠道，一个是实践化的社会生产渠道，两者并驾齐驱、互生共长是知识

① 武建鑫：《走向自组织：世界一流学科建设模式的反思与重构》，《湖北社会科学》2016 年第 11 期。

生长的基本规律；其二，知识生长是在多向应用、多主体交流中实现的，多样化的应用与多主体间的共享是知识增值、增殖的基本途径。为此，学科建设必须处理好两大关系：专业知识生产与社会知识生产的关系、知识应用与知识共享的关系。

2. 知识生产是原创性、融合性与定制性的统一

在传统社会，知识生长是一种自在现象；在知识经济时代，知识生产是一种自觉现象。所谓知识生产，就是“各种类型的知识，如真理、原则、思想和信息等的发明、创造、创新和复制过程”①。知识生产是三类生产方式的统一，即原创式生产、融合式生产与定制式生产。其中，原创式生产是指学者在自己的学术世界中自由创生新知识的活动，其主要特点是：独创性、专门性与原始性，需要学者的原始创造力来驱动并以原创性学术成果的产出为标志；融合式生产是不同类型知识在跨学科、跨领域应用中生产出复合知识、横断知识的活动，是相关学科知识围绕同一实践问题解决或同一专门领域联合开展知识创造活动的现象；定制式知识生产是知识生产者根据特定社会客户需求开展知识生产活动，以满足社会主体或知识消费者需要的一种知识生产活动。显然，知识生产既可以走学者自由原创的道路，走学科知识联合的道路，也可以走追随社会需要的道路，知识生产是兼容原创性、融合性与定制性的混合实践，具有多路径、多轨道发展的特征。在当代，“知识生产的运行过程呈现出边际收益递增规律、累积效应规律、多元动力规律及路径依赖规律”②。这一态势充分表明：在原创中积累知识，在融合中增生知识，在多路径知识生产实践中扩容知识，是现代社会知识生产的独特轨迹。作为人类知识的综合生产部门与集中提供者，大学必须借助学科建设来推动三种知识生产方式的实现，借此不断提高现代知识的生产力

① 傅翠晓、钱省三、陈劲杰、张睿：《知识生产研究综述》，《科技进步与对策》2009 年第2 期。

② 南振兴：《试论知识产品的生产机制》，《现代财经——天津财经学院学报》2005 年第10 期。

与生命力，否则，学科建设自以为是，无视知识生产要求，最终可能偏离知识生产的轨道与意图。

3. 知识生产力的三重内涵：原生力、整合力与市场力

任何事物因其品质而彰显生命力，事物品质是其存在使命的充分实现，提升知识生产力是大学学科品质的体现。所谓知识生产力，即知识的生产能力，就是知识持续延绵、与时俱进并因应环境而不断变异、更新的能力，就是知识基因复制中变异、变异中升值的能力，就是知识生命体的自我进化能力与环境适应力的内在统一。有学者指出，“一个大学的学科建设目标就是在于提升学科组织在知识生产上的能力，所谓学科建设就是让围绕某个知识体系建立的学科组织在知识生产上的能力不断增强，能够产出高水平的学术成果，提供高质量的专业课程”①。即是说，面向知识生产能力提升的大学学科建设才是合法、合理的。

作为一种特殊社会存在物——知识，它因自我更新而进化，因科际互动而生长，因服务社会而升值，因此，知识生产力的具体构成是：原生力、整合力与市场力。其中，原生力是知识自我进化的能力，整合力是知识互动共生的能力，市场力是知识价值实现的能力，三种能力有机统一，构成了知识生产力的三个支点。就其内在关系来看，原生力、原创力是知识生产的基础能力，是知识生产力的原点构成，是知识生命体存在的基石；知识整合力、知识组织力是知识生产的特殊能力，在共享中实现共生共长是知识生产的独有方式；知识市场力是知识生产力的末端与外现，是知识回应社会需求与个体需要，形成社会产品、社会文化、社会价值的能力，是知识生产赢得社会资源、获得社会青睐、实现社会化生存的关键能力。进言之，学科建设的原初职能与本位使命正是提升大学的知识生产力，是利用各种社会建制、专业平台、人才梯队措施全面激活知识的“三力”——原生力、整合力与市场力。

（二）学科建设必须顺应现代知识生产的轨迹与方式

提升知识生产力是学科存在的职能定位，而适应现代知识生产的理

① 宣勇：《大学学科建设应该建什么》，《探索与争鸣》2016 年第 7 期。

路与轨迹则是实现学科职能的基本思路。人走人道，车走车道，马走马道，知识必须走知识之“道”，这就是知识自然生长与进化之道。进言之，学科建设是为知识生产实践铺路架桥，是循着知识生长势态去构筑知识发展的学科高速公路，而非按照自己的主观意志去规划、去扭曲学科的自然生长道路。知识怎样生长，就需要构筑怎样的学科道路去适应它；知识怎样存在，就需要构筑怎样的“学科建筑”来安置它——这是知识生产与学科建设间的合理关系定位。当前，人类知识生产的主要方式有三种——三模齐驱式、三环递进式与自组织式，它们为学科建筑、学科道路的设计提供了根本依据。

1. 三模齐驱式

从知识生产主体角度来看，当代知识生产是三模齐驱式的。在传统社会，知识生产方式是单一的学者生产式；在当代社会，知识生产出现了多模式并进的新方式，模式 1、模式 2 与模式 3 并驾齐驱，刷新了人类知识生产的轨迹与面貌。“模式 1”是洪堡倡导的近代知识生产方式，专指基于学科的大学学术研究，其产品是学院知识、科学知识，是较为传统的知识生产范式；“模式 2”是现代知识生产方式，由英国学者吉本斯（M. Gibbons）提出，特指面向社会实践与现实问题的跨学科知识生产方式，其产品是实践知识；“模式 3”是一种前学科知识生产方式，由富勒提出，指学者基于兴趣进行的自发知识生产活动，其产品是碎片化的科技社会知识。在当代，由于政府的强力介入，大科学（Big Science）的出现，“大学—产业—政府”关系的形成，集群化、网络化、协同式的新知识生产模式出现，人类知识生产迈入了多模式并驾齐驱的新轨道，直接改变了传统知识生产的格局。这种多模齐驱的知识生产方式打破了大学独霸知识生产的局面，一种“以多层次、多节点、多形态、多主体为组织结构特征和以共同演进、共同专属化、竞合为逻辑运行机理”[①] 的“多维协同创新体”出现，人类知识生产呈现出多极融合

① 武学超：《模式 3 知识生产的理论阐释——内涵、情境、特质与大学向度》，《科学学研究》2014 年第 9 期。

发展的新态势。在这种情势下，学科建设不能仅关注自身的纵深发展，更要关注与毗邻学科间的横向协作，关注知识与产业间的相倚关系，努力构筑一种纵横交错的学科共生体，积极适用知识生产新形势的要求，持续提升知识生产力。

2. 三环递进式

从知识系统内部衍生方式来看，知识生产是“三环递进”，即“综合—分化—再综合”的过程。这是一条循环上升、持续递增的道路，其三个核心环节正是：综合、分化、再综合。其中，分化是知识分科、分类、分领域发展的要求，其基本功能是推进知识的深化，提升知识的精度，增进知识的专门化，学科化发展是其基本实现途径；综合是知识横向联合、彼此融合、增强“间性”、有机整合的体现，其基本功能是促使知识生产在“实践问题解决”这一主线上实现归并与组织，跨学科发展是其直接体现。没有知识的分化，就没有高精度学科组织的产生；没有知识的综合，就没有横断学科与知识密集型企业的出现。在现实运转中，知识生产是在分化与综合的交替中实现的，它们构成了知识生产的双翼，促使知识在精化与联合中实现双向发展。在当前，我国学科建设的一个明显弊端是：“分科治学的组织传统促使学者们或由于兴趣，或由于地域，或由于好奇，自发地组织在一起，共同研究某一特定对象”①，其危害是：容易忽视异类知识联合的力量，导致知识生产陷入跛脚前行的困局，致使学科发展缺失大环境、大平台、大视野的支持。从这一角度看，学科建设必须同时满足知识双向生长的要求：既要关注学科“小圈子”建设，为知识的深化、细化、分化创造条件，又要关注学科的“大圈子”建设，为知识的联合整合提供平台，让知识生产走上一条双向生长、左右互联的道路，同时增强学科知识的“两力”——原生力与整合力。

---

① 武建鑫：《走向自组织：世界一流学科建设模式的反思与重构》，《湖北社会科学》2016 年第 11 期。

3. 自组织式

从知识系统与外部环境互动生成角度看，知识生产走的是一条问题催发与逻辑推演交相缠绕式道路，知识生产的实质是知识系统在外部问题环境催发下产生的自组织与再组织的连续过程。一方面，外部问题情景是知识系统演进的生发点与驱动器，其作用是：打破知识体系的自平衡，引发知识体系的内部调适与自我创生，促使知识不断繁衍进化，正如学者所言，“知识体系的演化需要在问题情境中获得新的生长点”①；另一方面，逻辑推演是知识体系实现自我调整、自我生长、自我演化的独立机制，是知识体系适应外部问题情景挑战的自组织方式。换个角度看，问题是知识系统与外部环境的连通器，问题的解决是实现知识的社会化生存，即彰显知识的社会价值、赢得社会重视、确证知识存在意义、获得社会资源供给的重要途径；而逻辑推演则是知识自我生长的独有机制，因应问题情景的自我调整是知识体系的独特运动方式，逻辑推演让知识体系成为一个自主存在、自我发展的独立生命体。从这一角度看，要增进学科体的生命力与市场力，学科建设者必须遵循其独有的知识生产逻辑，善于通过专题探究与学科联合的方式参与经济社会重大问题攻关，以彰显自身存在的主体价值与社会价值。

从知识生产方式角度来看，知识原生力来自三大知识生产主体——学者个体、学院组织、社会实践者的知识生产兴趣以及知识体系的自然分化机制，知识整合力来自知识的跨学科发展与横向协作，知识生产力来自知识生产活动对实践问题的回应力与变革力。因此，从知识生产的逻辑出发，面向知识生产力提升的需要开展学科建设，是学科发展走向自我、自然、自由的客观需要。

(三) 面向知识“三力”提升的学科建设使命

基于上述分析，我们认为，知识生产既是立体式的，也是连续式的；既是线性的，也是循环式的，关注知识生产的多样性、多态性、多

---

① 武建鑫：《走向自组织：世界一流学科建设模式的反思与重构》，《湖北社会科学》2016年第11期。

面性是科学推进学科建设事业的客观要求。当代知识生产是在多主体，如学院、学者、实践者等构成的网络中立体展开的，学科建设必须构建学科知识的共生体；当代知识是在“综合—分化——再综合”的连续系统中进行的，学科建设应该为搭建知识生产链而不懈努力；当代知识生产是在问题驱动与内外互动中进行的，学科建设必须建成学科知识面向社会生产生活的反哺回路，适应知识社会化生长的需要。当代知识生产是学者主体、知识本位、市场牵引式的，学科建设的使命是积极构建有利于知识生产力全面提升的学科服务体系。进而思之，面向知识生产力提升的学科建设事业必须承担起以下四项神圣使命：

1. 建立多主体联动的学科知识共生体

当代知识生产的多主体、网络状、集群态现状要求学科建设事业将“建立多主体联动的学科知识共生体”视为自己的首要任务。学者是知识的第一生产力，是最具能动性、爆发力、创造性的学科建设者。把一群志趣相投、科类相近的学者在特定实践问题、学科方向的麾下组织起来，使其思想联通、智慧联网、观点共享，最终在核心研究点上集中爆发，促成高创造性、高价值研究成果的生成，正是学科建设助推知识生产的科学思路。所谓“共生”，就是“共生单元在共生过程中给共生系统带来的净能量”①；所谓“共生体”，就是在多主体间的“共生界面”开展互动、互生与创生活动的主体联合体或社会组织。在学科建设中，学科知识共生体是指学者在知识生产兴趣驱动下共同开展知识生产、学术探究活动的协作体，其特点是：允许学者个人开展自主探究，重视学者间的深度“汇谈”与联合攻关，倡导跨越学术与市场间的边界开展知识生产活动，努力实现三大知识生产主体——学者、学院、实践者间的深度协作与内在融合，自觉适应以“知识集群、创新网络、分形创新生态系统”② 为特征的现代知识生产形势。

① 尹伟中：《共生效应》，《时尚北京》2015 年第 5 期。

② 武学超：《模式 3 知识生产的理论阐释——内涵、情境、特质与大学向度》，《科学学研究》2014 年第 9 期。

2. 建立纵横交错的学科知识生产链

知识生产是左右逢源、持续绵延的过程：前者体现为知识群落间跨界互联、互促共生、共生共进的互动，后者体现为知识沿着自身逻辑推陈出新、自我更新、纵向深化的活动，二者共同构成了知识生长的两种基本方式：互生与内生，知识生产的“三环模式”——“综合—分化—再综合”正是其体现。在这一意义上，要保持知识的强盛生产力，学科建设者必须自觉做好两件事：构筑“学科生态体”，维系“学科生态链”，为知识的内外生长铺平道路。所谓“学科生态体”，就是学科群落在相互影响、交互作用、相依相生中形成的一个生态系统，所有学科在保持自己相对独立地位的基础上相互尊重、相互摄入、相互催生，促使学科间保持一种合作生长的共生态；所谓“学科生态链”，就是学科系统自我生长、持续更迭的链条，是学科在自我演化、自我更新中自然形成的一条知识生长线路，其枢纽链环是知识创生，能否保证更具生命力的知识生成，增进知识应对环境挑战的力量，是学科生态链存续的关节点。有学者指出，“只有当学科生态结构呈现出有序的‘学科生态链’时，学科系统才会在自我演化的过程中更具环境适应能力，也更具学术生产力”①。学科是知识聚会的会所，是知识增殖的空间，而学科生态体与学科生态链的构筑与维系正是学科实质性参与知识生产过程的举措。

3. 建立内外互动的学科知识反哺回路

知识生产是难以去情景、超实践的，这是因为知识本身就植根于社会实践母体之中，并从中汲取生长所必需的养分与能量。知识生产的自组织方式也告诉我们：社会环境中涌现出来的实践难题、知识需求是启动学科知识生产活动的一道驱动程序，而学科知识对重大社会问题的回应与解决则是社会愿意支持学科知识生产活动的缘由。所以，要增强知识的生产力，学科建设者必须建好两条通道：一条是学科知识参与社会

① 武建鑫：《走向自组织：世界一流学科建设模式的反思与重构》，《湖北社会科学》2016 年第 11 期。

生产生活实践的进路，另一条是社会回馈学科知识的回路。一方面，知识生产只有瞄准社会重大需求问题进发，开展课题攻关，学科知识才可能在社会进化中派上用场、彰显价值、找到用武之地；另一方面，学科建设者只有善于利用各种学科评估、学科社会效能监测、学科社会认可度测评等活动，社会才可能更有力地回馈学科建设事业，为其发展提供更好的市场环境与成果转化机会。两条道路建设双向推进，让学科知识生产与社会、国家、民族发展“同命运、共呼吸”，积极构建学科发展与社会发展的“命运共同体”。

4. 建立助推内生的学科知识服务体系

如前所言，知识生长具有较强的自在性、自生性、自主性，是一个自我组织、自我更新、自我进化的过程。相对而言，学科是一个人造物，学科建设是一项人为事业，学科自觉是学科自我反省的主观产物，助推知识生长的学科建设实践一定是一项知识优先、知识为本、顺应生长的工程。进言之，决定学科生命延续的关键不是学科建设工程的完美程度，而是学科建设事业与知识生长要求间的吻合度，与知识生命体构架间的契合度。在这一意义上，建立助推知识内生的学科知识服务体系至关重要，它理应成为学科建设工作的真正关切与终极追求。进言之，学科知识服务体系至少包括四项基本服务：其一是按照知识体系划分学者归属的服务，它能保证学者圈层与知识类型间的一致性；其二是按照知识生长要求配置学科资源的服务，它能保证知识研发成本与资源需求间的一致性；其三是按照知识跨界生长态势组建复合型学科科研团队的服务，它能保证知识综合化发展的顺利推进；其四是按照知识生长要求构建学科平台的服务，它能保证知识生长所必需的硬件环境支持。应该说，上述学科服务是培育一流学科的基本入手点，是社会、国家、高校利用外部学科环境孕育优势学科的一般策略，理应成为学科建设工作的关注焦点。

三　服务知识生产力提升的一流学科培育路径

当前，一流学科建设是我国经济社会发展的枢纽链环，如何因应知识生长规律开展一流学科建设工作，持续提升知识生产力，成为我国学者面临的一道难题。知识是学科的本体，知识生长是学科工作的内线，一流学科建设必须瞄准知识生产的重点环节强力出击，才有可能理出一条科学、先进、有力的学科建设思路来。在一流学科建设背景下，我国学科建设工作已经走上了一条基于“重点论”的轨道，学科建设必须坚持一个模式——“互动模式”，抓住四条行动路径——建设平台、完善组织、重塑文化、改造评估，平稳有力地推进各项建设工作。

（一）坚守一流学科建设的“正偏态互动模式”

目前，在一流学科建设中存在两种极化建设模式，即依循生命体模式与自主建设模式：前者将学科视为一个准生命体，将符合知识生长视为学科建设的唯一理据，极力推行一条基于知识自生论的学科生长路径，强调一切学科建设工作都必须符合知识生长要求，由此导致一种“消极学科建设”思维的形成；后者将学科建设视为管理者自主构建制度、体制与学科体的人为活动，轻视知识生长的规律与要求，将学科知识视为任意揉搓的对象，与之相伴生的是一种“积极学科建设”思维。这两种思维构成了我国学科建设思维的两极。其实，在学科建设中历来就存在四种模式之争，即组织模式、内生模式、吸附模式、互动模式，其中组织模式、吸附模式强调学科组织建设的重要性与优先性，而内生模式过于强调知识生长的本位性，只有互动模式要求重视学科本体与学科环境间的交互共生性，动态平衡学科内外部关系，因此是一种较为合理的学科建设思路。有学者指出：“学科合法性的两个维度：一是内在合法性，一是外在合法性”①，其中，前者是学术性标准，后者是实践性标准，两个标准同时兼顾与协同一致才是学科建设的理想模型。从这一角度看，任何过分强调知识生长或学科自觉中一个单极的学科建设理念都是有缺陷的。

当然，互动模式也并非毫无瑕疵，其缺陷在于将知识生长与学科组

① 周光礼、武建鑫：《什么是世界一流学科》，《中国高教研究》2016 年第 1 期。

织建设放在同等重要的地位上来，从而不利于知识的强势增长。本书认为，互动模式是一流学科建设的主体模式，但在该模式中知识生长与学科建设间绝非绝对平等关系，而是有主次、强弱之分的。显然，在两者关系中，知识生长的重要性应当被置于优先级的地位上来，由此，二者间构成了一种正偏态式互动模式。正如有学者所言，“一流学科是基于知识和权力自发演化而来的，具有自组织的生长特性”①。在自组织框架中理解知识生长与学科建设间的关系较为合理一些。

在正偏态互动模式的指导下，科学的学科建设之路是“学科培育”，而非人为色彩超强的“学科建设”。在此，本书更希望使用“学科培育”这一术语，尽可能回避“学科建设”这一表述，因为前者更能表达笔者倡导的基于学科内力自觉提升的学科建设思路。在一流学科培育中，知识是本体，学科是主体，组织是附体，社会是受体，明确“四体”的关系与位置是将学科培育思维贯彻始终的观念支点。

（二）坚持四轮并驱的一流学科培育路径

学科体的四大核心构建要件是平台、组织、文化与评估，四者合为一体构成了学科事业的闭路循环，形成了自我更新、自我完善的学科进化机制，有利于知识发育及其生产力提升的学科建设服务体系的构筑。为此，一流学科培育中要重点推进“四个转变”：

1. 平台建设优先，实现从核心建设向外围建设的转变

平台是学科存在发展的物质空间，是促成学科知识生长的外部条件、硬件设施与微观环境，一流学科培育离不开一流学科平台的培育。有学者指出，“一流学科建设的‘供给链’是由政府政策链、高校服务链、社会支持链以及供给端的关系链共同构成的”②，关联这些“供给链”的关节点就是学科平台。在一流学科培育中，平台建设将被置于

---

① 武建鑫：《走向自组织：世界一流学科建设模式的反思与重构》，《湖北社会科学》2016 年第 11 期。

② 武毅英、童顺平：《供给侧改革视域下的一流学科建设》，《大学教育科学》2017 年第 4 期。

核心环节予以重点关注，甚至其重要程度要高于学术产能建设。在过去，学科建设工作过于强调学科知识生产环节，强调学术活动本身的干预与激励，这种做法反本为末、干预越界，犯下了战术性错误。其实，知识生产是学者自己的事情，具有其自身进化轨道与更新机制：只要有了优质、公正、完善的学科平台的支持，学者生产知识的内能自然会被调动，无须深入到知识生产的内部环节中去。进言之，学科建设的四大核心内容是平台打造、氛围营造、梯队搭建、制度建设，其首要内容当数平台建设。学科平台是学者与知识相汇合的重要场址，好平台对学科知识生产发挥着组织、集成、催生、助推等重要功能。对一流学科建设而言，其所需要的平台主要是：学位点、实验室、研究中心、学术期刊、学会组织，其中，学位点、学会、研究中心是将本学科专业学者聚合起来的学术组织，而实验室与学术期刊则是学术成果的“生产车间”与成果发布平台。有了公共学科平台，知识就有了专门的生产场所，有了聚合知识产能的公共舞台，在学科平台上开展专门化、集中化的知识生产活动无疑是提高知识生产效率的科学路径。在一流学科培育中，知识生产所需要的是优质、专业、集成的学科平台，其主要特点是：硬件设备先进，平台运转科学，学术组织内聚力与吸容力强，学位点比较优势明显，学术成果的发布追求品位，等等。努力建设优质学术平台，不断提升学术平台的综合水准与学术品质，是一流学科平台建设的奋斗目标与培育重点。

2. 优化学术组织，实现从单主体治理向多主体共治的转变

学术组织是学者群体的社会组织形式，是学术力量的汇合场所，其常见形式是大学学院或大学基层学术组织，如研究室、研究所、研究中心等，科学的组织结构有利于知识的充分共享与深度交流，有利于知识原生力、整合力的全面提升。当前，大学学术组织的一个共同缺陷是：其一是学术权力中心明显，许多学位点负责人、“双肩挑”行政领导控制了学科的话语权，导致了一种单主体学术治理格局，不利于学科能级最底层学术能量的释放，抑制了知识多极化生长局面的形成；其二是学

术力量分散，学者对优势学术研究方向的向心力较弱，学术组织对学术力量的整合能力与自治能力脆弱，制约着高端学术成果的凝聚与高性能知识的孕育。为此，推崇基于多元化主体的“参与式治理”，增强底层学术力量，降低学术治理重心，理应成为优化学术基层组织、增强知识生产力的改革出路。本书认为，落实每位学者的学术主体地位，建立多主体共治的学术自治组织，弱化学院、学校行政力量对学术研究方向的过度干预，形成以学术问题为中心的动态学术权力配置机制，是实现参与式学术组织治理的行动路线。学者是学科建设的主体，学问是学科建设的中心，这理应是一流学科建设的基本宗旨。为此，多主体共治的学术自治机制的核心内容是：在“学问面前人人平等”原则指导下，构建动态的学术权力自然配置机制，搭建以学问为轴心的学者研究团队，让学科治理真正服务于知识、学问衍生的自然要求。

3. 纯化学科文化，实现由显性控制向隐性约束的转变

一流学科的真正标志不是支离破碎的指标得分，而是卓异、坚实、富有生命力的学科文化，优质学科文化是一流学科的存在实体，是幕后撑起一流学科的软制度、潜规则与不成文的隐性制度。学科文化是学科体内占主流的学术传统、学术风气、学术精神、研究氛围，它是“学科建设的思想基础、精神动力、智力支撑、行为和道德规范”[①]，其内核是学术自由精神、学术自治精神、学术使命意识。学科文化有两种基本类型：纯粹型文化与功利型文化，前者强调学术研究的本体地位，倡导相对纯粹的超功利学术精神，将服务社会、贡献国家、市场应用视为学术研究的附带责任与衍生效应；后者强调学术研究的实践应用及其社会价值，将学科知识的市场力、社会贡献力与社会地位看得高于一切，学术研究则处于工具性地位。显然，只有保持适度的学术自由精神，知识的生产才不容易落入附应社会、就范市场、自我迷失的误区，知识生产的自由度与原生力才有保证。为此，倡导相对纯化的学科文化与学科

① 陆根书、胡文静：《一流学科建设应重视培育学科文化》，《江苏高教》2017 年第 3 期。

价值观，让知识生产相对独立于社会体制，为高新知识生产提供具有一定纯度的社会环境支持，是我国学科文化建设的当下选择。在当前，我国一流学科培育的明显弊端之一就是“资源依赖”，“地方配置资源、高校争取资源”已成为一流学科建设的固定格式，导致功利化学科建设思维随处可见，不利于学科知识的自由生产。无疑，一定存量与质量的知识库存永远是学科知识生产力提升的基石，助推学科知识健康持续增长始终是学科繁荣之根，因之，培育有坚守、有纯度、有梦想的学科文化，回归知识创造的主业、正途与初心，是我国一流学科文化培育的不二选择。

4. 化解评估软暴力，实现从刚性评估向柔性评估的转变

评估是学科建设闭路循环形成的关键链环，用评估指标设定引领学科发展是一流学科培育的基本手段。目前，发布学科排行榜，授予“一流学科”称号，对我国大学学科建设的实质性影响力持续发酵，评估的巨大能量正在悄然释放，学科评估的权威性及其对学科发展的驱动力日益彰显。在正面进行学科评估的同时，我们必须清楚学科评估的“基因性缺陷”，那就是：它评选不出真正的“一流学科”，也评选不出我们期待的“一流学科”，在看似公平的刚性评估指标控制下，学科评估的初衷会被扭曲、被变异。正如有学者所言，“一流学科评估的真正价值可能就在于使评估出来的‘一流’尽可能接近真实的一流”①，而非要用支离破碎的数量化指标来挟持学科、控制学科、肢解学科，诱使学科发展走上一条背离知识生产本意的歪门邪道。任何刚性的量化评估对学科发展都是一种软暴力，都可能弱化知识的生产力，迫使其走上一条“指标化建设线路”，致使学科评估沦为“削足适履”的一把剃刀。刚性评估对学科发展造成的直接恶果是：“评估结果仅仅是一种外延式的体量考核，而非学科真实状态的反映。”② 如若任由这种形势恣意蔓

① 王建华：《一流学科评估的理论探讨》，《大学教育科学》2012 年第 3 期。

② 武建鑫：《走向自组织：世界一流学科建设模式的反思与重构》，《湖北社会科学》2016 年第 11 期。

延，学科评估的初心将会被遗忘，学科建设“助推知识生产”的正道会被颠覆。其实，学科评估既有刚性的量化指标，又有柔性的业内共识指标，后一指标可能更具可信度与公信力。柔性指标的最大特点是模糊性、伸缩性与公众性，是最能令学界信服的一项一流指标。在学者心目中，北大的哲学、清华的工学、人大的经济学、北师大的教育学等，都是响当当的一流学科，这些被历史、被业界公众认定的一流学科具有至高无上的权威性。在学科评估优化中，我国首当其冲的是要做好高纯度的同行评价，而非持续强化算计性的刚性量化评价。进言之，要克服刚性评估的暴力性，学科评估中必须加大“学界公认”这一指标的权重，甚至将量化评估视为这一指标的补充、佐证与校正器，这才是一种更具科学性的评估思路。也只有这样，学科评估才可能真正回归理性，避免指标体系对学科综合实力的“肢解现象”发生。

第三节　一流学科建设的中国模式

学科是大学组织的单元与心脏，一流大学建设的内核是一流学科建设，探索出一条最适合国情的一流学科建设之路是中国高校学科治理成功的标志。其实，学科建设行动是条条大路通“一流”的，只要是合乎学科成长成熟规律的道路都是合理之路、可行之路，我国学科建设者肩负的时代担当是：从多样化学科建设路线中遴选出一条合身之路、最优之路，借此构筑中国学科事业发展的高速公路。这就是学科建设中国化的实质与使命。在当前，我国对西方名校一流学科建设的“路径依赖”迹象凸显，仰望西方名流、膜拜“世界标准”、学科自信不足已成为阻碍我国高校一流学科建设进程的绊脚石。在这一形势下，探索一流学科建设的中国经验、中国思维、中国道路、中国模式、中国标准就成为导正我国一流学科建设航向，坚持“中国本位”学科建设原则的迫切要求。本书将对一流学科建设的中国模式予以剖析，以期为我国高校学科建设实践提供路径参考。

一　中国模式：中国一流学科建设的“三化”旨归

一流学科是“养”出来的还是“造”出来，是自然“成长”起来的还是自觉“建设”起来的，是被市场、政客“逼”出来的还是学术、学者“育”出来的？对这些问题的回答差异是导致不同国家、高校学科发展中出现“路径分叉”的重要节点。在实践中，不同国家、高校、学科面临的具体境遇不同，致使其选择的学科培育路径与建设模式会有差异，这是自然现象，确实不足为奇。应该说，中国语境是我国高校学科建设模式选择中的首要参考变量，善于响应中国传统、中国社会、中国需要的一流学科建设模式才可能获得强劲的生命力与发展力，为此，构筑“学科建设中国模式”是当代我国高校一流学科建设的正道，是助推我国一流学科迈向世界前列的超车道。所谓“中国模式”，是指我国高校在学科自主、自信、自强理念的指引下，紧密结合中国学科成长的环境、资源、要求开展学科建设实践，努力实现用中国特色“一流”观念来引领世界一流学科建设目标的学科建设理念、思维与道路。一流学科建设的“中国模式”涉及三个关节点，即自主自信的学科立场、独特合身的学科道路与引领域外的学科品质，分别指向中国学科建设的“三化”目标——自主化、本土化与世界化，三者合而为一构成了一流学科建设“中国模式”或中国化的核心内涵。

（一）自主化：中国模式是自主建设一流学科的要求

从学科立场上分析，中国模式的内涵是坚持学科自主的建设立场。“一流学科”概念诞生的原语境是各类学科间同质化比较，将比较结果加以量化之后得出关于某一学科品质的判断就是“一流”的概念之源。显然，这一“同质化”的参照系正是西方世界名校，如哈佛、剑桥、牛津等的学科建设标准。从某种意义上说，当代世界一流学科评价是西方一流学科话语体系、指标体系、价值系统、质量文化的延伸，我国学科在世界三大高校评价系统——英国高等教育调查公司评价（QS）、泰晤士高等教育评价（THE）和美国新闻与世界报道评价（U. S. News）

中不占优势并被边缘化具有其必然性。学者指出，在西方主导的格局中，中国学科“只能是处于由他人去解释的边缘位置”①，这就是我国学科被边缘化、被世界挤压的真实写照。其实，各国“一流学科”间既有量的差异，更有质的差异，把一堆脱离学科生长环境的抽象指标拿出来做抽象比较的做法是很危险的，它极有可能使具体学科的发展悬空于社会文化环境之上，异化为与本土社会发展失去营养脐带关联的“怪胎”。在这种情况下，中国学者对我国学科产生“边缘危机意识”也实属必然，而攻克这一意识的学科拯救行动就是：捍卫中国本土学科的尊严，重树“中国学科主体意识”，坚持学科自主、自信、自强的建设理念，真正将凸显中国精神、中国意识、中国特色视为提振我国学者学科信念的有力举措。所谓学科主体意识，就是学科建设中体现出来的“反省—批判意识、责任意识、竞争—发展意识等”②，故此，强化学科主体意识、学科自立精神、学科自主立场是学科建设中国模式的首要内涵。中国高校的学科事物是在中国大地上土生土长出来的，天然附带着中国传统文化、中国发展环境的痕迹，并存活在反哺中国优秀传统与经济文化的链条上，它绝不可能和西方高校学科“长成一个模样”。正因如此，评判中国高校一流学科的首要标准是其对中国经济社会发展的适应性与贡献率，而在这一点上，中国高校学科发展在世界上是引以为傲的：当代中国文化博大精深，中国社会凝聚力飙升，中国高新科技发展一日千里，等等，这无疑都得益于中国高校学科建设的成就与贡献。换个角度看，当前西方学科建设与评价中尤为重视诺贝尔奖获得者、国际声誉、核心刊物论文发表引用等指标，这些指标具有一定的片面性，它无法体现每个学科对本地域发展做出的特殊贡献，是对异域文化中生长的高校学科的无形封杀或抑制，过分笃信其效力会误导我国学科发展走

① 陈文江、寇星亮：《“学科本土论”与西部社会学的本土化实践》，《甘肃社会科学》2016 年第 5 期。

② 郑杭生：《中国社会的巨大变化与中国社会学的坚实进展——以社会运行论、社会转型论、学科本土论和社会互构论为例》，《江苏社会科学》2004 年第 5 期。

上一条吉登斯所言的“脱域”之路。中国高校在一流学科建设中首要应该重树学科自信精神，坚守学科主体意识，自觉应对西方学科评价的围剿与遏制，努力建设出具有中国豪气、中国气质、中国底气的一流学科。为此，一流学科建设的中国模式一定是坚守学科自信与学科主体意识的模式，一定是立基中国学科环境、守护中国学科尊严、坚持中国学科标准的独特建设模式。

（二）本土化：中国模式是学科建设扎根本土的要求

从学科建设路径上看，中国模式的内涵是倡导“中国式”的建设之路。一流学科是“高水平学科”的代名词，但“高水平”一词在不同大学、不同国家中的表达方式与公认标准是不一样的，中国高水平学科一定有中国式的表达、中国式的内容、中国式的标准。中国一流学科是植根于中国本土文化中生长起来的高水平学科，是在应对中国经济社会发展问题中成长起来的高品质学科，其内蕴的中国精神、中国文化、中国智慧是无法从国外学科建设成果与经验中获取的。进言之，中国一流学科是栖息在中国本土经济、文化、社会生态之中的，它只有从中摄取营养、汲取智慧才能让“一流学科之花”开得更艳，并为世界一流学科建设贡献特殊智慧与独特方案。否则，在建设路径上完全附应国际标准，追随哈佛、牛津学科轨迹，照搬英美建设方案，中国学科与世界的差距只会越拉越大。应该说，所有具体学科都具有“国家＋”的学科内涵——国家的精神与气质融透在整个学科机体与发展细节之中，并深层决定着该学科发展的轨迹与路向。与之相应，中国一流学科一定是“中国式”的“一流”。“中国式”就是“中国本土化”、“中国特色化”、“中国境遇化”的同义词，中国式一流学科一定是嫁接在中国文化系统之中并与中国大学发展史无缝对接的学科，一定是与中国本土化学科发展要求唇齿相依的学科，一定是与中国国家命运同频共振的学科，一定是能够赢得中国人认可与信赖的学科。有学者指出，在“双一流”建设中“中国特色”的四点基本含义是：坚持党的领导与社会主义方向，坚持立德树人根本任务，坚持扎根中国大地，坚持面向国家重大目标和重大战略等，[①] 这四个“特色”含义规定了中国一流学科的建设路径与行进主道。换个角度来看，尽管学科是学问、学术、学者的构成体，具有国际通约、人类共享的共同属性，但个体性、学校性、国家性同样是学科事物的根本特征。就其二者关系来看，共性是个性的抽象，个性是共性的表现，体现在一流学科建设上便是：每一个一流学科都是共性与个性的统一，每一门学科的“一流”都有其特色与表现，它们构成了一流学科量化等级式评价的禁区与极限。在当前一流学科建设中，我国如若笃信国际上流行的知名学科评价系统及其排行榜，势必导致学科建设忽略国情特色，隔断本土营养输送，逐步走上同质化、西方化的歧路，最终沦为西方学科“潜规则”[②] 的牺牲品。与之同时，我国学科建设也忘掉了初心与根本，迷失了健康发展的方向，学科研究资源隐性流失，成为国人拒斥的对象。所以，从学科建设路径上看，一流学科建设中国模式的内涵是：用中国本土智慧解决中国学科难题，用中国本土方式展示中国顶端学科发展水平，用中国本土经验开拓中国学科发展的新疆界。

（三）世界化：中国模式是引领世界一流学科建设的要求

从学科建设目标上看，中国模式的内涵是用独特范式引领世界一流学科的主流与走向。与世界模式间的互联互通是中国模式的又一生命力之源，是中国模式在世界学科阵营中占有一席之地的基本条件，一流学科建设中国模式存在的价值与意义在于其用中国化的思路、方式与理念达到了普适性学科建设模式所难以达到的学科高度，成为世界各国学者瞩目的对象。从某种意义上看，中国模式是否可靠、有效、先进，需要世界学科建设实践的佐证，其效力最终取决于它对世界一流学科建设的影响力、贡献力与领航力。真正的“特色”一定是有世界性影响的，

① 许宁生：《把握好“中国特色、世界一流”的核心要求》，《中国高等教育》2015 年第 22 期。

② ［美］德里克·博克：《走出象牙塔——现代大学的社会责任》，徐小洲等译，浙江教育出版社 2001 年版，第 110 页。

而非孤芳自赏的玩物。与此同理，本土化的一流学科建设之路一定是“‘建构本土特色’与‘超越本土特色’的道路，即从本土化到国际化、最终到全球化的过程”[①]，是“本土化”与“国际化”、“中国化”与“世界化”间的互变互化、持续升级之路。如若把学科建设视野一味局限在中国学科域内，而不考虑其对世界他国学科建设的辐射力，一流学科建设的中国模式必定死路一条，毫无国际生存空间；如若用国际学科建设思路来置换本土学科建设思路，只会落得被世界他国学科建设所殖民、所压制的败局；只有把中国学科建设水平提升到可以置换欧美国际标准的境地，才算是中国模式在世界范围内的真正成功。其实，西方少数国家，如英美一流学科建设的国别经验之所以会成为世界经验、世界范本、世界权威，其原因在于它完成了由本土化向国际化的升级之路。在一流学科建设中国模式的探索中，我国高校也应该参考这一升级路径，坚持走“立足现实、开发传统和借鉴外国”的“创造特色”[②]之路，将中国本土一流学科建设模式努力升级为世界一流学科建设的经典路径。只有具备这样的勇气与韬略，中国模式才能微妙转变世界一流学科的话语系统与权力布局，为中国一流学科建设赢得更多的国际话语权、“一流”定义权、世界生存空间，让中国学科建设事业彻底实现从“被解释者”向“解释者”、“被执法者”向“立法者”的地位翻转，真正发生“从跟踪追赶向跨越引领的转变”。所以，我国一流学科建设要达成的一个至高目标是：“构建中国特色的概念、范式、理论框架和话语体系。”[③] 任何有效解决了一个中国具体学科发展问题的学科建设经验表面上看是地地道道本土化的，但就其内蕴的学科思维方式、学科发展理念、学科实践智慧而言，则具有较强的共通性、世界性，每一份

① 陈文江、寇星亮：《“学科本土论”与西部社会学的本土化实践》，《甘肃社会科学》2016 年第 5 期。

② 郑杭生：《中国社会的巨大变化与中国社会学的坚实进展——以社会运行论、社会转型论、学科本土论和社会互构论为例》，《江苏社会科学》2004 年第 5 期。

③ 许宁生：《把握好“中国特色、世界一流”的核心要求》，《中国高等教育》2015 年第 22 期。

成功的中国学科方案、中国学科建设案例背后都涌动着世界性学科发展贡献。一旦这些独创性的方案、案例持续涌现、积累壮大、引发质变，一流学科建设的中国模式极有可能撼动世界一流学科建设的大厦，引发世界一流学科建设中心东方化、中国化的剧变。

二　一流学科建设中国模式的核心内容

所谓模式，就是主体在一定理念理论指导下建立起来的一般活动程式与典型活动样式。对不同高校、不同国家而言，尽管学科建设的具体实践是多样灵活的，但由于面临共同的问题、相似的环境与协作的需要，我国高校在学科建设实践中也会采取一些相似的行为方式与实践策略，这就是学科建设模式。我国一流学科建设中呈现出的一系列具有鲜明国情特点、文化特色的建设思维与范例就是中国模式，发掘、坚守、弘扬这一模式是我国一流学科建设走出低谷、走向高潮的国家方略。从宏观角度看，任何学科建设模式都离不开三个基本要素——国家、高校与市场，三者间动态关联的方式就是学科建设模式的另一种表达，评判该模式的效能标准是学科实力，即是否有利于学科实力持续、快速、正向地提升。就其内容而言，一流学科建设中国模式的核心内容是：以学科实力提升为核心，以国家统领、育人优先、产学共赢、整体推进为关键特征与基本要素，共促中国高校学科综合实力，即生产力、市场力与竞争力的持续提升（见图2－4）。

进言之，我国一流学科建设模式的独特性在于：坚持国家统领，高扬学科自觉、服务国家的主旋律；坚持育人优先，全面释放学科的育人功能；坚持产学合作，推进学科实力向核心科技转化；坚持全面建设，确保学科在内部组织与外部关联中协调推进。

（一）国家统领，走内生自主建设之路

在西方国家，尤其美国，学科建设被认为是高校自己的事情，具有“灵活性的柔性”，国家教育部教育统计中心只负责编制学科专业分类

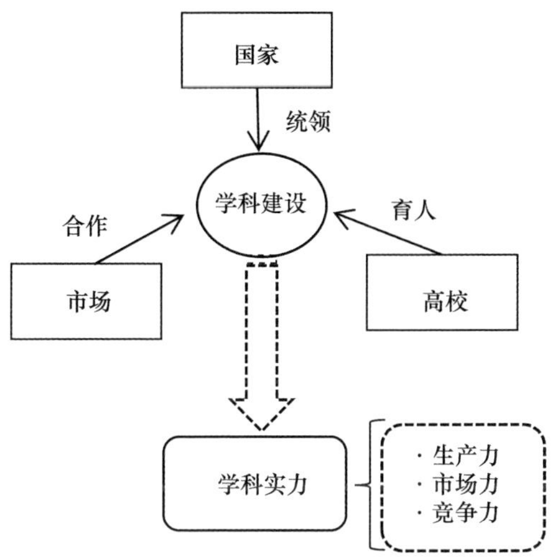

图2－4　一流学科建设中国模式的理论框架

目录（CIP），其意图仅仅是“宏观调控、政策导向与信息服务”①，学科建设几乎处在自在调控、自由生长阶段；而在我国，政府高度重视、直接颁布《建设方案》、制定国家学科战略、主动出击学科高峰、开展国家学科评估、强力注资强势学科，这是国家在学科发展上高度自觉的体现，堪称学科建设中国模式的催化剂。作为一个后发型现代化国家，我国的上述做法无疑是及时而又合理的，是助推学科制度强制型变迁，加速高品质一流学科形成，促使学科建设事业在国际上后来居上的必要之举。国家统领的优势不仅在此，还在于它强化了一流学科建设的内生之路、特色之路与中国之路，有利于催生契合我国国情、传统、文化、需要的一流学科形成。学者研究指出，学科治理是“培育作为学术原生力与整合力的学科群实现自我生长与交往共生的一种精神信仰”②，

① 雷环、钟周、乔伟峰：《“双一流”建设背景下中美研究型大学“学科”发展模式比较研究》，《清华大学教育研究》2018 年第 6 期。

② 陈亮：《学科治理能力现代化：“双一流”建设的逻辑旨归》，《高校教育管理》2019 年第 6 期。

我国一流学科秉承的正是这一学科内生精神。我国《统筹推进世界一流大学和一流学科建设总体方案》（以下简称《方案》）中明确指出："加强系统谋划，加大改革力度，完善推进机制，坚持久久为功"是我国一流学科建设方案的出发点，"中国特色、世界一流"是一流学科建设的总目标。再从具体模式来看，当代世界一流学科建设有三大基本模式：金字塔模式，即把全部学科分为三六九等，按照塔尖学科标准来引领整个国家学科群落的发展，体现为行政驱动式；自组织模式，认为学科是"典型的自组织系统"[①]，完全依靠学科与学科、与环境间的自然互动机制来发展，体现为市场驱动式与学者驱动式，前者主要指学科与外部环境间形成的自组织系统，后者特指学科内部环境中形成的自组织系统；花园模式，即系统整合行政系统的学科设计力量、市场系统的学科选择力量与学者主体的自主发展力量，使之在相互制衡与互动关联中推进学科发展。显然，目前我国模式倾向于第一种方式，而西方大都使用的是第二种模式，中国模式是当代中国正处于迅速崛起、核心技术不足这一特殊形势下的自主选择，其内在妥当性毋庸置疑。在新时代，如何综合利用好国家的学科助推力、高校的学科协调力与学者的学科自治力，促使一流学科建设的中国模式日益清晰、坚挺、成熟，是考验学科生产者与守护者——中国学者的一道难题。

（二）育人优先，走人才强学的长效之路

从西方主流学科评价可以看出，西方一流学科建设中器重的是杰出人才、成功学者、高端成果、核心科技等硬指标的产出，器重的是学科建设的终端业绩，这一点无可厚非，但其内在缺陷是：上述硬指标的评价标准也出自西方学者之手，无法适应中国文化这一异质系统，这就决定了我国一流学科建设必须另选思路、另辟蹊径。从《方案》可以看出，我国一流学科建设中国模式的优先考虑是育人，即"坚持立德树人，突出人才培养的核心地位"。进言之，中国模式通向一流学科目标

① 武建鑫：《走向自组织：世界一流学科建设模式的反思与重构》，《湖北社会科学》2016 年第 11 期。

的行动路径是：培养出具有一颗红心与真才实学的高素质社会主义建设人才，使其肩负起创新科技、振兴产业、复兴民族的伟业。所以，筑就中国魂，培育爱国人才，是我国一流学科建设的首要考虑，而在西方一流学科建设中则较少考虑学科人才的价值观与综合素养培养问题。人才，尤其是青年学者、青年大学生才是民族的希望，是学科建设的潜力股、爆发力，强调育人优先意味着我国学科建设追求的是长效性，走上的是一条长远之路。在一流学科建设中，中国模式在学科育人实践中有三个亮点：其一，优秀教师培养先于拔尖人才，《方案》中将“建设一流师资队伍”视为一流学科建设的首要任务，位居“培养拔尖创新人才”之前，其潜在意图一目了然：优秀教师是培养创新人才的“种子”，是学科育人的中坚，无疑应该置于首位；其二，品德培养重于才学培养，我国一流学科要培养的创新人才必须是“具有历史使命感和社会责任心，富有创新精神和实践能力的各类创新型、应用型、复合型优秀人才”①，故学科建设中要“用价值观引领知识教育”，更加重视“中国人”的身份认同教育；其三，文化自信教育先于创新创业文化，我国一流学科育人的关键内容是优秀传统文化教育、社会主义核心价值观教育，目的是让每一个学科建设的参与者都具有一颗“中国心”。人心是一流学科建设的导航仪、聚能环与激发器，人心培育优先是中国模式的显著特征与优势所在，中国模式的学科建设之路始终强调：育人先于育才，育德先于育知，育心先于育能，其优势在于：能够凝聚中国人的学科建设热情，激发中国人的学科建设原创力，落实“中国人”为本的学科建设原则，彰显育人在学科建设中的战略地位与长远意义。

（三）产学共赢，走创新创业的学科知识激活之路

我国一流学科成果的两大应用方向是：一个是育人，即学科建设与“双创”教育相结合，培育拔尖人才与高水平学习者；另一个是产业，即学科建设参与国家经济社会建设，发挥学科作为产业发展的引擎功

① 杨清华、孙耀斌、许仪：《建立中国特色的世界一流大学评价体系》，《中国高等教育》2017 年第 19 期。

能，利用学科成果孵化核心科技与高端技术企业，这就是产教融合。当代世界经济竞争的焦点是高科技企业产业间的竞争，其实质是技术创新、行业创造的比拼，为此，学科建设只有转变成为国家创新创造的比较竞争力方能彰显其重要价值，中国一流学科建设只有在催生“中国创造”、“国之重器”中才能找到自己不可替代的位置。一流学科建设中国模式的特殊性体现在两个方面：其一是将一流学科建设与科技创业、产业链建设相结合，打通学科成果向产业转化的壁垒，构筑学科建设成果转化的高速公路；其二是将一流学科建设与国家创新驱动战略、产业技术升级相结合，用学科创新带动企业创造、学者创业，与“双创”并驾齐驱，构筑产学深度融合、共生共赢的良性循环。在美国，斯坦福大学与硅谷间的合作开启了产学研合作的崭新模式；在泰晤士高等教育评价（THE）中，“产业收入”被作为专项评价指标，以评判学科建设与产业发展间的融合度。显然，这些产学互动模式具有明显的市场驱动性与自然合作性。相对而言，我国一流学科建设强调产学合作的自觉性、主动性，强调学科建设要“主动服务国家战略和区域社会经济发展需求”，主动融入国家经济文化建设的主战场，大力提高学科创新对中国社会转型、关键技术突破的贡献率，其国家民族色彩、社会责任意识、学科强国精神体现得尤其明显。应该说，从民族振兴、国家富强、人民幸福角度来审视学科建设与产业升级间的关系，来定位一流学科建设的功能使命，是中国模式的独特内涵所在。正如有学者所言，建设中国特色、世界一流学科的落脚点就是“服务国家重大战略和区域社会经济发展的核心需求，为全面建成小康社会、实现中国梦做出贡献”①。

（四）整体推进，走综合、协调、可持续的学科系统建设之路

尽管当前中国高校学科实力相对薄弱，但面向未来释放学科建设潜能的条件——全面协调发展的布局已经具备，这是一流学科建设中国模

① 杨清华、孙耀斌、许仪：《建立中国特色的世界一流大学评价体系》，《中国高等教育》2017年第19期。

式的又一威力所在。学科是一个多维构成体、多功能综合体，而不单单是学科知识的聚合体、加工厂与学者集结点，“学科基本功能的履行依靠自身内部不同要素的协同和整合”[①]，确保学科多维度、多功能协调发展是学科建设整体实力提升的必由之路。从《方案》可以看出，我国一流学科建设非常强调四个学科要素，即学科结构、学科水平、学科治理、学科环境的协调发展。在学科结构上，强调国家宏观引导、学校自主优化、突出学科重点、凝练学科方向，有助于国家学科布局、学校学科规划的科学推进；在学科水平上，强调瞄准世界一流、打造高峰学科、培育特色优势，有助于国家学科实力持续攀升；在学科治理上，强调学术基层组织建设与学术委员会制度建设，有利于学者为本、民主开放、多元治理、依章运行的学术治理机制形成；在学科环境建设上，强调学风建设、氛围营造、有序竞争，要求“保护创新、宽容失败”，有利于良好学术环境、学科生态的形成。因之，将一流学科发展视为一个“内部运动、内外互动、外部推动”的自主生命体，视为一个多要素网络化联动的学科有机体，是中国模式鲜亮的特征。一流学科建设中国模式主张：学科是“知识发现和科技创新的重要力量、先进思想和优秀文化的重要源泉、培养各类高素质优秀人才的重要基地”（《方案》）。一流学科是一个多功能实体，所以，我国一流学科建设必须借助“国家—高校—社会—行业”联动协作、全方位支持的思路来推进，进而在一流学科建设这一“立交桥”上有效整合国家复兴战略、高校发展规划、社会进化要求与行业振兴计划，实现学科建设功能的最优化整合。

三　一流学科建设中培育中国模式的行动方略

随着《方案》的颁布与实施，一流学科建设中国模式日渐成形，我国学科建设事业步入了中国化的快车道，但在身陷西方化主导的一流学科建设话语系统中，中国模式要披荆斩棘、冲破围剿、独占鳌头谈何

---

① 杨兴林：《“世界一流学科”建设须预防四大误区》，《现代教育管理》2016 年第 8 期。

容易？在新时代，培育一流学科建设中国模式将是未来一段时期我国高校学科建设的时代主题与历史使命。可以预见，扎扎实实地转变学科建设立场，融通中西方学科建设经验，推进一流学科核心评价指标的中国化将是现阶段培育中国模式，促使其成长成熟、日益壮大的行动方略。

（一）守中望西的学科建设立场

在《方案》出台之前，我国高校身陷种种世界一流学科国际标准的阴霾之中，悄然沦为西方主导的世界一流学科话语体系、评价体系的边缘，学科建设的中国立场、主体意识、本土关怀精神被弱化，一流学科建设陷入不自信、不自主、不自强的怪圈，甚至出现了试图通过国际大师引入、国际论文发表、国际学科宣传等机械手段来解决中国学科发展问题的冲动，着实令人担忧。在国家统领、中国学者主导的中国模式中，我国高校必须深层矫治异化了的学科建设立场——仰望西方、追随哈佛、膜拜牛津的立场，真正走向去西方、自主化的新学科立场——“守中望西”的立场。我国要建设的“一流学科”首先是中国式、中国本土的一流学科，是在中国经济社会发展中地位显赫、贡献非凡、特色明显的一流学科，其次才是走向世界、誉满全球的一流学科，没有国内学科声誉、学科绩效、学科贡献作内核，所谓的“一流学科”都只是徒具虚名或世界空名。只有扎根中华大地，面向民族复兴与“两个一百年”目标的中国一流学科才有资格跻身“世界一流”的行列，否则，这些学科都只是欧美一流学科的中国翻版而已，在中国特色社会主义建设中看似华丽却不中用。在这一学科立场指引下，我国应该逐步树立用自己的特色评价标准、学科价值观、学科话语系统来审视、评判、言说西方一流学科的自信与立场，即所谓的“望西”。诚如《方案》所言，在一流学科建设中，我国高校要“积极参与国际教育规则制定、国际教育教学评估和认证，切实提高我国高等教育的国际竞争力和话语权，树立中国大学的良好品牌和形象”。其实，眺望、欣赏、借鉴西方一流学科建设的成功经验而不被西方学科建设的价值标准、行动轨迹、思维方式所迷惑、所禁锢，正是保持我国高校学科建设的中国化定力、中国心内核、中国本体思维的直接体现。基于这一立场，我国高校在一流学科建设中必须强化中国特色，突出中国文化历史优势，厚植中国学科建设历史，深掘中国学科建设经验，创新中国学科分类方式，凝练中国特色学科方向，逐步确立“以中统西”、“以中释西”的自主意志、自信傲骨与自强精神。

（二）中体西用的学科建设方案设计

一流学科建设中国模式要求高校积极研发学科建设的中国方案，突出学科建设的中国经验，在此原则下学习西方学科建设方案之长，汲取西方学科建设的优质经验，致力形成“中体西用、中西合璧”的本土化学科建设方案。我国出台的《方案》是学科建设中国方案的一个范本，在落实该《方案》中各地区、各高校要善于汲取该方案制定的精髓，真正将中体西用精神落实到一流学科建设的细节环节中去。对《方案》做深入剖析可以发现，一份成功的学科建设中国方案一定由三部分构成：一是中国本土的学科建设内容与境遇诉求，包括价值观念、建设背景、建设意图等；二是世界学科建设的共同经验，如学术研究、成果转化、学科治理、资源配置、制度安排等；三是中西融通的节点设计，如参与国际学术交流，参加国际学术合作组织，在国际舞台上表达本土的学科立场，影响世界一流学科建设的方向等。为此，基于“中体西用”精神的一流学科建设中国方案应该从上述三个角度综合考虑，研发出符合本地区、本学校的具体建设方案，以积极响应国家学科建设要求，形成与本地区、本机构实情高度契合的一流学科建设方案。为了确保该方案顺利诞生，我国一流学科建设者应该从三方面着手：一是开展学科环境的“SWOT 分析”，探明自身的学科基础、学科价值、外围形势、可能突破点，努力研制脚踩大地的建设方案；二是世界范围内探察顶端学科发展状况，析取出学科核心指标提升方面的成功建设经验，将之融入自身建设方案之中；三是瞄准中西学科建设经验的交汇点，如学科国际交流平台利用、学科组织框架内的中西人才交流、学术研究思想方面的中西观点交流、实验研究中的中西研究设备交流等，为中西方优质学科建设经验的交汇与共生提供平台、创造条件。

（三）公共核心指标的特化与转换

如果说一流学科评价指标有两类：一类是公共核心指标，如高水平学科团队、高层次科研成果、高科技产品等；另一类是区域性特色指标，如特色学科研究方向、特殊区域发展贡献、独特地区科研难题攻关等，那么，对第一类指标的特化或具体化，使之获得中国式的表达是一流学科建设中国模式的重要组成部分。在过去，许多学者误以为学科评价的公共核心指标完全是客观、中性、同质的，是跨国界、跨文化的指标类型，照搬照抄即可，这一想法是极端错误的，完全脱离本土土壤的超级学科评价指标是不存在的。所以，在我国一流学科建设境遇中，学科公共核心指标在学科评估适用中也应该考虑中国化的调适与转换，将之转变成中国模式的内在构成方可使用，这就是学科公共核心指标的特化环节。其道理很简单，在不同国家与语境中，人们对“高水平”的理解是不一样的，西方所言的“高水平学者”、“顶尖级成果”在中国语境中不一定具有与西方相当的地位与一致的指涉。在拿来主义取向误导下，我国学者经常会犯下搬用西方学科评估“空壳概念”的错误，而没有对其背后文化意蕴予以深究，诚如学者所言，“后发国家在学习先发国家经验时，往往容易照搬外显指标，对蕴藏其中的价值伦理、文化追求等往往不闻不问，以至于仅仅搬来现代化的‘躯壳’，却没有学到现代化的真谛”①。

所谓公共核心指标特化，就是把西方一流学科话语中的公共核心指标，如拔尖创新人才培养指标、产学合作项目指标、重要论文引用指标、学科产出绩效指标等重置于中国模式框架中予以再定义、再赋值、再充实，使之获得大致对等且本土味浓郁的境遇化内涵与所指。例如，在西方一流学科评价中，学科领衔者可以是不承担任何教学工作的专业研究者，而在我国，立德树人、育人优先的中国模式中则可以做以下转

① 杨兴林：《“世界一流学科”建设须预防四大误区》，《现代教育管理》2016年第8期。

化：一流学科的领衔者须具有立德树人精神且承担着年轻学者或大学生的培养任务。再如，在全面协调推进一流学科建设的中国模式中，我国对一流学科的评估绝不能像西方那样过分重视学术声誉、毕业生声誉、论文引用率等硬核学科水平指标，而要将学科水平评价与学科结构、学科治理、学科环境等因素综合起来判断，尤其是将学科团队建设、学科生态培育、学科长效发展机制建设等置于重要地位，以全面评判每个学科的实力、潜力、内生力与影响力等。因之，放在中国模式的大系统中去重新定义、灵活特化西方学科评价指标的指涉，让抽象评价指标在中国境脉中意义重生，是从根本上防治一流学科建设西方化的一剂良药。

第四节　学院治理："双一流"建设的管理支柱

当下，"双一流"建设如火如荼地进行着，标志着新时代中国高等教育正迈入又一发展高峰期！毋庸置疑，"双一流"建设的着眼点是学科，而其着手点却应是学院，毕竟学院才是当代中国大学核心竞争力、学科骨干力量的聚力点与生发源。在学院制日益流行的当代，作为"小大学"式的学院，其实体化、专业化发展态势日益迅猛，"院办校"随之成为一种时尚。在这种形势下，激活学院的学术生产力、组织聚合力与自主内生力日渐成为我国"双一流"建设的关节点与发力点。在学院建设中，变"管理"为"治理"，变"控制"为"自治"，真正攻克当代中国大学发展面临的三大难题——底端活力不足、学术权力虚化、院校关系扭曲，是新时代中国高等教育腾飞的精准切入点。从世界范围看，高等教育界达成的一个共识是：学院不应是一个官僚组织，而是具有自我适应力、发展力、控制力的自组织，治理是助推学院实力提升的应然选项。著名学者詹姆斯·罗西瑙（J. N. Rosenau）指出："治理是一种机制的作用"①，学院内部治理的关键是利用制度安排为学院

① ［美］詹姆斯·罗西瑙：《没有政府的治理——世界政治中的秩序与变革》，张胜军等译，江西人民出版社 2001 年版，第 5 页。

发展嵌入一种自我成长、自我进化的有效机制。为此，探明学院内部治理机制，为学院搭建科学的组织架构，持续提升学院的治理能力，是当代中国高等教育改革的核心链环。

一　一流学院治理：撬动“双一流”建设的力臂

“双一流”建设不仅需要先进的顶层设计，更需要坚实的底层建筑，这一“建筑”就是学院。在巨型大学时代，大学治理重心下移，一流学院治理成为“双一流”建设的发力点与压舱石，成为撬动“一流大学”大船的得力力臂与杠杆。有学者指出，“二级学院既是学科与事业的矩阵组织结构的交汇点，也是学术权力和行政权力二元权力结构的交汇点”[①]。可以说，没有一流学院治理水平，“双一流”建设是痴人说梦，就失去了最关键的梁柱支撑。正视学院在一流大学、一流学科建设中的地位，借助治理理念持续优化二级学院治理的架构，夯实学院的核心发展力，是“双一流”建设的一条正途与捷径。

（一）学院是“双一流”建设的核心引擎

大学首先是一个学术机构，其次才有资格被称为育人场所，因为育人是嫁接在学术研究机体上的，缺失学术研究支持的大学教育活动只能说是高中教育的延伸或职业技术教育的翻版。与之相应，归属大学组织的学院也应具有这一属性，回归学院的学术本性是大学复兴的基点。在“双一流”建设中，无论从哪个角度来看，学院都处在中流砥柱的中坚位置：从大学科层架构来看，其管理链条是“学校—学院—基层学术组织（系科）”，学院处在心脏位置，成为大学落实其发展规划、目标梦想的枢纽链环；从“双一流”建设的思维来看，一流大学的核心支柱是一流学科，而一流学科建设的主体是学院，二级学院能否留住一流学者、汇聚一流资源、提供一流服务直接决定着学科个体的发展水平，一流学院就是一流学科发“家”之所。从这一角度来看，学院是“双一

① 张德祥、李洋帆：《二级学院治理：大学治理的重要课题》，《中国高教研究》2017 年第 3 期。

流”建设的核心引擎，是大学核心竞争力、学科核心发展力的原发地。为什么一流大学、一流学科必须根植于一流学院建设？其实还有另外三个重要原因：

其一，学院是巨型大学、底部超重组织的坚实依托，是一流学者、一流学术的卧虎藏龙之地，可谓“高手在民间”，夯实学院的底盘是“双一流”建设的打底工程。

其二，与纯粹企事业组织相比，学院具有混合性，是“科层制与松散结构的混合体”①。其中“科层制”需要外在行政权力来推动，“松散”性需要内生的学术权力来整合。如果学院空间中两种权力配合默契、协调运转，就会形成一种“行政服务于高水平学术发生”的格局，一流学科建设所需要的学术生态小环境便会形成。

其三，学院具有合体性，即育人单位与研究单位合一性，是教学组织与科研组织复合而成的一个矩阵组织。具体学院组织架构是解决大学功能定位中的“教学与科研关系”问题的基点，探索形成一种教学与科研相融共生的缠结式学院组织是一流大学组织建设的先锋与前沿。所以，二级学院是大学功能的实体化，是一流学科建设的重镇，一流学院建设就是“双一流”建设的关键部位。

（二）治理是学院职能最大化的有力手段

“大学院、小学校”是大学治理的科学思路，做强学院、推高大学是一流大学建设的科学理念。显然，基于垂直权力运作的学院管理模式是难以实现这一大学发展目标的，毕竟管理是难以将学院肌体的每一根神经都激活的，其实践效能是极为有限的。相对而言，治理思维具有无与伦比的优势，具体体现在：学院管理是单极权力驱动、利益分派、线性控制，而学院治理是多极权力共驱、协商自治、网状互动；学院管理是目标管控、集权统治、人治优先，而学院治理则是共识催生、主体博弈、民主参与，等等。有学者指出，治理是“将多元社会利益转化为

① 张德祥、李洋帆：《二级学院治理：大学治理的重要课题》，《中国高教研究》2017 年第 3 期。

统一行动”，或“关于不同公民的偏好意愿转化为有效政策选择的方法手段”，其实质是“利益得以调和并采取联合行动”。[①] 可见，治理的实质是在承认并尊重不同主体利益、价值的基础上，借助一种公共互动装置来促成彼此间的最大公共利益，以此调动所有组织成员的参与热情。治理的根本特点是：利益主体多元化、决策权力分散化、互动作用网络化、公共利益最大化、权力形成内生化，对学院发展而言，其最大优势是：能够照顾到每一个学院利益相关者的个体诉求，能将每一个学院主体，如教师、学生、管理者等的能动性发挥到极致，实现“学院组织内部院系之间、系科之间进行权力与其他资源的优化配置”[②]，以此将学院职能，如人才培养、科学研究、社会服务、文化传承等职能放大到最高水平。所以说“治理的目标是为了达成善治，而善治被视为使公共利益最大化的社会管理过程”[③]，学院治理的核心价值正是实现学院善治，促使学院公共职能的充分发挥。因此，借助利益“承认—激发—整合”的方式，学院能将每一个构成主体整合进学院共同体的麾下，将治理行动渗透进每一个学院细胞中去，以此推动学院职能的充分实现。如果说学院组织有两种极端管理方式，即集权管理、分权管理，那么，学院治理就位于两者构成的谱系链条中间点上，它是借助分权方式来达成集权管理目标且效果更优的一种理想学院发展模型。换个角度来看，在体力密集型组织中，行政管理可能是最佳手段；在智力密集型组织中，民主管理可能是最佳手段。显然，大学二级学院主要属于智力密集型的学术性组织，借助基层民主的治理模型更有助于学者共同体——学院的公共发展目标实现。据此，我们相信：在“双一流”建设中，没有成熟学院治理形态的成形，就不可能达成“一流”的学校、学科建设目标。

---

① Beate Kohler-Koch, Rainer Eising, *The Transformation of Governance in the European Union*, London: Routledge, 1999, p. 14.

② 郭书剑、王建华：《论学院的治理及其意义》，《江苏高教》2016 年第 5 期。

③ 俞可平：《治理与善治》，社会科学文献出版社 2000 年版，第 8 页。

（三）一流学院治理的目标是彰显学院主体性

一流学院治理是“双一流”建设的基础工程，落实学院在大学发展中的主体地位，让学院摆脱对大学的依附地位，是大学迸发活力、彰显气质、释放潜能的大势所趋。所谓学院主体性，是指学院在招生、教学、考核、内部管理、学术研究、对外交流、社会服务等方面体现出来的自主性、能动性、自治性，是学院专属的自我决定权、自我经营权与自我发展权等构成的权力集合体。在自主发展中，二级学院必须拥有的核心权力是“自主理财权、自主用人权、自主配置资源权”[①]，借助大学授权与分权，让学院拥有这些权力是其独立自主发展的前提。当然，即便拥有了这些权力，学院主体性也不一定全面彰显，只有借助学院治理实践，把这些权力配给到位，它们才可能成为驱动学院办学活力彰显的神器。在内部治理中，学院要根据做事的要求把这些权力配置给相应学院主体，为其自主开展研究、教学与服务活动创造条件，并督查其落实相应责任，成为学院事务的积极参与者。可以预见，学院一旦拥有并用好了自主经营权，就必须科学设计自己的组织架构，构建有序的权力格局，将之培育成一个具有自适应、自运转、自成长功能的自组织，以彰显自己在大学发展中的主体地位。由此，学院将不再是大学的“生产车间”或附属机构，而是具有生产力、适应力、成长力的育人与学术组织，是一个可以掌控自身发展命运的办学主体与生命体。在这一意义上，一流学院治理追求的不只是学院自身权力的回归，更是学院自主使权、自我治理能力的获致，治理能力的持续提升才是学院主体性趋于成熟的标志。

二　内生共治：一流学院内部治理的应然机制

二级学院内部治理的实质是借助权力共享机制来调动学院师生的参与热情，推动学院内部人事、资源、事务的最优化组合，实现学院管理

---

①　宣勇：《治理视野中的我国大学校长管理专业化》，《中国高教研究》2015 年第 1 期。

效能的最大化，它包括三个关键要素：治理主体、治理结构与治理手段。其中，治理主体包括利益相关者及其联合而成的治理共同体或议事机构，治理结构的内核是多样化权力的配置，体现为治理组织的构成方式、组织架构与配套制度；治理手段是指治理过程中使用的工具或杠杆，如绩效评价、奖惩举措、职称晋升规则等。表面上看，三者是相对独立的，但在具体运行中，三大要素是融为一体的关系，链接三个要素的内线正是治理机制。所谓机制，就是指有机体各要素之间构成的结构关系及其运行方式，其根本特点是：自运转，即一旦构成要素间被连通，组织会自动运转，成为一个动态存在的有机体；内发性，即机制运行借助的是事物内部要素间的矛盾与互动而非外力的推动，组织发展中面临的外部问题会成为机制被启动的诱因，并不直接参与组织的自我更新；自调性，即一旦某一要素超出了自己的职能域限，组织内部会自生出一种抑制性力量，及时遏制其不良发展倾向，促使其回归本位。在学院发展中，治理机制是学院组织自运转中所凭借的特殊机理及其功能实现方式，它包括四个核心内容，即自我启动机制、自我组织机制、自我运行机制与自我调节机制，与之对应，学院治理机制由四个子机制构成，即权力下沉的启动机制、民主决策的组织机制、权责配位的发展机制与灵敏精准的自调机制。这四个机制在学院治理过程中有机配合、协同联合，共同推动学院治理机制的平稳运转，促使“治理主体多元参与、治理方式分权制衡、治理程序民主有效”[①] 的理想治理格局形成。

（一）权力下沉的动力机制

没有权力下沉就没有学院治理，利用底层赋权“把员工培养成为他们各自工作范围内的领导者”[②]，是学院治理的前提条件与标志性特征。在传统学院管理体制中，权力为顶层管理者所垄断，院长及其主导的院务委员会成为权力中心，与之相应，基层组织、系科、师生与管理者的

① 肖国芳、彭术连：《治理视阈下高校二级学院分权治理研究》，《江苏高教》2017 年第 2 期。

② 冯大鸣：《美、英、澳教育管理前沿图景》，教育科学出版社 2004 年版，第66 页。

权力均来自学院首脑机构的授予，成为学院权力磁场控制中的小磁针，失去了主动行动的意识与能力。作为学术性组织，学院一旦为官僚系统所控制，教师的科研与教学积极性受挫是在所难免的事情。在学院治理格局中，必须打破这种集权局面，用一种新型分权局面取而代之：在尊重教师学术自由权利、教学专业权利与学生自主学习权利的基础上，充分满足每一位学院发展利益相关者的诉求，把学院顶层权力归还给每一个学院主体，借此激起最底层的教学与科研行动热情，是学院治理实践改进的方向。在集权管理体制中，底层厚重是学院发展的拖累，是学院权力神经的末梢，而在分权管理体制中，“底层厚重”翻转为“底层优势”，成为学院教学科研的活性之源。进言之，学院顶层权力下沉的“三步走”线路是：强化师生作为学院异质主体的角色意识，将之组织进不同领域的共同体中，打通这些共同体与学院决策机构的通道。

首先是学院异质主体角色意识的激活。学院是“组成人员多元化、价值追求多元化、利益诉求多元化”[①] 的复杂组织，所有学院成员大致可以区分为五类：政工人员、教学人员、科研人员、管理人员与服务人员，彼此之间具有异质性，都承担着性质差异悬殊的工作，并对学院发展担负着不可替代的职责。学院权力下沉的目的是把同质的行政权肢解为不同工作岗位所独具的异质权力，如人事组织权、学术自由权、教学专业权、资源配置权等，让抽象同质的权力回归具体的学院工作者。

其次是学院多样共同体的培育。学院治理实践中，学院与个体间的沟通媒介是各个工作领域的共同体，如政党共同体、教学共同体、科研共同体、管理共同体、学生共同体等，它们是重要的“中间组织”，学院单一主体必须通过参与相应领域的共同体来形成或分享学院公权力。在学院治理中，培育健康有序的共同体是有效整合零碎的个体权力诉求，促成强大学院发展合力形成的重要行动。

最后是打通基层共同体与学院治理共同体的通道。学院治理共同体

---

① 肖国芳、彭术连：《治理视阈下高校二级学院分权治理研究》，《江苏高教》2017 年第 2 期。

是学院权力合成的最高机构，如学院治理委员会、学院理事会、学院决策委员会等，它们是学院基层共同体权力集成的公共平台，打通基层共同体与学院治理共同体的通道是学院权力下沉的最后一环。

所以，权力下沉是学院借助权力回归底层主体、共同体主体的方式来实现全面放权，真正实现从“授权思维”、“集权思维”向“放权思维”、“分权思维”的转变，让每一个学院工作者、各类共同体成为学院公权力的真正持有者，为“构建多维协调互动、多方利益主体的院系内部治理体系”① 提供底层权力配置。

（二）民主决策的耦合机制

权力下沉的结果是学院底层主体的权力获致与能动性激活，它为学院治理提供了最基础、最广泛的能量之源。一旦这种能量失去了方向聚合点，它将不再是学院发展的矢量，而是一种导致学院解体与公共治理系统崩塌的破坏性力量。所以，能否将权力下沉诱发出来的参与热情与发展能量在学院发展目标麾下聚合起来是决定学院治理效能的重要链环，这就是民主决策的耦合机制。所谓“民主决策”，就是学院层面决策的做出必须广泛征询意见并覆盖最多数学院成员的价值立场，尽可能满足最多数学院主体的利益诉求，确保学院做出的每一个公共决策是符合多数人意向的好决策；所谓“耦合机制”，就是学院必须借助公共理事组织，如学院理事会、专门委员会、常设议事机构等来开展学院主体间的利益博弈、观点汇合、价值协商、求同存异、诉求整合等活动，借此寻求符合学院发展整体利益的“重叠共识”、“一致行动”与最大公约数，不断逼近学院科学发展的目标。

在学院治理实践中，学院公共决策耦合机制的品质评判要看四个维度，即民主性、专业性、引领性与平衡性。

首先是民主性。民主与集中、分权与联合是民主决策的核心机制，其意图是：在学院成员的利益碰撞、立场互动中找到所有参与主体间的

① 张宇华：《高校二级学院从管理到治理的转变》，《教育理论与实践》2018 年第 15 期。

公共项，如公共利益诉求、公共价值立场、公共行动思路等。民主决策是逼近学院所有主体间公共利益诉求的一种努力，而利益互尊、互动、互来则是实现这一目标的具体路径。

其次是专业性。学院是一个公共社会空间，是围绕学院中心工作——教学、科研与服务组织起来的人群集合体。在学院发展中，所有学院成员都是受益者，但其受益的内容是不一样的：科研型教师收获的是优越的科研环境、科研平台、科研成果、科研津贴，教学型教师收获的是骄人的教学业绩、教学能力、教学口碑、教学成果，管理人员收获的是引以为傲的管理效益、管理能力、管理声誉，等等。这就决定了学院必须借助专门的工作委员会，如教学委员会、学术委员会、行政委员会等把各类学院人员分类聚合起来开展民主决策，实现专业化治理。也只有这样，才能实现“让行政事务回归行政，学术事务回归学术”，达到各种权力“不越位，也不缺位，更不错位”① 的治理目标状态。

再次是引领性。学院治理绝非一种与世隔绝的“内治”，而是存活在学校、行业、社会环境中的学术组织，它必须在大学、行业、社会中赢得更大发展空间与比较优势才可能更坚挺地生存下去。为此，学院民主决策的合理性不仅取决于其对每个学院主体利益的兼顾度，还取决于这一决策对学院发展，尤其是其应对外部环境压力的有效性。学院主体利益的耦合机制是在学院个体利益与学院整体发展利益间形成的，其实质是借助二者间平衡点的寻求来谋求学院管理的最优化与发展利益的最大化，以期实现引领学院后续发展的功能。

最后是平衡性。为了取得更好的民主决策效果，学院治理必须充分考虑两种决策方式，即精英决策与大众决策的利弊，并尽可能实现学院公共决策的特适性与科学性，确保学院公共决策定位始终处在学院事业的最近发展区内。相对而言，大众决策能获得学院最广大群众的满意，但不利于学院更高业绩的取得，极易降低学院充分满足每个成员利益的

---

① 陶应军：《现代大学治理视野下地方高校二级学院治理模式创新研究》，《中国成人教育》2015 年第 23 期。

能力；精英决策能够保证学院发展中高贡献群体的利益，但容易忽略每个学院主体的基本生存发展利益。因此，优化学院决策委员会的成员结构，把控好学术与权术的疆界，实现精英决策与大众决策间的平衡，是提高学院民主决策品质的现实要求。在学院专业共同体决策中，科研领域中的决策强调教授治学，教学领域中的决策强调名师治教，行政领域中的决策强调专业治院，适度增加知名教授、教学名师与管理专家在各领域决策委员会中的比重，是提高学院治理水平的行动方向。

（三）权责配位的运行机制

公共决策的做出是学院治理的核心链环，它最能体现学院治理的本质特征，是学院最高权力的形成方式，但对学院治理成功而言，这只是一个起点，只有当这一科学决策落实到相关学院工作环节中时，学院正向快速发展的治理目标才能达成。所以，构建以院长为首脑的权责配位的执行系统，形成自上而下的决策执行链条，打通学院公权力的下行通道，公共决策才可能付诸实践、化为行动，转变成为每个学院主体最富有爆发力、创造力、生命力的工作行为。在这一意义上，运行机制是打通“决策—执行—监督”这一行政链条的关节链环。

在学院治理中，“权责配位”的要义是：赋予行动者以足够的权利与匹配性责任，确保每一项事务的承担者都能获得足够的权利、资源、人事与服务的支持。与传统管理体制不同，学院治理赋权的主要对象是具体事务的行动者，即赋予其自主行动的权能，而学院管理赋权对象是行政者，即赋予其役使专业工作人员定向而行的指令与外力。具体而言，学院公权力的运行需要三方面的“权责配位”：

其一是确保院长具有最高的行政权与执行权，全面提高院长的执行力。在学院治理中，决策权与执行权是相对分离的，科学的决策系统与强有力的执行力是实现学院高速运转的两大保障，赋予院长以足够的人事调配权、资源处置权与组织管理权是提高学院运转效力的要求。

其二是确保基层学术组织的学术权。学院是一个教学与研究组织，基层学术组织是实现学院基本职能的功能实体，院系的能动性取决于其底层学术组织的自由度与活动空间。在当代大学理念中，教学活动附属于学术活动，与之相应，教学权是学术权的重要构成，学术权就是由教学学术权与科研学术权构成的，保障师生的学术自由权是增强学院活力与发展力的关键。为此，学院治理的核心机制之一就是形成以学术权保障为中心，以教学权、管理权及其他权利为支撑的权利结构，努力凸显学院作为学术共同体的本性。

其三是确保每个学院个体的自由行动空间与相应权利配置。学院的创造力与竞争力发端于每个个体的自由度与创造性，学院个体权利配置到位是深度激活每个师生主体性的条件。在学院中，各个主体由于其岗位角色不同，所拥有的权利能级与权利内容也不相同，学院应该保障每个成员的基本岗位权利，例如，强化教师的教学权、学术权、专业权，强化学生的学习权、参管权、自治权，强化管理者的组织权、协调权等。充分配置这些权利是学院开展岗位考核、深度追责的前提。

任何一项权利的背面都镌刻着责任，权与责始终都是合体式存在物，二者统一存在的实体正是特定个体在学院中所处的特殊职位。正如有学者所言，“权责明确是权力分配的根本性原则，没有无义务的权利，也没有无责任的权利，拥有权利就意味着承担责任”①。在学院治理中，“权责配位”意味着：为每一个学院个体设定一个或多个存在的“职位”，如教师、学术委员、系主任等，并按照这个职位应该发挥的职能来配置系列权利、划定责任清单，真正实现“权、责、位”与具体“学院人”的有机统一。在权责配位体制下，学院中的所有组织与主体将享有足够的行动自由权利与学术创造权利，学院迈向“善治”的目标才有可能实现。

（四）灵敏精准的自调机制

作为一种机制，学院治理过程必须构成一个闭环，一个可持续的增循环，这一循环的尾环就是自调反馈机制。学院治理的目的是把学院变

① 肖国芳、彭术连：《治理视阈下高校二级学院分权治理研究》，《江苏高教》2017年第2期。

成一个自我调节、自我发展、自我强化的自组织，有无灵敏、有力、精准的自调机制决定着学院治理的效能。

学院自调机制启动的信息主要来自两方面：一方面，学院首先生存在竞争性大学环境之中，是在与其他学院竞争中实现生存的，学院治理效果首先会在大学对学院的绩效评估中体现出来，对学院综合实力校内排名的敏感性是启动学院自调机制的第一个动因；另一方面，学院同时还生存在校外社会环境中，学院的教学、科研、服务等实力波动信息及其所引发的社会震动效应构成了启动学院自调机制的第二个动因。能否对这两个信息灵敏及时反应，并撬动学院内部治理进程，是学院治理机制性能的体现。

治理效果反馈信息收集也是学院自调机制的重要内容。学院收集自调信息的途径一般有两个：一是效能评估，二是问题涌现。前者是通过专门评估活动，包括内部评价与外部评价来反馈学院治理效果的一种方式，后者是沿着学院发展中涌现出的问题来反馈学院治理状况的一种方式。无论哪一渠道，都是促使学院治理结构改进的一种方式。一个对自我发展状况反应灵敏的学院对外部治理状况信息的感应阈限较低，微渺评估信息与细微发展问题都可能启动学院自调机制，而那些对外界评估信息与学院问题感知麻木的学院则不具备这一机能，导致其自调周期较长，自调动力微弱。

一旦自调机制被启动，学院随之进入结构调适阶段：那些不适应社会、市场、行业要求的治理环节将被迫完善与改进，学院治理流程趋于进一步优化。学院治理结构自调的常见类型是：公共决策目标升级、决策程序优化、学院权力结构调整、行政执行力强化、岗位权责配给方式改进等。借助这些内部调整，学院治理结构与发展环境间的适应性进一步增强，学院与外部环境间实现了再平衡，其发展空间进一步拓展，学院治理能力持续增强。

由上可见，学院治理机制是由四个具体机制构成的，即动力机制、决策机制、运行机制与自调机制，分别着生在学院治理进程中的首环、中环与尾环上。其中，动力机制是学院治理的发生器，是触发学院治理结构运转的原动力；决策机制与运行机制是学院治理的处理器，是学院治理结构的心脏；自调机制是学院治理的控制器，是引导学院治理结构自我完善的风向标与外驱力。

三　治理共生体：迈向一流学院治理的组织架构

学院治理是身处外部压力环境中的学院主体借助内部组织机制优化来实现资源公共发展利益与目标的过程。在学院治理机制中，每一个学院成员都是治理主体，治理主体间形成的权责配置关系构成了学院治理结构，即治理共同体结构。从某种意义上说，最佳治理共同体的表达应该是“治理共生体”，即所有治理主体在交互作用、互促共生中形成的发展性共同体，相对而言，“治理共同体”概念只看到了治理主体间利益共赢、荣辱同舟、命运与共、求同存异的静止性或存在性特征。学院治理共同体存在的根本使命不仅仅是学院公共组织的存在，它更为关注的是学院共同体的发展，故离开了学院治理主体间的共振、共生、共创这一环节，学院治理的意义会被打折，难以实现助推学院更高发展目标、更优发展方式的实现。一流学院治理离不开治理共生体的架构，它的四个构成节点是：多元利益集成体、学院制度网点、公共互动空间、权力自律系统等，其具体架构如图2－5所示。

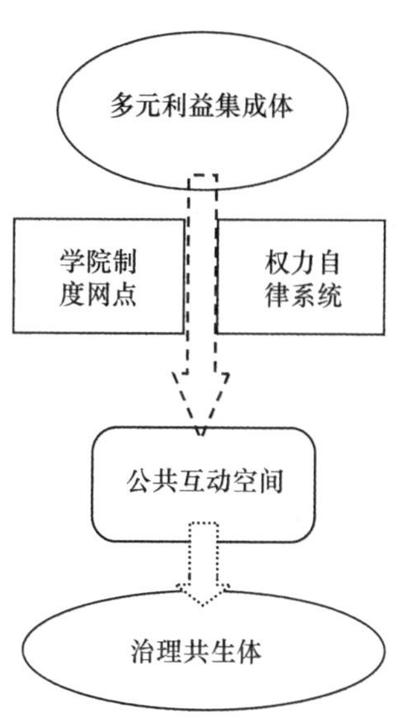

图2－5　学院治理共生体的组织架构

图2－5表明，学院治理共生体的形成路线是：以学院多元利益集成体为组织基础，在学院制度网点设计与权力自律系统约束支持下，推动学院公共互动空间的顺利形成与高效运转，最终促使学院实现从多元

利益集成体向学院治理共生体的飞跃与转变。

（一）支点：多元利益集成体

在学院治理共生体中，“共生”的含义是学院主体间以平等身份、合作态度、共生目的参与学院治理活动，其根本前提是：承认每个学院成员都是独特的利益主体、发展主体与治理主体，学院治理的目的不是将这些主体利益同质化、平等化，而是要在学院公共事务处置中最大化地兼顾各主体间利益，寻求学院成员利益的最大公约数，努力将学院组织转变成一个多元利益集成体，使之成为学院治理的基本组织依托。多元利益集成体的根本特征有两个：一个是多元，即多样化的主体及其利益诉求，以及多样化的权利中心；另一个是集成，即在个体利益优势互补、相互耦合中寻求多元利益主体间的公共地带，让公共利益成为多元主体利益的交合点、共通点与转换点，努力实现学院共享利益的最大化。所以，多元利益集成体是学院治理的组织起点，是将所有学院个体在不抑制主体活力前提下聚合起来的组织设定。在一流学院治理实践中，应该建立两个层级的多元利益集成体：其一是二级利益相关者群体构成的利益集成体，如教学领域中的教学利益集成体、学术领域中的科研利益集成体、行政领域中的管理利益集成体等；其二是学院公共利益的集成体，如各个二级学院利益集成体借助学院理事会、学院公共议事机构等组织聚合而成的利益集成体。多元利益集成体是确保每个学院个体在学院组织中生存发展的组织基础，它维护的是学院个体的生存利益，在学院公共互动空间中共同促进学院组织发展才是其发展方向。

（二）手段：学院制度网点

治理机制是学院运行的内核、内线，管理制度则是搭建这一机制的工具与节点。学院治理机制是在学院制度网络中存在的，制度网点与治理机制互为表里关系，二者之间是连点成线的关系，构建学院治理机制的行动方式正是制度网络搭建。学院治理机制的每个环节都需要相应核心制度的保障：在权力下沉环节，它需要建立学院个体的民主参与权利保障制度；在决策环节，它需要建立学院民主参与的议事制度；在运行环节，它需要建立学院行政管理制度；在自调环节，它需要建立学院工作质量监控制度等。每个环节一旦缺失了核心制度的支持，治理机制的搭建就无从下手、无以体现。

学院章程是所有学院制度之母，是学院治理的“宪法”。它既是学院主体民主协商的成果，也是表达学院公共核心利益与行动宗旨的元制度，编织学院制度网络的根本意图就是体现学院治理精神及其发展宗旨。从某种意义上看，每一条学院制度是学院公权力、公共价值、公共目标的实现方式，制度网络搭建的目的就是要限制学院个体诉求的恣意呈现，以强制的方式规约学院个体的非理性诉求，将之安置在学院公共发展利益的相应节点上，将各种个体与组织权力引向学院公共生活期待的方向。

当然，制度网点建立并不能保证学院治理机制的自然启动。只有在具体学院事务中，这些制度的潜在功能才会被激活，学院主体会利用权利、依靠制度参与学院公共事务，在制度框架中以合法的方式满足自己的个体利益诉求与公共利益诉求。由此，学院公共空间中的互动才具有有序性与方向性，学院治理的机制才会自然显现。

（三）枢纽：公共互动空间

学院治理具有动态性、生成性与合成性特征，这些特性均源自其公共互动空间的存在，学院治理共生体的核心构成就是学院公共互动空间。所谓公共互动空间，就是学院的公共话语空间与公共参政平台，它是整合个体利益、形成公共价值、生成公共行动的枢纽组织。学院是由五大权力系统构成的一个有机体，分别是：党组织主导的政治权力、精英教授主导的学术权力系统、学生组织主导的学术权力系统、行政班子主导的行政权力系统与工会组织主导的社群权力系统。每个组织都是某一领域权力的集成者，如何将之有效接合到学院公共决策链条中去，是学院公共互动空间的根本职能。

不同于学院管理共同体，学院治理共生体有两个根本特征：其一，它与每一个基层组织、个体相通联，每一个基层组织与个体的价值倾向变动都会波及学院公共决策过程及其结果；其二，它所做的每一个决策不仅仅是学院成员及其组织利益的集成者，更是学院更好发展方向、策略、路径的催生者。这些特征根植于学院公共互动空间之中，公共互动空间就是学院治理的心脏与内核。有学者指出："所谓一致行动，不是所有个体行动和作用的简单相加，而是个体行动有机配合并形成一种有益于组织的合力。"① 学院治理共生体追求的最低治理目标是一致行动，最高目标则是集成所有学院主体的决策智慧，努力找到超越学院公共利益的共同发展性利益，为学院统整各方利益找到更好的利益合生点，使之成为学院实现更高发展目标的有力支撑点。学院治理共生体的独特功能在于它能在各主体同心、同道、同命运的组织承诺基础上，主动寻求更优决策成果，创造性地生成共同认可的更高学院发展目标，提高"发展集体的智商"②，为学院告别平庸、走向卓越开辟新轨道。对学院治理共生体而言，公共互动空间的每一次决策都绝非机械地找到所有主体利益的交集，确切地说，这一"交集"常常是最底层的重合利益，而是要借助决策主体间的相互理解、相互激励、相互催发来生成更高的学院发展愿景，让每一个公共决策成为学院蜕变新生的转机，成为学院成员自我升华的契机。

（四）保障：权力自律体系

学院治理的核心是运行良好的权力生成与配置体系，权力一旦失去规约，偏离了健康运行轨道，整个治理体系便会崩溃。换个角度来看，"权力倾向于腐败，绝对的权力倾向于绝对的腐败"③，权力滑向腐败是内在的倾向，只有构建起权力运行的良性轨道与防腐工程，学院治理才会走上正轨、持续推进。

从全局来看，学院权力自律体系由三个板块组成：其一是学院主体的自律机制，其物质依托是每个学院成员的职业素质与责任意识，其权

① 陈越：《基于分布式领导理念的二级学院治理》，《教育评论》2018 年第 9 期。

② 冯大鸣：《美、英、澳教育管理前沿图景》，教育科学出版社 2004 年版，第 342 页。

③ ［英］阿克顿：《自由与权力》，侯健、范亚峰译，商务印书馆 2001 年版，第 342 页。

力有效性原则是：一个成员只有在其履行自身岗位职能职责时所获得的权力才是合法而有效的，离开了履职实践，岗位权力自然失效；其二是学院专业组织的自律机制，其物质依托是专业组织内部的民主治理与专业优先原则，其权力有效性原则是：每一个组织决定都充分征询了每个成员的意见并获得了大多数人与权威专家的共同认可；其三是学院治理组织的自律原则，其物质依托是学院决策机制的科学性，其有效性原则是：学院决策程序的科学性与决策效果的实效性。

每一权力自律机制都需要相关公示制度、审查制度、监督制度、纪律制度等的支持，这些制度是搭建学院权力自律机制的关键节点。其中，公示制度能够保障每个学院主体的知情权，审查制度能够保障决策程序的严谨性，监督制度能够预防学院公权力的异化与僭越，纪律制度能够保证学院权力依规运行。权力在监督中回归本位，权力主体在自律中守护合法权力，学院治理必须借助自建的督查制度网络与高素质学院主体来延伸治理的效能，达成学院治理共生体的使命。

第五节 一流本科教育："双一流"建设的教育教学支柱

大学教育的心脏是本科教育，本科教育是大学教育的本心所寄、本体所依、本分所在，一流本科教育是新时代中国高等教育的加速器。从某种意义上说，"大学教育"就是"本科教育"，因为"在大学的各种使命中，只有一项任务不能被社会其他组织所取代，那就是本科教育"[①]。无论是从大学教育生长史来看，还是从大学教育生命体来看，本科教育都是其立命之本、安身之基。一所没有本科教育的大学顶多只是盗用了"大学"的名义与形貌，其实质是职业技能训练所或研究所；一所本科教育毫无底气或特色的大学是没有明天与希望的大学，是外强

① 邬大光：《重视本科教育：一流大学成熟的标志》，《中国高教研究》2016 年第 6 期。

中干、潜质匮乏的大学。正是如此，一流本科教育是“一流大学的底色”、“一流大学的灵魂”,[①]“重视本科教学是一流大学成熟的标志”[②]。当前，随着“双一流”建设的深入推进，一流本科教育对“双一流”建设的重要性日渐凸显，准确认识一流本科教育在“双一流”建设中的独特功能尤为重要。如果说一流学科与一流大学间的关系是“以点带面、点面结合”的关系，那么，一流本科教育则介于其间，发挥着“连点成线、连线成面”的纽带作用，一流本科教育就是“将学科建设的优势转化为育人的资源优势”[③] 与办学综合优势的重要节点。基于上述考虑，阐明一流本科教育的核心构成要素，厘清其内涵建设的可能路径，是新时代中国大学本科教育回归梦想、回归初心、回归本分、回归常识的逻辑起点。

一　一流本科教育的功能性内涵

本科教育是在基础教育与研究生教育或职业领域之间发挥着承上启下作用的一个中间教育阶段。在大学从事的科学研究、社会服务、文化传承实践中，本科教育是发挥着基石作用的教育教学活动，承载着引导大学生学会独立做人、自由思想、自主创业、自我成长等多项重任，其在高等教育事业中的重要性毋庸置疑。在当代中国，受学术 GDP、大学排行榜、科技理性等因素干扰，大学本科教育深受科学研究、专利发明的挤压，最终被置于边缘化的困局：原本异常重要的教育工作，如人才培养、课程建设、教学改革、创业实践等反而成了大学教育的副产品、大学教师的副业，当代中国大学教育正经历着“切肤之痛”的煎熬。真正的本科教育是大学存身之本，是大学教育质量之本、研究生教育之本、大学一切其他社会功能之本，一流本科教育对一流大学存在的意义昭然若揭。在这种情况下，阐明“一流本科教育”的内涵，启动一流

---

① 邱勇：《一流本科教育是一流大学的底色》，《光明日报》2016 年 6 月 21 日第 13 版。

② 邬大光：《重视本科教育：一流大学成熟的标志》，《中国高教研究》2016 年第 6 期。

③ 郭东明：《一流本科教育要“软硬兼施”》，《中国教育报》2019 年 1 月 21 日第 003 版。

本科教育创建的行动正当其时！如果说概念定义有两种基本方式：内涵界定式与外延举例式，那么，在“一流本科教育”定义中，还有一种内涵描述方式更为适用，那就是“功能揭示式”，即描述其特有功能、核心功能、本体功能，这就是“一流本科教育”的功能性内涵。换个角度看，只有借助这种“唯一、独特、不可替代的功能”揭示，我们才能说清楚“一流本科教育”到底指的是哪种本科教育，由此将哪种形同虚设、徒具外观的“一流本科教育”排除在定义指涉范围之外。一流本科教育的功能性内涵可以从以下三方面来表达：

（一）促进大学生核心发展力持续增长的大学教育

本科教育是促进大学生的理性、个性、社会性充分自由发展的教育，一流本科教育的独特功能在于其促进大学生核心发展力持续提升方面呈现出来的独特价值。所谓核心发展力，就是大学生在人生发展、事业成功中所必备的关键能力与重要品格的发展力度与发展态势，就是促进其个体发展、职业发展与社会发展的核心能力发展水平。大学生核心发展力主要包括三个方面：价值导航力、知能学习力、自主成长力，每个方面都是大学生人生成长、事业成功的核动力。在价值导航方面，大学生的公民担当精神、社会责任感、家国使命意识、事业成就欲、“三观”建构能力等都是决定大学生发展动力走向的核心因素；在知能学习方面，大学生的知识学习力、环境适应力、合作发展力、专业学习力、实践创造力、智力好奇心等都是决定大学生外向信息摄取能力强弱的重要参量；在自主成长方面，大学生的自主发展意识、人生规划意识、自我剖析能力、职业选择能力、独立创业精神、反思批判精神、社会沟通能力等都是衡量大学生自主成长、自立生存、自我成熟水平的重要指标。作为大学教育的主干阶段，一流本科教育教给大学生的不仅仅是应对未来职业的知识、技能、态度，更是一种独立经营人生、掌控一生发展、赢得成功人生的关键素养、关键能力、关键价值观。

其实，“一流本科教育的逻辑出发点和归宿只能是本科生基本的、自由的、可持续的、充分的、创造性的发展”①。与之相应，大学生在本科阶段的发展主要包括三大发展内容：基本发展、自由发展、创造发展。其中，“基本发展”的内容是教给学生一般社会生活、职业领域都需要的通识通能、普适素养、文化观念；“自由发展”的内涵是教给学生展现自身个性、潜能与创意，且负责而又智慧地经营自己独立人生的能力与观念；“创造发展”指的是教给学生创造生活、创造事业、创造未来的精神与能力，让大学生在创造性实践中活出灿烂、非凡、卓越的人生。例如，斯坦福大学本科教育的目标定位：培养本科生的四项核心能力，即“拥有知识，具备断磨技能和能力，培养个人和社会责任，自我适应学习”②。这些能力有一个共同特点，即力图让大学生在接受本科教育后提升自我核心发展力，培育人生发展的新增长极，彻底从高中教育的轨道上全面“转轨”，迈向价值独立、生活独立、发展独立的新人生。

（二）促进大学核心竞争力凝练的大学教育

一流本科教育的第二个独特功能是其对大学核心竞争力凝练方面所发挥的特有功能，即实质性地提升大学的核心竞争力。一所大学的核心竞争力主要源自四个方面：科技研发力、文化传播力、社会贡献力与资金吸纳力，这些力量的集中体现就是大学的持续发展力。从表面上看，本科教育与之无直接关联，其实，这种关联是渗透在上述力源之中的：优秀本科生是大学科研的后备军、生力军，没有一流本科教育支持的科研事业是根基浅薄、缺乏活力的；本科教学是最重要的文化传播力，一流本科教学本身就是新文化宣传队、播种机，它能将大学的研究文化、高尚文化、文化精品辐射到社会的每个角落，直接建构着整个社会的文化生产力与一所大学的社会“口碑”；一流本科教育能造就出一批有情怀、有才干、有思想的优秀大学生，它们必将成长为未来社会的变革者与重构者，其社会贡献力绝非普通公民所能及；一流本科教育培养出来

① 李硕豪：《论一流本科教育的基本特征》，《中国高教研究》2018 年第 7 期。

② 尚红娟：《美国一流本科教育的改革与发展趋势》，《现代大学教育》2018 年第 3 期。

的有母校感情的学子能够大大增强高校的未来资金募集能力，赢得更为优越的办学条件，正所谓“放弃本科教育意味着丧失优秀的校友，学校未来发展将缺乏支持”①。一流本科教育是大学发展力提升的朝阳工程，其办学效能的显现具有长效性、隐效性与慢效性，需要一定办学周期才能发挥出来，理应是大学持续、长期、稳步提升其核心竞争力的着力点。

（三）促进大学本真使命达成的大学教育

一流本科教育的定语是“大学”，这就意味着它首先是一种纯正的“大学教育”，然后才是“一流本科教育”。纽曼认为，大学是传授高深学问的场址；弗莱克斯纳认为，大学是学者无拘无束地发展智力与精神的乐园；顾明远认为，大学的本质是求真育人；铃兰台认为，大学的真形是学术共同体；② 马陆亭认为，大学是“培养具有创新精神、实践能力和社会责任感的高级专门人才”③ 的社会组织，等等。其共同观点是：大学是在学术研究活动中造就自由思想者与创造性实践者的专门社会机构。这既是大学的本质，更是大学的使命，能否履行好这一社会责任是一流本科教育的首要评量标准。在这一意义上，一流本科教育一定是助力“大学”本真使命实现的高等教育，这一功能表明：一流本科教育不仅仅是一般本科教育的升级版或量变，不单单是“优质本科教育”的代名词，更是指具备大学品位、怀揣大学梦想、坚守大学标准的正宗大学教育。一流本科教育的“大学品位”就体现在：它强调学术自由精神，而不是简单的知能授受；它强调自由人的教育，而不是培养一般技术工作者；它强调卓越拔尖人才的培养，而不是普通领导者的造就；它强调开创精神的孕育，而不是一般生存技能的培养，等等。正是这些独特的办学品位与气质特征赋予了“一流本科教育”以灵魂与

① 马陆亭：《“双一流”建设不能缺失本科教育》，《中国大学教学》2016年第5期。

② 铃兰台：《大学的本质》，http：//bbs1. people. com. cn/post/2/1/1/159638456. html，2020年3月6日。

③ 马陆亭：《“双一流”建设不能缺失本科教育》，《中国大学教学》2016年第5期。

精髓，使其真正成为大学精神统领下的“本科教育”。所以，一流本科教育的独特功能性之一正是：它朝向社会精英人才的培育，重视学生自由思想意识的造就，关注大学生“自性”的培养，其终极追求就是：让大学生成长为会生活、会思想、会创造、勇担当的优秀学者与卓越公民。

可见，一流本科教育是助推大学生核心发展力发育、核心竞争力提升与大学本性彰显的教育，一流本科教育建设绝非普通本科教育的指标升档、改头换面，而是面向本科教育本真使命与天赋功能的一次初心回溯与自我回归运动。换言之，“一流本科教育”中最难以把握的是“本科教育”的功能承载问题，而非“一流”的量化与测定问题，只有正本清源才能找到“一流本科教育”的真意所在与行动路线。

二　一流本科教育的核心要素

一流本科教育是由其关键要素互动交合而成的有机体，抓住其核心构成要素并予以分析是厘清一流本科教育的有效策略。就国外经验来看，一流大学本科教育的五个构件是：精英高等教育理念、高质量的生源、课程体系博雅化、教学模式研究化、师资队伍精英化；[①] 从国内经验来看，其核心构件主要涉及教育观念、人才培养模式、资源建设、制度安排与文化建设等。就其共同要素来看，一流本科教育离不开三个基本构件——教育观念、课程体系、教学活动，它们构成了分析本科教育品质的三个重要支点。其实，一流本科教育关注的是教育质量与品质，故从教育质量形成过程来分析其要素构成更具适切性。从这一角度来看，一流本科教育的核心构件是：教育观念、课程体系、教学活动、大学体验与学院组织，它们分别从观念、活动与制度三个环节确保一流本科教育的形成。因此，一流本科教育应该具有以下五个核心构成要素：

① 王强、周刚、朱启超等：《一流大学本科教育的基本特征》，《现代教育科学》2009 年第 9 期。

（一）服务学习的教育观念

当代教育制度变革的方向是走向终身学习制度、服务学习制度，为大学生提供全方位、个性化、精细化的学习服务是大学教育的根本职能。当前，我国大学中存在着两种基本教育制度：一种是知识教授制度，另一种是服务学习制度；前者强调大学阶段系统知识技能的传授，后者则强调为大学生自由、充分、自主的学习活动提供有力的指导服务、咨询服务与资源服务。两种教育制度背后的根本差异正是教育观念的差异，即“以教为中心”的教育观与“以学为中心”的教育观之间的差异。对一流本科教育而言，大学是自主学习、共享学习、体验学习发生的时空，参与大学学习活动是本科生的职责与权利，因循大学生的学习要求而灵活调整教学制度、教学活动、课程体系是大学本科教育的常态。从这一角度看，当代我国本科教育观念必须发生哥白尼式的转变——由“教学活动系统设计观”向“学生学习要求回应观”的转变，服务学生、服务学习、资源供给、客户取向势必成为新型本科教育观的核心构成。换个角度来看，一流本科教育一定是学生学习愿望强烈、自主学习要求迫切、个性化学习方式主导的教育活动形态，它需要一切大学组织系统都围绕“服务学生发展”这一主旨展开，为大学生设计最优化的学习服务系统成为一流本科教育的首要特征与标志性构成要件。诚如美国研究型大学的改革那样，必须进行“以学生为中心的广泛而全面的改革”，以此“真正满足本科生学习的十大权利”①。所以，满足大学生的个性化学习权利与迈向卓越的成长要求是一流本科教育的首要观念要素，是其赢得社会赞誉、学生尊重的内在条件。

（二）专博融通的课程体系

课程是本科教育的内核，一流课程体系是一流本科教育的鲜亮标识，构筑专博融通的课程体系是建设一流本科教育的关键链环。就目前来看，本科教育课程体系设计的三种经典思路是：其一是专业决定式，

① 尚红娟：《美国一流本科教育的改革与发展趋势》，《现代大学教育》2018 年第 3 期。

即严格按照本科专业人才培养目标遴选课程、搭建体系，形成与专业培养目标定位高度吻合、逻辑通畅、紧密支撑的课程集合体，以我国传统大学课程体系架构最为典型；其二是课程群落式，或博雅教育式，即打破“专业决定课程”的思维，按照主导学科或共同学科基础来划分组建课程群落，形成相对宽广的课程集群与博雅课程模块，剑桥大学的课程体系便是典型；其三是专博融通式，即科学设定通识教育课程与专业教育课程间的比例，按照“厚基础、强专业、重应用”的原则搭建“通识教育—专业教育—实践应用”的课程谱系，形成“专业教育和通识教育的纵深和横向联系”①，实现通识教育与专业教育间的有机融通。当前，世界大学在经历了“学术漂移”（academic drift）和“职业漂移”（vocation drift）的摇摆之后，各国次第走上了第三条课程体系设计道路，当代中国一流本科教育自然也走上了这条道路，专博融通的课程体系成为一流本科教育的核心构件，由此，实现通识教育课程与专业教育课程间的内在关联与精巧匹配成了一流本科教育建设的主流实践。在一流本科教育课程体系中，设立通识教育课程模板，把那些对大学生未来从业普遍适用、广泛迁移的原理知识、方法知识、文化知识、永恒知识、通用知识等整合进通识课程群落，是应对大学生未来专业变动，适应更宽广职业领域的现实要求。为此，世界一流大学目前都在思考通识教育课程模块的划分与组合问题，如斯坦福大学，其设定的通识教育课程模块是写作、口语交际、定量技能、批判性思维、信息素养等，② 具有一定科学性。同时，如何体现本科教育课程体系的专业性、行业性、独特性等特点，将专业课程与通识课程进行内在平衡与有机融合，是一流本科教育建设中面临的焦点问题：一方面，过强的专业教育会限制大学生的自由思想，使本科学习活动了无生趣；另一方面，过于广博的通识教育会使大学生失去职业领域定向意识，致使本科教育退化为空泛的“后高中教育”。为了解决这一问题，剑桥大学的做法是：按照“课程

① 邬大光：《重视本科教育：一流大学成熟的标志》，《中国高教研究》2016 年第 6 期。

② 邬大光：《重视本科教育：一流大学成熟的标志》，《中国高教研究》2016 年第 5 期。

（Triposes）—领域（Parts）—模块（Options）”① 的思路来设计本科教育课程体系，即大学开设广泛课程，将之划分为若干领域，每个领域下设立一系列可供大学生选择的模块。这一课程结构解决了课程体系设计中的专博融通问题，成为一流本科课程体系构建的典型代表与改革主流。

（三）研究性的教学活动

在世界一流大学中，“本科研究”正成为一个热词，研究性教学活动无疑是一流本科教育的核心构件之一。自洪堡提出“教学与科研相统一”的理念之后，研究性教学成了一流本科教育的理念导航，成为大学课改奋斗的方向。大学教育毕竟不同于高中教育：高中教育是以基本知识传承为主任的教育阶段，大学教育则是以知识创新为主任的教育阶段，相对而言，大学专业知识技能习得服务于大学生的创新创业实践，具有明显的实践指向性与应用研究性，这是大学学习的显著特征之一。换个角度来看，大学的使命是教会学生学会研究、学会生存、学会思考，是把他们培养成为“研究高深学问”的“知识分子”②，要达到这一目标，唯有在研究性学习实践中去完成。大学的最明显特点是：学习与研究之间是密切结合、相伴相生的关系，即教师科研的成果成了教学的内容，教师科研的活动也可能成为学生学习的过程，教师的教学本身就是一项实践性研究活动，实验室与教室之间的界限变得日益模糊。所以，研究性教学活动是一流本科教育的又一典型代表，在大学教学活动中课程知识始终处在“裂变”的途中。在一流本科教育中，研究性教学起码包含四重含义：研究性的学习态度、研究性的学习方法、研究性的学习内容、研究性的学习结果。在这种教学活动中，师生以理性、怀疑、批判、省视的态度参与教学活动；用实验、辩论、探究、创造的

① 黄维：《本科立人，本科立校——构建“中国特色世界一流”本科教育体系初探》，《中国高教研究》2016 年第 8 期。

② 朱平：《学术自由和社会良心：大学的批判品格——布鲁贝克〈高等教育哲学〉读后》，《贵州师范大学学报》（社会科学版）2008 年第 4 期。

方法开展教学活动；用最新研究成果，甚至是授课教师本人的最新科研成果作教材来开展教学；课堂探究中生成的新成果成为本领域最新研究成果，即时转化为教学内容。可以说，大学教学就是一项模拟研究、仿真研究或团队研究活动。在整个教学过程中，一个时代的社会问题、生活问题、科学问题都会被卷入课堂之中，大学所教知识会围绕学术问题、社会问题组织起来，整个课堂教学与现实社会生活间的距离被无限缩短，与高新科技和现实问题相关联成为当代大学教学最诱人的因素。这就是大学的研究性教学，它决定了一流本科教育就是一种基于研究性教学的研究性教育。正是如此，世界一流大学普遍采取的课堂教学操作形态是："一流本科教育普遍注重团队教学，注重个性化教学，注重实践教学，注重服务性学习，尤其注重课堂上的理性对话能力培养。"①

（四）高品质的大学体验

过度重视理论知识学习而轻视实践体验、社会体验是传统大学的一大痼疾，成为一流本科教育建设中的一道障碍。为此，世界一流大学尤为重视大学体验环节，将之视为沟通大学理论学习与一线社会实践间的一条通道。尤其是美国，受实用主义教育传统的影响，"知识—技能—应用"② 已经成为美国本科教育的固定格式，丰富大学体验是当代美国大学教育改革的主流趋势。无疑，缺乏优质大学体验的本科教育是纸上谈兵、不接地气的教育，丰富的社会体验、学术体验、行业体验、课程体验、学习体验是一流本科教育的必备要素。所谓大学体验，就是结合大学课程学习而开展的一些深入社区、行业、现场、情景的感知体验活动，其主要功能是：缩短理论课程与现实生活间的心理距离与经验距离，为大学课程学习提供真实经验、体验、见识的支持，借此提高大学课程学习的效果。在美国，大学体验的主要形式是夏季桥梁课程、预科

① 王洪才：《一流本科教育的四重内涵》，《苏州大学学报》（教育科学版）2018 年第 4 期。

② Hart Research Associates, *Recent Trends in General Education Design, Learning Outcomes, and Teaching Approaches*, Association of American Colleges and Universities, 2016.

导向、过渡研讨会、学习社区、学术预警系统、服务学习、本科研究、高峰体验、全球讨论、域外教育体验、综合学术体验等；[①] 在我国，大学体验的主要形式是大学生社会实践、公益活动、专业见习、社会调研等。相对而言，我国大学体验的主要缺陷是：学术体验少，社会体验多；体现形式单一，体验品质不高；集体形式的体验多，自发自主的体验少等。这些都是我国创建一流本科教育中亟待克服的现实问题。高品质大学体验具有三个明显特点：过渡性，即为大学课程学习提供重要的前期经验或延伸经验，实现理论学习与大学体验间的有效衔接；高关联性，即与大学课程学习内容高度关联，针对性较强；典型性，即所开展的体验活动具有较强的代表性、示范性、可迁移性，能够为大学课程学习提供经典范例支持。应该说，一流本科教育必须具备符合这“三性”的大学体验活动，否则，本科教育极易陷入故步自封的窘境。

（五）学院本位的组织架构

一流本科教育的神经中枢是学院，一流的学院组织架构是一流本科教育的又一核心构件。在现代大学中，学院是介于学校与系部之间的一级办学实体，其鲜明特征是：具有较强的自主性、一定的综合性与浓厚的文化性。在现代大学组织中，一个学院就是一个独立办学主体、学术文化群落、学生生活社区与相近专业群落。作为一种现代教学管理制度，学院制是一种以学院为基本办学单元，在管理中强调学院自治、学院文化、导师制度与学科集群的大学管理制度。学院制的最大优势是：学院管理自主，师生交流深入，学生全面发展，利于打破学科界限，实现文化育人与学术育人的有机统一。我国学院制的典型代表是书院制，其做法类似于英国的学院制。学院育人与传统大学育人之间有明显差异：前者是文化育人，后者则是知识育人；前者是品格教育、全面教育，后者则主要是知识授受、技能传递；前者是导师制、师徒制，后者

① 邬大光：《重视本科教育：一流大学成熟的标志》，《中国高教研究》2016 年第 6 期。

则主要是班级制、系科制。正如英国一流大学，其学院制的典型特征正是："学院的职能在于发展品格"，"学院的教学方式是导师式"①。一流本科教育应以学院组织、学院文化、学院精神为轴心来构建，它有利于学生自由思想、全面发展、品格培育。在学院制统领下，一流本科教育建设中应该大力弘扬学院主体精神，促进相近学院整合，培育浓郁学院文化，引导师生参与学院自治，让学院成为本科教育的坚实组织依托。

一流本科教育的上述五个构成要素之间是相互支撑、相互依存的关系，它们共同参与着本科教育质量的形成（见图2-6）。

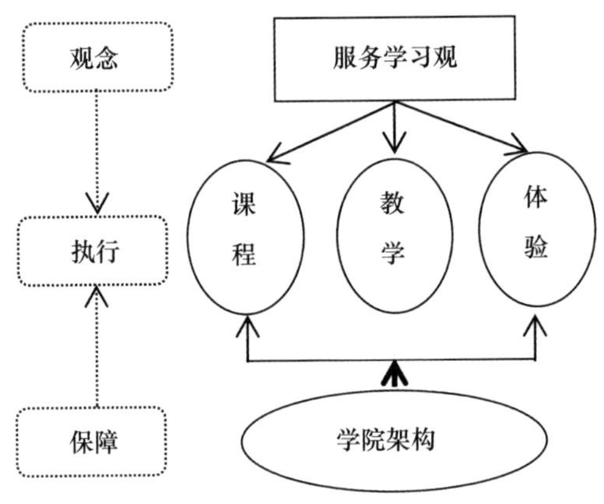

图2-6　一流本科教育构成要素图

图2-6表明，一流本科教育建设中需要关注三个层面：观念层、执行层与保障层，三者构成了一个以观念层为领航、以执行层为中心、以保障层为基石的功能集合体。执行层是一流本科教育的核心链环，其具体构成环节是课程、教学与大学体验，三者品质提升是一流本科教育建设的主体工作内容。

---

① 黄维：《本科立人，本科立校——构建"中国特色世界一流"本科教育体系初探》，《中国高教研究》2016年第8期。

三 一流本科教育的内涵建设之道

厘清一流本科教育的核心要素是为了给一流本科教育建设找准实践突破口，明确后续行动之道。在建设实践中，瞄准上述构成要素准备策略、制定方案、展开行动，是推进一流本科教育建设的一般思路。我们认为，学习服务系统构建、课程群落设计、教学模态创造、学院治理机制搭建无疑是建设一流本科教育的四个重要着手点。

（一）构建弹性化、定制化、专业化的学习服务系统

对本科生而言，“一流本科教育”的代名词是“一流本科学习”，本科教育系统的实质是“本科生学习服务系统”，而非本科生教育的管理、控制、监督系统，构筑适合大学生学习需求、学习方式、学习风格的大学学习服务是一流本科教育的应有之义。当代大学生期待的新型学习方式是自主学习、合作学习、探究学习、情境学习、深度学习、移动学习，而非整体划一的班级学习、枯燥乏味的理论学习、按部就班的计划学习、被动静听的讲授学习。为此，打破死板、封闭、单一的大学教育系统，坚持“以生为本”、“以学为本”的宗旨，构建形形色色的大学生学习平台、学习中心、学习方案，努力设计出一套弹性化、定制化、专业化的大学生学习服务系统，是一流本科教育内涵建设的精神指南。不仅如此，大学还应该打破制约学生自主学习、合作学习、探究学习的壁垒，如专业选择设限制度、教室上课制度、固定学习年限制度，而应积极利用学分制、选课制、辅修制、弹性学年制等，为大学生自主学习、自定学习节奏打开方便之门。要实现这一目标，大学应该增加教育管理制度的弹性，善于基于学生客户的学习要求来优化教学制度，真正实现本科教育管理制度的专业化、柔性化与定制化。2013 年，美国斯坦福大学发布了《斯坦福大学 2025 计划》，其中明确指出：开展自定节奏的教育（Paced Education），把教育的选择权更多地交给学生，

满足学生个性化学习要求。[①] 这一改革举措表明：增加大学教育的选择性，满足大学生的个性化学习要求，持续优化学习服务系统，是一流本科教育内涵建设的良策之一。

（二）构建“‘社会—学校—科研’三通型”课程群

一流本科教育的关键构成是课程体系，构建博专结合的一流课程群，即以某一职业领域为轴心的通识课程、主题课程与相关课程综合而成的课程集群正是构筑一流本科教育的中心工作。借鉴世界一流大学教改经验，一流本科教育课程群建设的原则是“超越学科界线、拓宽专业基础、优化知识结构”[②]，努力构建服务大学生职业发展、个性发展与社会发展的课程集群。理想本科教育课程群落理应具备四大特点：先进性，即与先进社会生活、科技发展、科学研究保持同步互动的关系；广博性，即全面关注本科生宽口径发展、职业可变性与学科融通性的要求，使课程群保持适度的宽广度与普适性；谱系性，即所有课程能构成两个连续谱系，即“理论—技能—体验—实践”的谱系与“通识通能—职业领域—专业知能”的谱系，满足大学生职业建构的层次性、梯次性需要；特适性，即与大学生的自身学情、发展要求高度契合，且具有灵活组合性，便于个性化课程学习模块的组建。为此，一流本科教育建设必须构建“‘社会—学校—科研’三通型”课程群落，努力实现学校课程与社会实践、科学研究、个体发展间的联通与共生，打破理论主导或技能主导式课程群的阴霾。

所谓“‘社会—学校—科研’三通型”课程群，其实质是打通大学核心课程与社会生产生活、先进科学研究间的通道，努力提高大学课程建设的伸缩性、时代性与动态性。大学生最喜欢的课程是与当下社会生活实践高度相关且具有一定挑战性与智慧含量的课程，是“接天连地”的谱系式课程，即一头扎根社会背景，一头连接高端科技，形成一个课

---

① 邱勇：《一流本科教育是一流大学的底色》，《光明日报》2016 年 6 月 21 日第 13 版。

② 黄维：《本科立人，本科立校——构建“中国特色世界一流”本科教育体系初探》，《中国高教研究》2016 年第 8 期。

程连续体。要建立起这种“三通型”课程群，大学应该沿着三个维度来建构课程：其一是本职业领域的核心课程，包括核心知识技能、核心职业素养等，使之成为大学生融入社会、吸纳先进科技、步入职业领域的基石；其二是从本职业领域出发扩展通识知识，掌握当代人文、科技、社会领域中的永恒知识与文化精髓，促进核心课程的整合，形成平行学科间、专业间的链接；其三是参与本职业领域的高新科研活动，了解本职业领域高端研究关注的问题、使用的方法与主导的理念，促进核心课程的深化与拓展等。在本科课程体系改革中，通识教育与科研参与是大学课程群落衍生的两翼，是扩展大学核心课程、深化核心课程学习效果的两极。借助向两个方向——社会背景与先进科技的延伸，大学核心课程就扩展为一个动态延伸、外围宽广、广深兼顾的课程群落，一流本科教育由此获得了坚实的课程模体支持。

（三）建立自主分享的高活性教学模态

高品质教学是一流本科教育的枢纽链环，一流大学的本科教育建设经验表明：一流本科教学可以“激发学生在学习和研究中的主动性、能动性，全面提升学生的创造性”①。一流本科教学的根本特征是：教学目标不仅仅是传授知识，而将激发大学生对知识的渴求与探究欲置于更重要的位置；教学方法不是简单的授受传递，而是更加看重大学生的具身参与、研究揣摩；教学效果不满足于知识技能的积累与量增，更为关注大学生学术志趣、创业勇气、创新精神、自由人格的形成。正如有学者所言，“一流本科教育是以创新能力培养为核心、以研究性教学为手段、以广博知识为媒介、以自由人格培养为理想，以学生自我价值实现为旨趣的教育”②。换个角度来看，一流本科教学不是“死”的教学，即知识死记硬背、技能机械复制的教学，而是“活”的教学，即以学

① 黄维：《本科立人，本科立校——构建“中国特色世界一流”本科教育体系初探》，《中国高教研究》2016 年第 8 期。

② 王洪才：《一流本科教育的四重内涵》，《苏州大学学报》（教育科学版）2018 年第 4 期。

生自主参与、主动思考、自由思想为内核的教学；不是“守”的教学，即固守教学常识、模式、流程的教学，而是“变”的教学，即与当下时代、先进科技、社会变革保持联动的教学；不是“粗放”的教学，即局限于教学任务完成的教学，而是“精细”的教学，即对学生多样化、个性化学习方式与要求予以精准响应的教学。所以，一流本科教学一定是高活性的教学，是大学生活力奔放、灵活应变、活人参与、活气洋溢的教学，这种教学一定是以自主、参与、合作、探究、体验、思考等活动为主体的教学。在此，我们将这种教学形态称为“自主分享的高活性教学模态”，它是克服我国大学教学弊端，创建一流本科教学的有力切入点。

当前，世界本科教学正面临着来自大学生学习状态的双重挑战——“驯服的绵羊”和“精致的利己主义者”①。在大学教学系统中，大学生要么被驯服为考试指挥棒下“驯服的绵羊”，要么被教导成为就业市场规训下的“精致的利己主义者”，其个中原因之一就是：大学教学的异化与失职，即大学教学没有把追求上进、责任抱负的情怀从大学生心灵中催发出来。一流大学教学必须借助高活性教学模态来唤醒大学生的自我意识、责任意识，必须借助自主分享的教学方式引导大学生学会学习，学会融入学习共同体，形成负责、共赢、求真的学习精神。为此，一流本科教育建设中，大学教学要做好双重转变：其一是教学中心的转变，即真正实现由“教”中心向“学”中心、“师”中心向“生”中心的转变，让大学生成为课堂的主演，让共学互学成为大学课堂生活的新气象；其二是学习方式的转变，即实现由“授受”为主向“研学”为主、“接受”为主向“对话”为主的转变，真正将教室转变成为研究室，将知识传递转变成为新知识生发的节点，让课堂知识在质疑、批判、对话中实现意义的创生，让大学生在经历知识生成过程中学会形成思想、表达思想与分享思想。

---

① 邬大光：《重视本科教育：一流大学成熟的标志》，《中国高教研究》2016 年第 6 期。

（四）开拓学院治理的新格局

一流本科教育需要两大动力支持：其一是强大的教育力，即大学教师队伍、教育资源、学科实力、学院文化等凝聚而成的综合教育力；其二是强大的学习力，即源自学生的学习热情、学习精神、学习成就欲望等的内源性动力。在一流本科教育实力构成中，后者是基础，前者是辅助；前者服务于后者，为后者的激活与壮大而彰显存在意义。正如美国佛罗里达大学的本科教育，其直接目的是“通过对教学、研究和服务的支持，培养学生的智力好奇心、批判性思维、创造潜力和文化敏感性”①，最大化地增强大学生学习与发展的主动性。国内学者也指出：一流本科教育的显著特征之一就是“培养学生具有极强的发展性学力和创造力，构建研究性教育形态”②。应该说，大学生强大学习力的激发与培育有赖于学院治理格局的搭建与支撑，学院治理机制是将本科教育资源凝练成学院强大教育力的操作间，开拓学院治理的新格局是一流本科教育建设的重要保障环节。一流本科教育要借助民主、平等、进取的学院氛围营造、大学生学习平台搭建与大学生自治组织培育来激发大学生的学习热情与求知动力。所谓治理，就是借助管理主体间的主动合作、权力共享、共识达成、利益调和而实现管理目标的善治形态。不同于传统学院管理，学院治理依靠的是底层主体——师生主体性、能动性的发挥，而学院管理依靠的是学院顶层组织设计与权力控制；学院治理关注的是最底层组织成员的民主参与，而学院管理关注的是学校官僚机构的高效运作；学院治理依托的是学院主体间协商而成的非正式制度，如承诺、约定、协约等，而学院管理依托的是正式规章制度，如学院组织规则、党政联席会议制度等的制定。正是如此，“治理是一种机制的作用”③，学院内部治理的实质是借助科学治理结构的搭建，向学院体内植

① 尚红娟：《美国一流本科教育的改革与发展趋势》，《现代大学教育》2018 年第 3 期。

② 李硕豪：《论一流本科教育的基本特征》，《中国高教研究》2018 年第 7 期。

③ ［美］詹姆斯·罗西瑙：《没有政府的治理——世界政治中的秩序与变革》，张胜军、刘小林等译，江西人民出版社 2001 年版，第 5 页。

入一种自我成长、自我进化的有效机制。显然，学院治理的优势在于能够增进普通师生的管理参与与学生学习力的激发，从而形成所有学院主体争相参与、百花齐放、协同共治的治理格局。无疑，仅仅依托学院领导集团的智慧是难以将学院内在潜能释放到极致水平的，只有依托学院治理机制的构建，学生学习力与学院发展力才能发挥到最高水平。

为了构筑学院民主治理的格局，一流本科教育创建应该从三个角度来行动：其一是吸引本科生参与学院变革蓝图设计，正如美国奥林工程学院（Olin College of Engineering）那样，“从学校创建时期就把学生当作共同设计师”①；其二是完善学院师生自治组织，如学生自管会、教代会等组织，开展师生自我管理、民主决策与学院发展建言献策活动，让学院发展轨迹中留下普通学生、学生组织的痕迹；其三是倡导自导式学习，引导学生借助网络课程、自主选课、导师制度与学习互助组织开展自主学习，强化大学生的学习责任与学习权利意识，建立真正的“生学师导”模式。借助这些途径，学院就可能建立起一种自下而上的学院权力共享机制，充分发挥大学生这一最基层的管理主体在学院治理中的能动性与创造性，最大化地发挥学院工作的内能。

四　一流教师教育教学能力建设

2018 年，在新时代全国高等学校本科教育工作会议上，陈宝生部长向全国高校发出了“要坚持以本为本、‘四个回归’，加强一流本科教育”的号召，引发了全国高校的争相热议与行动响应。无疑，一流本科教育、一流本科专业的坚强后盾是一流高校教师的培育与供给，是高校教师一流教育教学能力的提升工程，制定一流高校教师教育教学能力标准是科学有力地领航此项工程的得力之举。但在实践中，一流教育教学能力建设受制于各种隐性观念、文化惯性、惯常操作的阻滞，导致我国面向“一流”目标的教师能力建设尚处在“摸着石头过河”阶段：

① 尚红娟：《美国一流本科教育的改革与发展趋势》，《现代大学教育》2018 年第 3 期。

一方面，种种弱化、虚化、矮化高校教师教育教学能力重要性的“多余论”、“替代论”① 时隐时现，阻碍着高校教师教育教学能力自觉提升的步伐；另一方面，高校教师教育教学能力研究在方法论上深陷与中小学教学能力趋同论、过度使用因素分析法等旋涡，导致高校教师教育教学能力特质分析不够，具有中国特色、高校特质的教育教学能力评价体系长期难产。在这种形势下，推进高校教师教育教学能力理论的开创性、针对性研究，加强理论创新对教师教育教学能力标准构建的支撑性，就显得尤为迫切。为此，本书试图从教师教育教学能力的内涵重构入手，经由高校教师教育教学能力特质构成分析，进而为一流高校教师教育能力评价建构提供全新理念的导航。

（一）教师教育教学能力的内涵重释

教师教育教学能力是高校教师专业素养的硬核构成，是其作为教师、导师、教授的根本资质蕴涵，廓清“教育教学能力”的本真内涵是深入剖析“高校教师教育教学能力”的概念之基。在以往教师教育教学能力界定中，学者惯用的关键词是“心理特征”、“个性品质”、“知识、技能、态度的综合”等，这些界定方式的共同缺陷是：被心理学“能力”概念所绑架，无视具体教师能力的特殊性分析，静态性、抽象性、移植性特征明显，对现实境遇中“教育教学能力”概念的具体指涉关注不够。所谓“教育教学能力”，就是教师在教育教学活动中体现出来的有助于教育教学目标高效达成的心理能量、效能体验与优越素质。如果说教师 A 比教师 B 更具有教育教学能力，它表明：相对于教师 B 而言，教师 A 在教育教学工作上更具信心、热情、活力，更有想法、方法、经验、技术等方面的相对优势，由此决定了其在完成特定教育教学工作上教师 A 更有胜算与把握。其中，“信心、热情、活力”代表着教师主体的心理能量强弱，“想法、方法、经验、技术”则代表着该教师的优越教育素质，将二者动态链接起来的正是“效能感”、

① 张应强：《大学教师的专业化和教学能力建设》，《现代大学教育》2010 年第 4 期。

“成就感”，伴随着这种积极、能动、正向的过程体验既是高能力存在的直接信号，又是反馈实践效果效率、反向强化心理能量、构建教师增能循环的链接枢纽。基于这一概念定位，我们认为，教师教育教学能力的独特内涵体现在以下四个方面：

1. 教育教学能力具有“一体双核”的内在架构

显然，“教育教学能力”是中国本土发明的教育概念，是一线教育实践中耳熟能详的一个教育术语，但“教育教学能力”是“教育能力+教学能力”还是“教育能力×教学能力”，抑或是“教育教学+能力”？这个问题时常在有形无形地困扰着我国高校教学工作的开展，成为导致“教育教学能力”含义被误解的一个源头。其实，教书育人是“教育”二字的根本内涵，其中“教书”相对于“教学”，“育人”相对于“教育”，“教育教学能力”的同义词正是“教书育人能力”。在该能力中，教书与育人之间并非对等平行关系，而是“手段”与“目的”的从属关系，教书、教学只是育人、教育的手段方式而已，它必须在育人的大规划、大格局、大视野中才可能获得科学的意义定位。教育事业的初心与归宿是“育人”、“成人”、“立德树人”，育人成人是学习者一生一世与教育联姻的缘由，任何偏离育人目的的教学活动都是畸形、变态、异化了的“教育”，都把“教育”真经念歪了，而非真正意义上的“教育工作”。在当代，随着课程育人、学科育人、专业育人理念的确立，“教育教学能力”的时代内涵日益清晰：它是在育人目的指引下开展教学活动的能力，或者开展“教育性教学”（赫尔巴特语）活动的能力。尤其在信息化时代，知识教学的功能受限，育人活动的功能牵连人的终生，学生发展核心素养培育成为当代教育释放其强大内能的突破口与工作归口，教育中“育人”的内涵、比重、位置空前提升。由此，教师“教育教学能力”的关键指涉是学科育人能力，即开展“教育性教学活动”的能力。将专业知识授受与教学技艺、育人艺术相结合成为高校教师“教育教学能力”的完整蕴涵。进言之，如果说教师教育教学能力有两个内核构成：一核是教育艺术，另一核是教学能力，那么，高校教师教育教学能力一定具有“一体双核”的架构，即将教育艺术与专业教学无缝对接、深度融合、凝为一体的能力架构。

2. 教育教学能力具有动态表现性、多维融合性与固态积累性

在过去，学者热衷于对教师教育教学能力进行层次化、类型化的分析，却遗忘了对“能力到底是怎样存在的”这个问题的深究，导致许多对能力类型、维度、要素的分析偏离了助推教师教育教学能力提升的初衷，进而把教育教学能力分析推向过度、解体、离心的境况，异化为一种抽象的思维解拆活动。其实，教育教学能力存在的三个显著特征是动态表现性、多维融合性与固态积累性，分别体现着教育教学能力的三个特殊性，即实践依存性、不可拆解性与持续迭代性。

首先是动态表现性。教育教学能力具有“三依附性”，即依附实践、依附主体、依附情景，是能力拥有者在特定情景下、在具体实践活动中生成并表现出来的，诚如学者所言，“教师的教育教学能力需要在亲身实践中才能获得，需要在解决真实的问题中才能形成”[①]，“在实践中展开、在问题解决中生成、在任务承担中练就”是教师教育教学能力的鲜明特征。这一特征决定了：教育教学能力最好通过表现性评价来评价，最好在课堂现场中紧密结合教师真实教学任务与完成情况来具体评价，不应过分提倡去情景、零任务、虚拟式的教育教学能力评价。离开了具体的实践场景、教学任务、真实问题，教师教育教学能力根本无法存在、存活。换个角度看，教育教学能力是教师亲身参与、亲身体悟并面对具体任务问题自我适应、主动调适、图式建构的结果。有研究指出，“与真正的教育教学能力相比较，‘假性教育教学能力’仅仅是技术性的，不具有‘行动中反思’的能力”[②]。在教育教学现场中，教师身体的表现欲被激发、教育机智被催生、实践感被唤醒，其教育教学活

① 张鲁宁：《对“假性教育教学能力”能通过国家教师资格考试的反思》，《教育学报》2015 年第 3 期。

② 张鲁宁：《对“假性教育教学能力”能通过国家教师资格考试的反思》，《教育学报》2015 年第 3 期。

动不可能完全按照预定的方案、路线、轨道展开，而是一幅岔路丛生、小道密布的场景。在此场景中，教师创造出的一定是别具风格的课例，是一个个艺术性色彩显著的课堂。这就是教师教育教学能力的灵动表现方式，应该成为教育教学能力评价重点关注的一个画面与指标。

其次是多维融合性。作为一个整体，教师教育教学能力具有多个维度：从内容上看，既涉及学科知识、育人资源，又涉及实操技能、教学机智；从心理过程来看，既涉及教学认知、教育情感、教学态度，又涉及教学监控、教学反思、教学领悟；从层次上看，既涉及智力基础、一般教育教学能力，[①] 又涉及特殊教育教学能力、专业知识教学能力；从源头上看，既涉及优秀人格要素，又涉及教育教学技术性的要素，其中“教学能力的技术侧面由专业技能、智谋技能、交际技能组成”，人格侧面由个性、动机等要素组成，[②] 等等。在具体存在形态中，上述维度是有机融合、共存一体的。在教师的具体教育教学工作中，它们是围绕任务、目的与问题解决这一主线关联起来的，由此构成了一个以教育教学任务为内核的小系统或功能体。例如，大学教师面对的学科知识可以在与教育情感、教学反思等教学要素结合中形成独特的教育教学样态，进而呈现出教师教育教学活动的独特性与不可代替性。学者指出，教师教育教学能力的发展过程是：“在不断学习、借鉴、实践、交流、反思、研究的螺旋式循环往复中，教师将学科知识、教学知识、学生知识、情境知识不断整合，由小到大地生成不断完善的学科教学知识，从而不断提高驾驭教学的能力。”[③] 这就是教育教学能力融合性存在的动态体现。如果说能力形成是围绕工作要求来建构知识、组织技能、激发动能、协调资源的过程，那么，教师教育教学能力一定是一个持续建构

---

① 申继亮、辛涛：《关于教师教学监控能力的培养研究》，《北京师范大学学报》（社会科学版）1996 年第 1 期。

② 钟启泉：《教师的“教学能力”与“自我教育力”》，《上海教育科研》1998 年第 9 期。

③ 李庆丰：《大学新教师教学能力发展研究：核心概念与基本问题》，《中国高教研究》2014 年第 3 期。

的过程，每个维度的要素参与着教师能力系统的组织与建构，并非以单个个体的面目在教育场景中露面。系统论告诉我们：1+1>2，即系统的整体功能具有非加和性、涌现性，用分维度量化叠加的评价思路开展教师教育教学能力评价肯定是有缺陷的。

最后是固态积累性。马克思主义认为，任何事物都是绝对运动与相对静止的统一，如若单单强调教师教育教学能力的流变性、动态性而不承认其相对稳定性与可认识性，无疑是认知上的错误。尽管即时的实践、任务、工作是教师教育教学能力实存状况的显示屏，但必须承认：那些稳定的能力表现会以一种特殊痕迹或成果形式在教师的身心存留下来，以至于我们可以从这些“痕迹”或“成果”中顺藤摸瓜，推知教师的教育教学实践能力水平。例如，教师荣获的教学奖项、教师在学生心目中的口碑、教师授课后学生的学习进步、教师对教育教学活动的论述，以及教师身上体现出来的稳定教育教学行为习惯、人格特征或活动风格等。在一定程度上，这些稳定表现都应该与教师的实际课堂教学能力表现成正比。这就是教师教育教学能力的固态积累性，学者用“经验库”、“自我认知图式”、“专业自我”等概念有力解释了教师教育教学能力固化的机制。例如，舍恩认为，每个教师的头脑中都有一个丰富的“经验库”（repertoire），①里面储存着大量以前的教育教学问题及其解决方案观念经验等，教师教育教学能力积累的结果就是该库存的持续扩容，随之教师解决新教育问题的胜算持续增大。还有学者认为，每一位教师都有针对教学的“自我认知图式”，②该图式“在很大程度上左右着教师的课堂行为及其自我调节模式”，教师教育教学能力的形成其实是该图式日益成熟的过程。当然，“专业自我”是教师个体对职业理想、职业价值、职业角色的接纳与理解，教师教育教学能力的发展其实

① ［美］唐纳德·A. 舍恩：《反映回观：教育与咨询实践的案例研究》，夏林清译，教育科学出版社2008年版，第137—141页。

② 李庆丰：《大学新教师教学能力发展研究：核心概念与基本问题》，《中国高教研究》2014年第3期。

就是“专业自我”日趋稳定、日渐清晰的过程。上述解释表明：教师教育教学能力应该有稳定、固态、惯常的表现，教师教育教学能力评价也可以在适度脱离教育现场的情景中进行。国内学者关于“假性教育教学能力”现象的研究也表明：仅关注教师显性的技能表现、身体姿势与可视化形态并非教师教育教学能力评价的完美之策，[①] 其道理正是如此。

3. 教育教学能力具有“主体—任务—效能”的三维结构

教师教育教学能力的实质是教师对教育教学工作的胜任力、适应度，是其与教育教学任务、教师工作岗位、教师职业特征间的匹配度与契合度。对“能力”的最通常理解是“主体对于所完成的任务的作用”[②]，与之相应，教师教育教学能力应由三个核心要素——教师主体品质、教育教学任务、教育工作效能构成，其实存状态是三者间的动态交互机制。当前，心理学界“能力素质”的研究较为流行，应该说这比“能力研究”更有意义。学者指出，人的“能力素质”起码包括五个要素，即“动机、特质、自我概念特质、知识和技能”[③]，它表明：教师素质是多维、多元、多层的构成体。其中，教师主体素质主要包括与教育教学工作相关的专业自我、智力水平、经验库存、人格特征、自我认知图式等，在实践中体现为一种参与教师教育教学工作形成的综合性心理品质、心理形式，“主体对任务的认识、主体从事任务活动的方式以及主体认识任务和从事任务活动的态度等是能力的基本内容或基本要素”[④]；教育教学任务是教师教育教学能力的物质内容，决定着上述心理品质的指向性与释放点，其核心是教师的育人意向传达与学科知识

① 张鲁宁：《对“假性教育教学能力”能通过国家教师资格考试的反思》，《教育学报》2015 年第 3 期。

② 王治民、薛勇民、南海：《“教师教学能力”概念辨析——对“中职学校专业教师教学能力标准”概念的解读》，《中国职业技术教育》2018 年第 18 期。

③ 李田伟、李福源：《高校教师能力素质模型》，《中国健康心理学杂志》2013 年第 3 期。

④ 王治民、薛勇民、南海：《“教师教学能力”概念辨析——对“中职学校专业教师教学能力标准”概念的解读》，《中国职业技术教育》2018 年第 18 期。

传授相融合构成的内容有机体；教育工作效能是用社会标准、内在标准与体验标准来评量教师教育教学工作状况的结果，包括教师个体的自我教育效能感与外在的教育工作绩效（见图 2－7）。

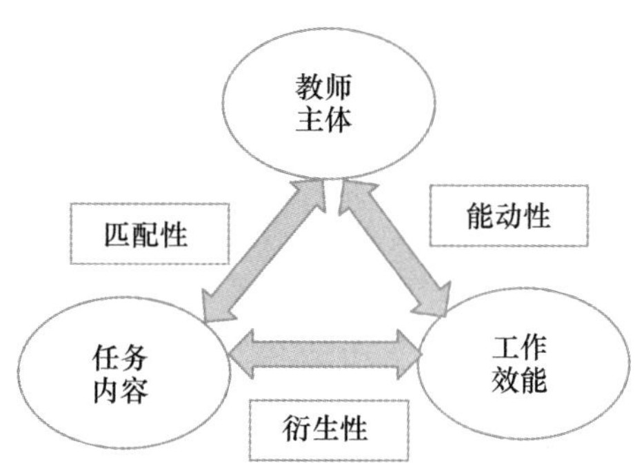

图 2－7　教师教育教学能力的“三维结构”

图 2－7 表明，教师主体素质与教育教学任务间的匹配性是判定教师有无相应教育教学能力的前提，任务内容是测试教师教育教学能力状况的显示器；在承担教育教学任务后自然会衍生出相应的教育教学效果，它是判定教师教育教学能力水平的关键，如果该水平跌出一定的阈限值，就表明教师不具备相应教育教学能力；在教师工作效能形成中，教师主体素质是最具能动性的一个选项与变量，“能力是关于任务活动自身完成条件和方式的反映，是主体对任务活动的认识结果和主体根据认识结果而形成的能动力量”[①]，教师有无教育者人格特征、驾驭教育技术的能力、对教育教学工作的认知、丰富的教育教学经验库、教育教学技能图式的储备等，都是决定教师教育教学能力强弱的要素。所以，机械、抽象、片面地谈论教师教育教学能力是毫无意义的，因为任何教育教学能力的存在与显现都是在上述框架内的“三角互动”中实现的。

---

① 王治民、薛勇民、南海：《“教师教学能力”概念辨析——对“中职学校专业教师教学能力标准”概念的解读》，《中国职业技术教育》2018 年第 18 期。

4. 教育教学能力要素分析的限度是教育教学活动元

教育教学能力依附于教育教学活动而存在，并以教育教学活动的外形来体现，能力“总是以一定的活动为其载体予以体现”，“和人完成一定的活动相联系在一起，是与活动同时存在、同时消失的资源结构”。① 因之，教育教学能力要素划分的界限是：必须保证教育教学活动作为“活体”或功能体、小机体的存在，而不能将之解体为一个个教育教学活动的零部件，最终让教育教学能力的言说与评价失去意义。进言之，教育教学能力要素分析、教育教学能力评价指标划分的限度是一个个相对独立的“教育教学活动元”，即教育教学活动分析中不可继续进行分解的教育教学活动单元、单位、单体，它构成了教育教学评价的原子单位与最小对象。“教育教学活动元”的提出源自“学习活动元”研究的启示。所谓“学习活动元”，是指“在完成某一学习任务中的几个或几个子任务而进行的相对独立的学习活动”②，其显著特征是相对完整性，即具有相对独立的学习问题（或任务）、学习情景、学习活动，体现为一件完整的学习事情。与之相应，教育教学活动元是指教师在教育教学实践中以一个相对独立的教学子任务、子问题开展的教与学的活动单元。如果说一个教育教学活动可以从三个层级上来分析：构成该活动的系列行动图式；围绕特定任务，联合相关图式而成的活动元；若干活动元在教学目标统领下形成的一节课，那么，教育教学活动元一定是第二层级意义上言说的，它构成了教师教育教学活动的质点与单位，是教育教学能力评价的原点与基点。如若继续对教育教学活动元进行分析，那么，课堂教学活动元一定是一个由“活动情景—教学问题—教学任务—师生互动—结果反馈”等构成的完整链条与活动序列，一切教育教学能力评价必须基于这一完整活动单元之上来进行。譬如，

① 宋明江、胡守敏、杨正强：《论教师教学能力发展的特征、支点与趋势》，《教育研究与实验》2015 年第 2 期。

② 傅兴春：《在化学新课程教学中应用活动元教学设计的研究》，《课程·教材·教法》2006 年第 8 期。

把教师的教学设计放在这一活动元框架中进行评价，全面分析上述五要素的整体运行与效果达成情况，方可保证本评价是针对教师教育教学能力的评价，而非其他类型活动能力或一般行动图式的评价。学者研究指出："能力的作用乃是通过做事过程而得到确认"①，因之，能力的另一表述方式是"本领"、"本事"，是做事中的能力体现。因此，教师教育教学能力评价也必须基于意见完整的教育教学之"事"来进行，这就是"活动元"！一个完整的教育教学活动元就是一件教育教学事情，以"事"或"活动元"为单位进行教育教学能力评价才是有意义的。

（二）高校教师教育教学能力的特质分析

高校教师、高职教师、中小学教师尽管都归属于教师门类，都承担的是教书育人、教育教学工作，但在能力结构、核心素养、关键能力方面表现出来的差异却很大，因之，如若不对高校教师教育教学能力特质予以剖析抓取，将之作为一流高校教师教育教学能力标准构建的根本依据，极有可能随时犯下用"中小学教师能力评价"代替"高校教师能力评价"的低级错误，最终误导高校教师的教育教学发展，使其陷入同质化、简单化、机械化的评价陷阱。提取高校教师教育教学能力的特质构成事关高校教师能力评价的生命与未来，成为本书关注的一个焦点问题。高校教师开展教育教学活动的基本形式是面向"准成人学习者"——大学生的学术性教学，与之相应，在本科人才培养中凸显学术教育、创新教育、自我教育的独特内涵是高校教师教育教学能力的标志性特征，具体体现在高校教师教学观念、人才培养、教学改进等各个链环上。

1. 高校教师教育教学能力的内核是教学学术性

学者研究认为，"大学教师教学能力的发展是建立在教学学术发展的基础及程度之上"②，教学学术性是高校教师教育教学能力的首要构

① 杨国荣：《"事"与人的存在》，《中国社会科学》2019 年第 7 期。

② 李庆丰：《大学新教师教学能力发展研究：核心概念与基本问题》，《中国高教研究》2014 年第 3 期。

成与关键特征，是其区别于其他教师类型的特质所在。正如学者所言，高校教师教学能力是“教师认知、理解、掌握和运用教学学术开展教学实践和研究的能力”①。所谓教学学术，就是用学术的视角认识教育教学活动，用学术的方式改进教育教学活动，用学术的规则来规范教育教学活动。所有学术活动的共同特征是“公开、能面对评论和评价、采用一种能够让他人进行建构的形式，并且能够对结果进行反思”②，具体体现为可公开性、可改进性、可共享性。其实，大学教学活动中始终要面临的一个问题是：如何将学科知识转变成可教化的课程形式，以此实现学科知识的育人育才功能或人才培养价值？这是一个必须经由教学学术研究才可能给出最佳答案的教学问题，它决定了高校教育教学活动必须具有学术性。所以，高校教师教学学术性的关键含义是：可以在教学学术共同体中开展公开的课堂研磨与教学创造活动，使之在接受教育专家质疑中持续改进，让教育教学活动始终处在常变常新之中。当然，在这一点上高职教师、中小学教师也有类似特点，但高校教师的教学学术活动还具有另外两个独有特征：一是教学的内容也具有学术性、问题性，二是教师本人是一身兼二任——专业研究者与教育工作者合而为一。前者决定了：没有课堂教学内容的学术研讨活动，教师就难以达成“教会学生研究”的教学目标；后者决定了教师必须要将自己的研究新成果、研究观念方法融入教育教学活动中才能创造出真正意义上的“大学教学”。如果说中小学教师教育教学能力的重心是知识技能的传授力，高职教师教育教学能力的重心是职业技能的示范力，那么，高校教师教育教学能力的重心则是知识技能的创新力。毕竟在高等教育阶段，基础知识技能学习不再是教育教学活动的主题与轴心，引导学生用学术的眼光、创新的意识、超越的目标来对待教材知识才是大学教师的

---

① 李庆丰：《大学新教师教学能力发展研究：核心概念与基本问题》，《中国高教研究》2014年第3期。

② 王玉衡：《让教学成为共同的财富——舒尔曼大学教学学术思想解读》，《比较教育研究》2006年第5期。

独特教育教学素养。这就是高校教师教学学术性的特有蕴涵。诚如学者所言，“大学教学的问题性才是教学学术活动的起点，是大学教学持续改进的动力所在”①。

2. 高校教师教育教学能力的聚合点是卓越大学教学

教育教学能力与优质教学之间是相互确证、相互支撑、一体两面的关系，高校教师教育教学能力水平判定的另一权威标准是：是否有利于卓越大学教学的创建与形成。与之相应，卓越大学教学的特征决定了高校教师教育教学能力的独特属性。卓越大学教学是具有示范性、学术性、创造性、变革性、高效性的教学形态，其核心构成要素是：面向学术发展的教学目标，即注重发展大学生学术精神、学术旨趣、学术认知、学术能力与学术情感，将知识创生、发展性素养培育置于比知识习得、技能掌握更重要的位置；先进科学的教学理念，即关注学生、关注学习、关注发展，强调学生主体发展、个性发展、全面发展，落实“学习中心、方法为基、能力为本、师生共创”的理念，把课堂视为师生共同发展的平台；富有创意的教学设计，即教学设计坚持问题取向、学生主体地位，能激起大学生的参与热情与学术兴趣；深入广泛的课堂参与，即用问题、情景、项目激励学生参与课堂，学生参与有广度、有深度、有密度，学生学习的获得感、成就感、幸福感较高，学习中同时收获“知识、方法、思想、兴趣”，用丰富、鲜活、有趣的课程资源来辅助知识学习与问题探究，教学过程简明流畅、起伏跌宕，与学生思维心灵同频共振；促使改进的教学评价系统，即强调教学是一个基于评价、持续更新、不断超越的增循环与自组织，善于用各层次的教学评价来激发教学系统的自我发展力，激励师生的自我反思力，让教学系统获得强大的内驱力与变革力，等等。一句话，卓越大学教学是一个“学术发展至上、教学理念先进、学生深度参与、评价反馈有力”的教学改进连续体，它与中小学教学之间差异明显：中小学教学面对的是发展

① 时伟：《大学教师专业发展模式探析——基于大学教学学术性的视角》，《教育研究》2008 年第 7 期。

中的学习者，知识技能吸附是学习主体的首要任务，而大学教学面对的是基本成熟的学习者，学会自我发展、自我创造是课程学习的主要任务。这一根本差异决定了卓越大学教学一定是促进大学生自主发展、专业发展、创造发展的实践活动，它要求教师教育教学能力评价工作必须以教师教学发展、教学品质为核心，密切关注教师教育教学能力对大学卓越教学创建要求的适应度、支撑度。

3. 高校教师教育教学能力表现在人才培养的过程与结果中

我国《统筹推进世界一流大学和一流学科建设总体方案》指出：国家“双一流”建设的任务是“坚持立德树人，突出人才培养的核心地位，着力培养具有历史使命感和社会责任心，富有创新精神和实践能力的各类创新型、应用型、复合型优秀人才。”因此，人才培养是一流高校、一流学科、一流本科建设的立交桥与聚焦点，高校教师作为“双一流”建设、一流教学打造的主体，必须把教育教学工作置于“各类创新型、应用型、复合型优秀人才”培养目标之下才有价值、有意义。显然，创新型、应用型、复合型优秀人才的成长必须遵循其独特成长规律，而不可能像中小学生素养培育那样，按照常规教育教学路径去展开，它向教育教学活动与教师专业成长提出了一些更新的要求：其一是必须在课堂教学中将学生置于创新发展、学习探究的主体位置上来开展教学，其二是必须将教学活动与最新科技前沿、学科发展前沿探究结合起来，其三是必须按照人才成长规律，即“全面发展、内外协同、实践成才、差异生长、螺旋上升”的规律来设计教育教学活动。高校造就的是各行各业的优秀人才，教师教育教学活动必须在“营造积极氛围、培养全面素质、产学合作推进、鼓励差异发展、分段持续培育”的人才培养工作原则指导下来开展。从这一角度看，高校教师教育教学能力的特质之一是必须顺应人才成长规律，善于为各类专业人才成长搭建教育环境、提供教学服务、设计课程体系，这是一般中小学教师不会重点考虑的问题。可以想象，人才培养规律要求高校教师在教育教学能力建设中必须具有注重学术创新与实践研发的意识，必须具有按照大学生人才成长历程来规划课程、研发资源、创设情境、改进课堂的能力与智慧。

4. 高校教师教育教学能力着生在面向优质教学的循环中

对高校教师而言，教育教学活动是一个循环再生的连续体，是一个持续更新升级、动态发展演化的生命体，其教育教学能力一定是在持续参与、不断揣摩、轮回磨砺中逐步提升的。因之，优秀高校教师的教育教学能力形成于面向优质多学科教学的循环与链条之中，形成于“教学设计—课堂实施—效果评价”的“教学改进环”之中（见图2－8），缺乏优质教学评价、教学反思、教学变革等环节的教育教学活动是不可能孕育出高水平教育教学能力与优异高校教师的。

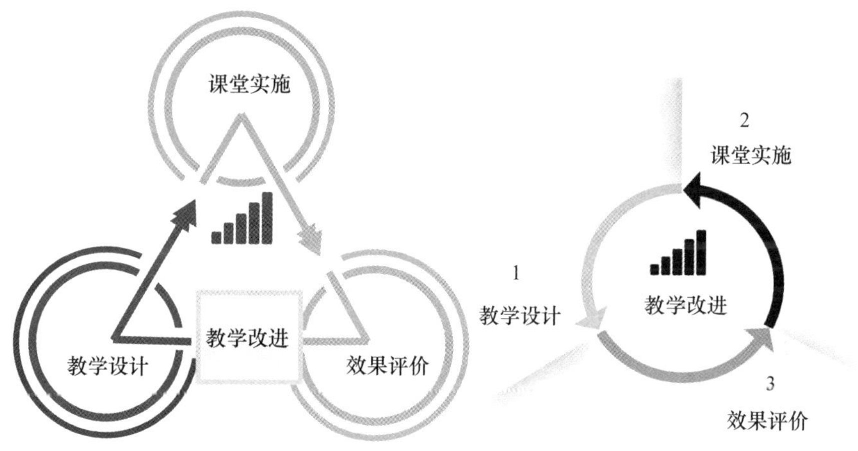

图2－8　教师教育教学活动的“教学改进环”

相对于中小学教师教育教学活动而言，教育教学评价是助推高校教师教学发展的关键手段，这是由高校教学的多学科、多专业、多样态等特点决定的，是由高校教育教学管理工作的评价核心性特征决定的。在中小学日常教育教学工作中，过程管理、常规管理、课堂管理处于首要地位，而在高校中则是终端管理、绩效管理、考评管理处于首要地位，这是由高校学者的主体性、学科门类差异性决定的。因此，教育教学工作效能评价与教师教育教学能力评价是高校教育教学工作的“命门”与中枢。同时，在高校教育教学事业中，教育教学评价肩负着向各类教学形态中植入先进教学新理念、引导学科教学分类发展、敦促学科知识与课堂教学融合的特殊功能，与之相应，这种评价一定是“教师为本、行家导引、多标（准）共存”式的。这就是高校教育教学评价的特殊性所在。其实，优质学科教学的形成一定是多轮教学改进的结果，每一次课堂教学之后的反思、增补与修订都是逼近优质教学目标的一个台阶或链环，都是教师教育学科教学活动升级提质的枢纽环节与更新节点，而教育教学活动评价正是推进这一转变顺利发生的有力举措。换个角度看，每一次教育教学活动评价的另一面就是对高校教师教育教学能力的评价，“优质教育教学活动”是“优秀教育教学能力”的佐证与呈现，加速教育教学活动评价理念、方法与流程的科学化与专业化进程是加速高校教师学科教育教学能力形成的助推器。所以，教育教学评价活动存在的意义就是为了构建高校教师学科教学改进的封闭循环，就是为了给各类学科教学的个性化发展搭建平台。

（三）一流高校教师教育教学能力评价标准的构建思路

站在全新“教育教学能力”理解之上，一流高校教师教育教学能力的评价必须瞄准高校教师教育教学活动的特质，充分考虑教育教学能力评价的意图，努力研制出最有利于高校教师教育教学能力持续、快速、专门发展的评价标准，真正发挥教育教学能力评价对“双一流”建设的独特功能与使命。我们相信：教育教学能力评价的关节点是科学评价标准的确立，是中国特色教育教学能力评价理念的指引，坚持用科学思路来构建中国特色一流高校教师教育教学能力评价标准是科学导航我国高校教师教育教学能力建设工程的科学之举。

1. 坚持学科育人的评价指导思想

高校教师的教育教学活动是以立德树人、人才培养为统领的学科专业教学活动，其中育人为本、教学为末，二者间互为“目的—手段”、“方向—路径”关系，提升大学生的核心发展素养、终身发展力与职场竞争力是高校教育教学活动的根本育人目的所在。从这一意义上看，将学科育人状况作为高校教师教育教学活动评价的首要对象，确保教师在课堂上开展的是真正意义上的“教育教学活动”，是促使其教育教学能力评价回归初心、守正务本的选择。在美国，高校教师知识结构大概包括四类——学科性知识、跨学科知识、实践性知识和条件性知识，[①] 其中“跨学科知识”尤为显眼，要求我国高校非教育学科教师必须同时具备教育学知识，具备将所从事学科与教育教学知识深度融合于学科育人的能力非常必要，这是由其岗位的复合性——学科研究与教育教学的复合性决定的。在高校教师教育教学能力评价中，要体现学科育人的首要地位，就必须强化育人为本的价值导向，重视教师学科育人资源的深入发掘，重点评价教师利用学科资源灵活开展育人实践的能力，评价教师的德育渗透能力与育人中心意识，评价大学生学科能力与职业道德的同步培育情况，等等。在教育教学活动中，缺失育人意识的学科教学是缺乏灵魂的教学活动，缺失学科专业知识依附的育人活动则是空头说教。因此，在高校教师学科育人能力评价上必须将重点置于学科要素与育人精神间的融合关联上，置于学科育人效果效率评价上，否则，其教育教学活动随时可能陷入动力不足、精神颓废、方向迷失的境地，进而难以培养出“又红又专”的社会主义事业的建设者与接班人。

2. 坚持以活动元为单位分解评价指标

高校教师教育教学活动能力评价的直接对象是其教育教学活动，教育教学活动评价的底线是确保这一活动不被随意或过度肢解，以致失去了教育教学的原本活体形态，最终导致评价失真现象出现。为此，高校教师教育教学能力的直接评价对象应该是一个个教育教学活动元，是教师在每个活动元中的实践表现及其整体性解释，不过度解拆评价对象是高校教师教育教学能力评价指标分解的根本原则。从不同角度分析，高校教师的教育教学活动可以分解为不同的教育教学活动元。譬如，从教

① 熊华军、丁艳：《当前美国大学教师的专业知识结构探微》，《中国高教研究》2012 年第 8 期。

学流程上看可以分解为三个活动元，即教学准备活动元、教学实施活动元、教学反馈活动元，其中，“教学准备活动元”可能包括多种具体活动，如教案设计活动、课程资源收集活动、学情分析活动、课件制作活动等，这些具体活动不能进行独立评价，而必须将之放在教学准备活动元中进行整体评价，以防逃逸出“教学准备”这一功能单元。再如，从学生学习角度进行分析，高校教师的教育教学活动应由以下活动元组成，即课堂自主学习活动、课堂听课活动、课堂讨论活动，可以按照这一活动元系列开展教师教育教学能力评价活动。在高校教师教育教学能力评价中，以活动元来划分评价板块、设定评价标准、分析评价标准是较为科学的一种评价理念，它能够充分保证评价对象的相对完整性与活体性，最大化地提高评价结果的可靠性与可信度。

3. 坚持“立体性、学术性、循环性”的评价理念

高校教师教育教学能力评价的内核是教育教学活动评价，“能力评价”只是“活动评价”的一种解释、扩延与深层判定。就高校教育教学活动评价而言，它涉及目标、对象与方法三个重要问题：从评价目标上看，这一评价服务高校人才培养活动，而人才培养活动体现在大学教育教学活动的方方面面，只有按照立体性原则来对之加以全面解剖，才能对教师教育教学能力状况给出一个公正的结论；从评价对象上看，高校教师教育教学活动的内核是教学学术性，其直接内容是学术性教学，即学术研究成果的教学传播，凸显教学方法与内容的学术性是永葆高校教育教学活动本色的要求；从方法上看，高校教师教育教学活动评价必须关注循环性、轮回性，力促完整“教学改进环”的形成，凸显教师教育教学能力评价的循环性。基于这一分析，我们相信：人才培养效果是高校教师教育教学能力评价的主线，教学学术性是高校教师教育教学能力评价的重点，循环改进是高校教师教育教学能力评价的生命线。为此，彰显教师教育教学能力评价的立体性、学术性、循环性，开展有主线、有重点、有生命力的教育教学能力评价，是构建科学先进的高校教师教育教学能力评价体系的重要原则。

4. 坚持“表现性评价＋绩效性评价”的结果形成原则

从呈现方式上看，教师教育教学能力既是通过现场教育教学活动表现出来的，又是通过固化了的教育教学绩效、作品、荣誉、口碑、风格、人格等表现出来的，分别适用于表现性评价与绩效性评价，二者间是互补互证的关系。因之，高校教师教育教学能力评价结果形成中必须坚持“两条腿走路”的思路，并将二者有机结合起来。就前者而言，教师教育教学能力评价要关注教师临场表现、实践智慧与“行动中反思”这些关键能力的评价，故必须基于课堂观察来进行，在观察结果处理上可以考虑采用量化技术，并结合相应理论解释框架来对评价分数进行解读，否则客观事实、数据资料始终难以转化成教学能力等级或能力评价得分；就后者而言，教师的教育教学工作的绩效、奖项、口碑尽管是固化了的数据、表现或评价，但其来源却是教师前期长期的教育教学经验积累、教育实践表现凝练，无疑与教师教育教学能力水平之间呈正相关，其对教师教育教学能力评价同样具有适用性、可靠性与可信度。所以，有机整合两种评价方式的优势，用量化思维实现现场评价与成果评价的兼顾与合成，用质性评价呈现两类评价的综合结论，是提高高校教师教育教学能力评价品质的行动方向。

第三章　一流教师教育学科：教师教育综合化的内核

教师教育综合化的内核是学科综合化，一流教师教育学科建设是优质教师教育综合化的内核。在近 30 年的探索中，中国教师教育研究者致力于独立教师教育学科建制的设立与形成，致力于高水平教师教育学科的构筑工程，形成了令世人瞩目的“教师教育学科现象”。对该现象加以剖析，科学设计中国教师教育学科体系，是科学领航中国教师教育综合化改革实践的学科标杆。

第一节　中国教师教育学科建设的现状

无疑，中国教师教育学科建设的唯一目的是要为教师教育学科建造一个专有、专属的学术空间，实现对学术人、学术活动与学术资源的集成与内生，催化高水平教师教育事业的诞生。这一历程之所以被称为中国特有的“教师教育学科现象”，是因为一系列独特学科事象载于其中、令人瞩目，如国家教育战略的强势助推，研究者的学科情怀涌动，综合大学的教师教育参与度低迷，以及长期困扰中国教师教育事业的头痛问题——文理学科与教育专业耦合艰难、学科教学论被双边缘化等，它们成为当代中国教师教育学科呼之欲出的幕后推手。理性审视中国教师教育困境，厘清“教师教育学科现象”的内核问题，引领教师教育学科走向真正成熟，是当代中国教师教育学者的学科使命与历史担当。

一 “中国教师教育学科现象”探源

2006 年 12 月，中央教科所与南京师范大学联合召开“全国教师教育学科建设研讨会”，发出建设专门教师教育学科倡议。时隔 12 年，2018 年国家最高机关——中共中央、国务院颁布《关于全面深化新时代教师队伍建设改革的意见》，其中第三条第 8 款明确提出“加强教师教育学科建设”；其配套实施文件——教育部等五部门联合印发《教师教育振兴行动计划（2018—2022 年）》，明确“鼓励支持有条件的高校自主设置‘教师教育学’二级学科”，中国教师教育学科建制历程宣告初步完成。在短短 12 年间，教师教育学科迅速实现了由“研究领域”向“学科建制”、“研究方向”向“二级学科”的快速蜕变，堪称我国学科建设史上的一大典范，称其为一种“学科现象”毫不为过。在当今中国教育界，教师教育作为一个“领域”毫无争议，而作为一门“学科”，在教育界则遭遇着一场学科认同危机；即便它现已获得官方认证与身份，这种危机也不会在短期内消失，增进教师教育学科认同度是当代教师教育研究者肩负的神圣学科使命。所谓“领域”，就是卷入教师教育研究的人、事、物等构成的相关要素杂合体，它以典型教师教育实践问题研究为统领，为教师教育爱好者与探索者搭建了一个松散研究平台与学术空间；所谓“学科”，则是由从事教师教育研究的学者、学院以及相关学术机构、学术平台等共同构筑的一个专业学术研究综合体，它由标志性研究对象、专门问题域来统摄，以正式的学会设立、学系建制、学术机构设立为标志，成为广大教师教育学者谋取学科资源、组建学术圈层、获得学者身份的专属学术领地。诚如学者所言，“通过设定一个或一组话题，一套词语及其特定的运作范式，一个学科领域就被创造出来了”①。相比而言，“学科”的规范化、组织化、专门化程度要比“领域”强得多，而“领域”的可渗透性、开放性则比“学科”

① 李俐兴：《“后理论”的缘起及其三大问题域》，博士学位论文，浙江大学，2018 年。

更具优势，“领域”向“学科”的升级不仅是该领域学者学术自觉的必然结果，更是特定时代国家意志、事业发展要求助推的产物。

所谓“现象”，就是在特定情势下，受一系列外部事件触发，在某一社会实践领域出现的一系列具有实质性关联的因果反应或连锁社会效应，中国“教师教育学科现象”无疑是中国教育改革形势、学者学科信念与教师教育学问积累三者持续积累、交互作用的产物。在当代中国发生“教师教育学科现象”一定是多因素交合、交联的结果，它们夹杂于社会背景之中隐秘参与了教师教育学科的发生发展。进言之，任何学科变动都源自应对本域内现实问题的需要，用学科建设来系统攻克特定实践领域中面临的棘手问题、系列问题是现代人特有的学术思维。在当代中国，教师教育领域面临的一系列重要突出问题浮出水面，尤其是社会对优质教育、优秀教师与硬科技人才的刚需要求敦促我国教师教育问题研究转型升级，“实现‘问题’本身的转型，即从对热点问题的研究转向对学科基本问题的研究”①，否则，教师教育实践势必陷入原地打转的内卷化危机，成为中国经济社会文化事业发展的拖油瓶。学者指出，在以学科为基本组织单元及资源汇集方式的大学结构中，学术生产逻辑是大学组织的内核，“因为没有正式的学科建制，一流大学和高水平综合大学自然难以产生举办或参与教师教育的内生动力”②。从这一角度思考，正是中国教师教育改革面临的新形势、新问题、新要求催生了大学建制形式的“教师教育学科现象”，厘清这一现象发生的社会形势、社会动因与社会渊源有助于理解其内在合理性。

（一）国家强国战略重点的历史性转移

自改革开放以来，我国强国战略纷纷出台：从邓小平提出的“科教兴国”战略到胡锦涛的“人才强国”战略，再到习近平的“教育强国”战略，强国战略日渐聚焦到“教育振兴”这一节点上。其实，上述三大战略的内核就一个，即强调教育在社会主义建设事业中的战略性、基

① 彭宇文：《教育法地位再探——兼论教育法学学科建设》，《教育研究》2020 年第 4 期。

② 赵英：《教师教育学科振兴助力良师培养》，《中国教育报》2018 年 10 月 22 日第 2 版。

础性、先导性地位，教育事业成为国家富强、民族复兴、人民幸福的战略枢纽，提高教师素质、办人民满意教育、建设教育现代化强国已成为我国新时代强国战略的支撑点。在这一形势下，作为国家教育事业母体的教师教育就变得尤为重要，做强做大教师教育事业成为建设社会主义教育强国的一把利器，与之相应，从党和国家角度提出振兴教师教育、建设教师教育二级学科就成为必然。从国家层面看，教师教育学科建设既可以提升国家教育治理的精度、高度，又可以彰显新时代国家的战略意图、战略抓手，以党中央、国务院的名义发展教师教育学科成为“中国特色”、“中国优势”的务实内涵，利用学科平台聚集国家教师教育事业发展内能由此成为国家教育战略落地的施政点位。从这一角度来看，在我国，而非其他国家中出现“教师教育学科现象”，其主因就是国家自觉、国家需要、国家主导、国家谋划，国家性、战略性、时代性是我国教师教育学科建设事业的显著特征，出台国家级政策文件——中央 4 号文件来助推教师教育学科设立具有其内在合理性。在该过程中，教师教育学科的发起人——权威教师教育研究者倡议只是充当了察觉者、吹号者、策应者的角色。有学者认为，教师教育学科是教师教育专业化、教师教育大学化、教育学科分化带来的自然结果，本书并不苟同，我国“教师教育学科现象”更多是国家战略外力推动的结果，如果说它是自然发生的学科诞生现象，那么，正式教师教育学科建制的出现一定要晚得多。

（二）优秀教师培养工作的迫切需要

应该说，中国历史上从没有哪个时代像今天这样迫切需要优质教育、优秀教师，这是因为优质教育牵动着每一个中国家庭幸福的福祉，牵动着城乡教育的优质均衡发展，牵动着中国国运的兴衰与走势。究其根本原因，优质教育成为破解当代中国主要矛盾——人民日益增长的美好生活需要和不平衡不充分的发展之间矛盾的首要利器，成为中国经济、社会、文化事业发展要求的聚结点，成为破解一切中国社会问题的原点。诚如学者所言，当代中国教育的基本国情是：“‘量’的需求逐渐得到满足，基础教育对教师素养的要求必然提升，并呈现出‘发展性需求’状态——对‘优秀’教师（学术素养和师范素养都较高）的需求占据主导地位。”① 在这一情势下，社会对优秀教师的需求量剧增，优秀教师的批量培养成为新时代教师教育肩负的历史使命。优秀教师可以改写一个学生的命运，点亮一个家庭的希望，改变一个民族的轨迹，国家启动师范生公费教育实施办法、卓越教师培养项目无疑是最具远见的一大国策。优秀教师培养绝非一般教师培养系统所能为，它需要专业、科学、高端的教师培养学问来引领，需要先进教师教育知识的生产来支撑，这恰恰是困扰当代中国优秀教师培养工作的一大难题。回顾过去，在教师教育知识生产的道路上，我国曾走过许多弯路：在新中国成立初期，人们认为学科知识充盈的教师就是优秀教师，误以为教师“教育知识”就等于“学科知识”；在改革开放时期，认为教育教学知识丰富的教师就是优秀教师，误以为教师“教育知识”就等于“教育学知识”。这些认知缺陷直接抑制了国家优秀教师培养能力的建设与提升。在当代，随着专业教育研究者的剧增、教育知识产量的饱和，我们深刻地意识到：优秀教师是情感驱动、能力本位、自主发展的发展型教师，是懂得用科学的教法来教授学科知识的育人工作者，是善于在适用教育教学知识中创生教育问题解决方案的专家型教师，其关键资质是学科知识、教育知识与学生知识等教育相关知识在教师身上熔炼而成的知识共生体。因此，单单依靠教育学、文理学科的发展难以支撑优秀教师的培养，只有在教师教育学科框架中探明上述知识耦合共生机理，才可能从根本上攻克优秀教师培养的理论瓶颈问题。从一定程度上说，中国“教师教育学科现象”产生正是我国优秀教师培养遭遇瓶颈处境时向学界发出的一种信息与召唤。

（三）建立“大教师教育体系”的时代要求

由于历史性原因，中国师范教育存在着学科支撑不力、学术竞争力

① 叶澜：《一个真实的假问题——“师范性”与“学术性”之争的辨析》，《教师教育研究》1999 年第 2 期。

不强等痼疾，成为造就卓越教师的瓶颈之一。在这种形势下，启动教师教育综合化改革，邀请高水平综合大学进军教师教育，构建师范院校与综合院校共生共强的大教师教育体系，就成为21世纪以来国家强师计划的重要构成。1999年，中共中央、国务院出台《关于深化教育改革全面推进素质教育的决定》，鼓励综合性和非师范类高校参与教师培养工作，我国教师教育综合化进程被启动，建立高水平教师教育的社会工程宣告启航。时隔近20年，党中央、国务院出台《关于全面深化新时代教师队伍建设改革的意见》，再次明确“支持高水平综合大学开展教师教育”，标志着教师教育综合化改革迈入新阶段。至今，我国已经形成了由270所师范院校和210所综合院校构成的强大教师教育阵营，师范大学与综合大学双轨齐驱的教师教育综合化改革成果显现。实践证明：我国教师教育综合化进程并非一帆风顺，师范院校、综合大学中教师教育学科时常面临被边缘化、被取缔的危机，综合大学参与教师教育学科建设的热情始终不彰，理想的全国教师教育联合体并未出现。究其原因之一，就是教师教育综合化研究的滞后与理论供给不足。诚如学者所言，“无视综合化过程中教师教育学术组织、学科制度没有顺势建立、及时转型”[①] 正是综合化进程中教师教育不强反弱的主因之一。在这种形势下，完善教师教育学科架构，增加教师教育综合化理论供给，就成为彻底克服师范院校学科短板、充分发挥综合大学学科优势的现实选项。进一步看，教师教育理论基础薄弱、学科建设不力是导致我国教师教育综合化推进不力的关键原因，建设专门教师教育学科是当代中国师范院校启动“教师教育二次转型”、完善自我发展机制的被迫反应。所谓“教师教育二次转型”，就是“在我国师范院校综合化这一转型的基础上，推动教师教育基于学科基础实现组织结构的实质性转型，这种实质性转型必然要依托于合法的教师教育学科建制以及成熟的教师教育

① 朱旭东、赵英：《“双一流”建设逻辑中师范院校的教师教育学科建设》，《教育发展研究》2018年第9期。

学科体系”①。显然，学科组织是教师教育综合化体系中最为坚实的学问堡垒与组织依托，缺乏学科内核支撑的教师教育综合化势必走投无路。正是如此，教师教育综合化的实质绝非学院、机构、专业的实体综合化，而是基于教师教育学科建设的实质综合化，是用强有力的学科建设带动教师教育相关学科——教育学科、文理学科、通识选课、技术学科等走向深度复合，使之在高素质教师培养目标统领下搭建一体化学科架构，发挥学科心脏作为“聚能环”的特殊功效，力促大教师教育体系的早日建成。换个角度看，教师教育综合化改革的经验之一就是让中国学者认清了教师教育学科建设的关键性与基础性。

正是基于上述考虑，进入21世纪以来我国出台了一系列重大教师教育政策，试图改变薄弱教师教育的现状，其撒手锏正是：推进教师教育综合化改革、开展公费师范生教育、设立卓越教师培养项目、出台《教师教育振兴行动计划》等，其幕后意图是要做大做强中国教师教育，推进国家教师教育能力建设，实施教师教育强国战略。在这一背景下，在教师教育学科建设上做文章、出政策、搞行动就成为国家释放改革意图、聚合教师教育改革能量、助推教师教育升级的突破口，故“教师教育学科现象”是振兴教师教育事业的一种典型中国现象，是强烈教师教育学术形态需求的标志，具有鲜明的时代性、文化性与民族性。

二　中国教师教育学科发展面临的根源问题

在我国，“教师教育学科现象”的出现不仅直接与上述时代原因、社会原因相关，更有学科发展面临的深层问题与根子问题，诊断清楚我国教师教育事业的内核性、根源性问题是深入理解这一学科现象合理性，判断本学科建设方位的切入点。在当前中国背景下，之所以必须建设好教师教育学科，是因为当代教师教育研究中出现了一系列“重心

① 朱旭东、赵英：《“双一流”建设逻辑中师范院校的教师教育学科建设》，《教育发展研究》2018年第9期。

偏移现象”，致使教师教育理论研究回避难题、脱离正道、迷失初心，亟须借助教师教育学科建设来回归正轨，促使教师教育事业走上一条本真中国化的发展轨道上来。

（一）回避教师教育的“双核冲突”

当前，在我国教师教育行业为何会出现优秀教师培养不力、学科教育萎靡不振等现象呢？其主因就源自一种民间教师教育哲学，那就是：认为教师教育的双核——学科专业与教育专业、学术性与师范性在师范生身上是自然耦合过程，以至“混同了‘教什么’和‘如何教’两种不同类型的知识，误以为掌握了教什么，就必然能教好什么”①。在一般教师教育研究者看来，只要师范生接受了两类专业教育，确保人才培养方案中两类知识体系完备，师范生的学科教育素养就会自然形成，无须做过多的外部教育耦合工作。这就是自然耦合论，其实质是回避学术性与师范性间的“双核冲突”。其实，在师范生培养中，上述“双核”不仅无法自然耦合，而且常常是失联、抵触，甚至是相互冲突的状态：学科专业强调的是学科逻辑、知识逻辑，而教育专业强调的是育人逻辑、生本逻辑；学科专业关注的是学科活动的科学性、学术性，而教育专业关注的是教学活动的人文性、互动性。由于侧重点的差异，导致不同类型教师教育者之间厚此薄彼、相互诋毁的现象时有发生，致使有效的双核耦合难以在师范生身上实现。进言之，师范性与学术性之间是相得益彰、交互支撑、共生共强的关系，诚如舒尔曼所言的 PCK（Pedagogical Content Knowledge）知识一样，没有对学科知识的深入理解，学科教学就会遭遇知识瓶颈，导致“言而无物”效应；没有深厚教育素养支持，学科教学就会遭遇表达瓶颈，导致“茶壶里煮饺子”效应。概言之，整个师范专业的兴衰在于对这一“双核冲突”的应对与弥合上。遗憾的是，在上述陈腐思维笼罩下，教师教育研究者要么有意无意地回避师范专业“双核冲突”，要么陷入双专业杂糅杂合的险滩，致使教

① 叶澜：《一个真实的假问题——“师范性”与“学术性”之争的辨析》，《教师教育研究》1999 年第 2 期。

育人才培养沦为做表面文章，师范教育深陷低水平循环之中。

（二）教师教育研究重心的移位

当代中国“教师教育学科现象”还缘于教师教育研究重心的移位与偏离，致使教师教育事业处于肤浅错位、游离正业的境地，难以形成研究焦点与学科突点，无法形成持久、聚焦式的专业积累效应。长期以来，我国教师教育工作的两大组成是师范生培养与教师职后培训，其核心工作内容是教育知识技能的传授、教育工作经验的分享、教育态度精神的培育，支撑这些教师教育工作有效运转的内核机制就是有关教师教育的元知识、元技能，即“教—教”、“教—学教”、“学—教教”、“学—教学”方面的学问、道理与智慧，是探明“教师教育中的课目教育学知识”——“教师教育中的 PCK”。[①] 无疑，对这些原理、知识、学问的探究一定是教师教育研究的重心，否则，整个教师教育研究事业会陷入“空核”、“缺核”的状态。进言之，教师教育研究的主核是：探明师范生、新手教师是如何去习得教育教学知识的，以及教师教育者是如何去教授教育教学知识，即教育教学知识的“二阶知识”或“元知识”的。其道理很简单：一方面，既定教育教学知识是迟早被证伪的对象，确定的教育教学知识非但不会把教师教得更优秀，反而更容易把教师学习者禁锢在既定知识的网格、思维、套路之中，由此钝化他们创生出情景特适型教育知识的意识与能力；另一方面，教师教育研究的对象——“二阶教育教学知识”涉及更广泛的知识生产因素，如关于教师学习者的知识、教育知识学习机理的知识、教育知识教授原理的知识、教师教育情景的知识、教师教育课程的知识、教育知识学习效能评价的知识等，它们把教师教育研究引向更为关注教育知识生发、适用与再生的全程，更为关注复杂教师教育现象发生的深层机理。进而思之，在以现成教育知识授受为主场景的肤浅教师教育实践中，教师教育者只抓住了其表象——教育知识授受，而将那些实质性、根源性、内核性的

① 杨跃：《“教师教育学科建设”的“去学科化”憧憬》，《中国教育学刊》2020 年第 4 期。

教师教育学问弃之一边，由此催生出一种头重脚轻、重心移位的异化教师教育形态，阻滞了教师教育研究向内生长的步伐。换个角度看，教师教育实践的二阶架构是：[教师教育者—新教师（教师—学生）]，这是一种将基层教师与学生的“教—学”活动嵌入其中、隐身幕后的嵌套式教师教育实践。为此，在教师培养实践中，教师教育者不仅要关注表层教育教学知识的授受，更要关注深层教师教育元知识、教师教育 PCK 知识的探究，这才是当代中国教师教育研究冲出迷雾的突破口。基于这一分析，当代教师教育研究必须回归其本然重心——探明教育知识的授受原理，善于借助教师教育学科平台加大对教育知识授受学问的研究，促使一种更具生命力的深度教师教育形态出现。

（三）学科教学论“双边缘化”的处境

在我国师范大学中，作为一门两栖学科，学科教学论无疑是最为尴尬的一门学科：一方面，它栖身文理专业学院之中，常常不被占主流的学科教师看重，学科教学论教师倍受排挤，日渐沦为文理院系中的“小众”与“弱势群体”，致使其沦为文理科学的边缘化地带；另一方面，学科教学论长期与母学科——教育学科失联，与母学科间的脐带关系被隔断，难以输入母学科的滋养，无法融入教育教学研究的主流，日渐陷入闭门造车、自生自灭的孤立学科处境，导致其在教学研究领域中的建树较少，学术水平日渐衰退，最终沦为教育学科的边缘地带。这就是我国学科教学论在发展中出现的“双边缘化”现象。如若对这一现象进行深层归因，主要有两个：其一是学科教学论的学科归属性悬而未决：如若将之归入教育学科，学科教学论可能失去文理学科支撑，导致学科特色的弱化；如若持续将之归入文理学科，学科教学论势必陷入教学学术薄弱的困境；其二是学科教学论对教学方法技能的执念较深，丧失了“学科育人”的大视野，导致其对师范生教育精神影响的弱化，失去了耦合学科教育与教师教育的功能，最终与“学科教师教育”的初心日以远兮。诚如学者所言，“学科教学论要解决的是教师在中小学课堂上的‘事’，而教师教育是解决培养‘人’的问题，二者不在一个逻辑上”①。对学科教学论教师而言，他们自定的学科使命是对师范生进行学科教学知识技能的训练，“专门学科教学工作者”成为学科教学论教师的传统角色定位。实则不然，师范大学要造就的是“学科育人者”，学科知识技能只是学科教师素养中微渺的一部分构成，要真正造就出“学科育人者”，就必须立足师范大学的整体学科架构中去考虑、去行动。为此，加大教师教育学科建设力度，尤其是要建设好“学科教师教育”这一重要方向，就成为学科教学论超越“学做学科教学之事”思维，走向“造就学科教育之人”理念的必由之路。也只有这样，学科教学论才能回归母学科的怀抱，处理好与文理学科间的耦合关系，构建面向“学科教育人”目标的多学科联合体，促使学科教学论快速摆脱困境、转型升级与重新定位。

（四）教师教育研究初心的迷失

教师教育研究为教师教育实践而生，是教师教育事业发展的内驱力、爆发力与变革力所在，先进、科学、强大的教师教育研究能够深掘教师教育事业潜能，凸显教师教育研究初心，精准导航我国教师教育实践，实现教师教育行业肩负的特殊使命与专有职能。显然，教师教育研究的初心首先是服务于优秀基层教师的培养，为优秀教师成长提供先进的理念、方案、平台支撑，助推最优质的教师专业成长支持系统形成。然而，在当代教师教育研究中，其研究活动并没有紧密围绕“服务优秀教师成长”这一轴心来展开，与优秀教师成长脱节问题严重，集中体现在三个方面：其一，教师教育研究长期关注理想的教师教育理念、课程、模式、方法等内容展开，长期与基础教育学校中的一线教师培养培育实践相隔离，导致了一种“大学为基的教师教育研究”（School-based teacher education research）疯狂增长，而“中小学为基的教师教育研究”被冷落，难以形成“大学—中小学”合作共育优秀教师的教师教育格局；其二，教师教育研究单单在教育学科框架内展开，轻视教师成

① 朱旭东、赵英：《再论教师教育学科建设》，《教师发展研究》2019年第1期。

长中的学科交叉领域，如教师心理变化、教师文化境遇、教师生态系统等现象的研究，跨学科研究教师成长现象的格局还未形成，优秀教师专业成长服务体系建设失去了大量相关学科的支持；其三，教师教育研究忽视底层基础研究，如优秀教师成长的循证研究、追踪研究、行动研究、实验研究、历史研究等，导致教师教育研究长期悬浮在理论话语空间之中，研究根基脆弱，理论观念不堪一击，难以经受住真实教师成长现象的考验，整个教师教育研究难以发挥“驱动实践、突破经验、引领未来”的本然功能，教师教育事业的社会效率倍受质疑，在优秀教师培养上发挥的作用极为有限。正是面临上述问题，广大教育研究者迫切期待借助教师教育学科搭建来聚合理论研究力量、整合理论研究资源、夯实基础理论研究，真正瞄准优秀教师成长现象开展学术研究与学问生产活动，大力提升教师教育研究回应新时代中国社会发展核心关切的能力。

深而究之，教师教育学科的隐忧根源于不成熟的底层学科认知，调适教师教育学科认知体系，修补教师教育学科短板，是推动教师教育学科发展的着力点。教师教育学科的独特性在于其广域性、交叉性与嵌套性，应遵循这三大属性重构教师教育学科观念体系，筹划教师教育学科的振兴之路。

1. 教师教育学科的广域综合性

教师教育学是在“教师培育”这一实践领域基础上发展起来的综合性学科，学科发端基础决定了学科内部架构的复杂性。教师教育学科涉及众多学科，是多学科交叠、交错、交互而成的学科综合体，学科视域广阔、彼此综合一体是其鲜明特征。教师教育学科建设不仅要考虑与母学科教育学、主学科（文理学科）间的关系，还要考虑与临近学科，如心理学、管理学、社会学、哲学等之间的关联，要使之在教师教育学科整体中各安其位、有序联动，彰显服务优秀教师培育的学科潜能，无疑是一项复杂的学科运作。进言之，教师培育是一个实践性极强的问题，它需要多学科联合联动才可能达到理想的实践效能。就具体教师的培养而言，教师教育者首先要考虑所任学科的素养、教育素养培养问题，其次要考虑任职岗位属性、教育对象特点、时代发展要求，甚至还要考虑教师职业人生的系统规划与持续调适问题。因之，教师教育学科必须有宽广的学科视野与强大的学科聚合力，必须经历较长的学科孕育、磨合才可能真正走向成熟。

2. 教师教育学科的多级交叉性

教师教育学科的根本属性是复合性，是一系列单体学科、边缘学科之上的次生性学科综合体，内部交叉关系复杂是其第二个关键属性。教师教育学科绝非相关学科构成的自然混合体，而是一个学科交合体、学科交叠体，学科体内部呈现出多级交叉现象，由此决定了其内部运动与生长发展的复杂性。

首先，教师教育学科不是学科单体，而是与教师发展相关学科构成的学科群落的交叠点、交合点，这是其交叉性的直接体现。譬如，教育学、心理学、社会学等学科中对教师角色与工作的研究都会归入教师教育学科的范畴。在这个意义上，教师教育学是一切“涉教师”学科的横断学科，是近似于学习科学或可以将其归入学习科学“子学科”的高跨度学科。

其次，教师教育学科不同于一般边缘学科，教师教育学科体内涉及“二级交叉”、“三级交叉”，如教师教育心理学、教师教育社会学等。在这个意义上，教师教育学科使命的完成主要取决于学科配合、联手、磨合水平，而不像单体学科、普通边缘学科那样更为关注学科自身基础理论的创造与拓展问题。（见图 3 – 1）

最后，与其独特学科内部架构相应，教师教育学科具有两种基本生长方式。一是学科体内的内向生长，即子学科间的互生，如文理科学向教育学的生长，由此催生出学科教育学，其成熟的标志是具备了借助学科联合、杂生的力量来解释、应对特定教师培育问题的能力；二是面向教师教育专业行业建设的外向生长，其成熟标志是具备了构建理想师范专业、理想教师培养模式、理想教师教育课程架构、理想教师教育评价系统的能力，学科建设成为教师教育专业行业建设的观念母体。概言

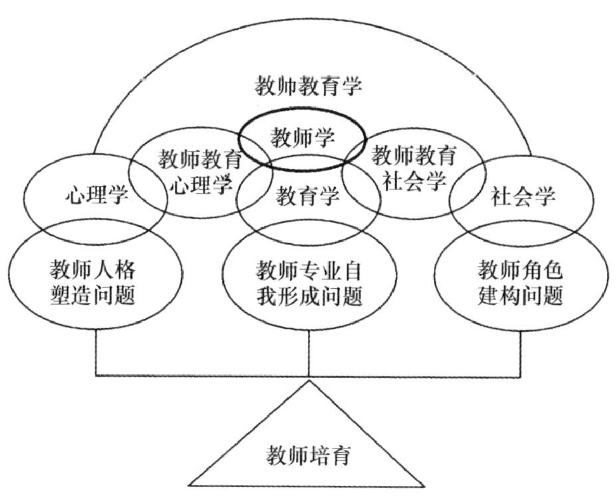

图3－1 教师教育学科内部交叉图示

之，教师教育学科生长既需要子学科本体的原创、子学科间的互生，更需要整个学科体与其服务对象——教师教育行业实践间保持交互反哺与滋养共生的关系。

3. 教师教育学科的二阶嵌套性

教师教育学科不仅是相关学科平行互动的产物，更是教育学科自身嵌套式发展的产物。如前所言，普通教育学涉及的主要是面向学生的教育教学问题，而教师教育学涉及的则是直指教师学习者、兼指学生学习者的教育教学问题，即“教会师范生（或一线教师）去开展学生教育教学工作”的问题，“教—教学”、“教—育人”、“学—教学”、“学—育人”等正是其活动内容所在，由此构成了本学科特有的一种“学科嵌套结构”，体现出明显的二阶性与嵌套性。（见图3－2）

该结构表明，教师教育学运转的前提是研究者、实践者事先须对教育学、教学论、德育论等一阶学科精通精熟，达到学习目标谱系中所说的“分析”、“综合”、“评价”、“创造”的学习水平，否则无法胜任后续教学与研究工作的需要。这一学科结构特点也决定了教师教育学科要走向成熟会更加艰难一些，尤其是在当前教育学科自身还不够成熟的情

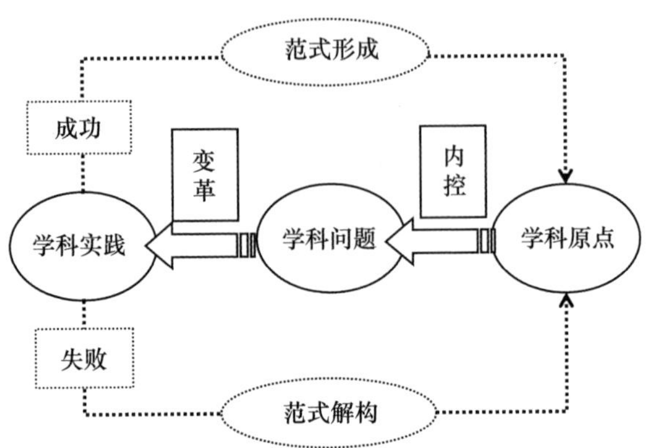

图3－2　教师教育学科的“学科嵌套结构”图示

况下，要将二阶性教师教育学科培育成熟绝非易事。

教师教育学科的独特属性分析表明，虽然教师教育学科先行一步取得了“学科”的名分，具有“早熟学科”的诸多迹象，但其学科体内部的磨合与生长并未最终完成，未来很长一段时期将处于学科发育与培育状态。为此，借助学术、学者、学院、学校等多个层级的磨合，打通学科体的内循环，建立内外平衡态，确保其“学科后”的足够孕育期，是教师教育学科体尽早成熟的必经之道。

三　走向协同耦合：中国教师教育学科的科学发展之道

从根源上看，当代中国“教师教育学科现象”是国家、社会、行业对优质学科发展平台的需要与低端教师教育研究现状间的矛盾反映，是关键学科要素间缺乏深入耦合联动这一根本问题的现实反映，是学科发展滞后于教师教育改革实践的水平反映，是教师教育学科建设中国化、科学化、优质化发展的客观要求反映。缺乏高端教师教育研究支持的教师教育事业终将被社会发展淘汰，只有加强教师教育学科内核建设，促使关键学科要素间的深度耦合，才是中国教师教育学科的科学发展之道。由上可见，我国教师教育事业发展面临的两极冲突主要是师范性与学术性、文理学科与教育专业、学科院系与专业院系、师范院校与综合大学间的冲突，推进多维度、深层次的协同与耦合是中国教师教育学科发展面临的艰巨使命。所谓“耦合”，就是指“两个或两个以上性质相近的生态系统具有互相亲和趋势，当条件成熟时它们可以结合为一个新的高一级的结构功能体”①。只要两个事物或要素之间具备相对独立性、动态关联性与公共交叠区，它们之间就存在相互作用、相互影响、相互催生的互动关系，就能构成一个相互耦合的交互体。需要特别强调的是，“耦合”不同于“融合”：前者是在保持事物、要素相对独立性基础上的同向互动关系，后者则是事物、要素在部分属性功能丧失条件下形成的一体化互动关系；耦合的实质是事物、要素间通过相互磨合来达成共同目标，最终结果是一个动态交互体的诞生，融合则是强调事物、要素间通过彼此的改变达成共同的目标，最终产物是一个全新要素综合体。在这一意义上，融合思维的最大缺陷是可能会抹杀事物、要素的部分特性、个性，不利于事物、要素自身功能在互动中最大化地实现，而耦合思维强调的是借助新互动体的组建来放大事物、要素的原本效能，其最佳表述是独联体意义上的深度互动。对教师教育事业而言，耦合思维是最具适切性的学术思维，因为学科分化、部门分设、主体分离既是教师教育系统走向专业化的结果，又是导致教师教育系统内部失调的原因，走向耦合是一个最佳选项，其原因有二：一方面，文理学科教育与教育专业教育、学科院系与教育院系、文理学科教师与教育专业教师等分体发展是教师教育专业化的需要，我们不能以牺牲专业化为代价去追求低层次的融合；另一方面，专业化发展格局导致了教师教育系统内部要素、主体、部门间的分离与失调，耦合的要求日渐强烈，优质教师教育系统建设的重点就变成了系统内部的耦合工程。从这一角度分析，提升教师教育系统内部要素间的耦合度、耦合力、耦合意识是教师教育系统性能的提升之道，加速这一耦合进程正是当代教师教育学科建设的时代使命。研究表明：耦合的形式是多样性的，有“直接耦合、

① 韩菁菁：《系统耦合理论视域下的高职院校创新创业教育》，《创新与创业教育》2019年第3期。

间接耦合、内容耦合、外部耦合、控制耦合、数据耦合”等之分。① 在教师教育实践中，学科耦合是教师教育系统耦合的统领者，学科框架内的耦合主要体现为性质耦合、主体耦合、内容耦合、部门耦合与机构耦合等，走向深度协同与耦合，催生全新的教师教育结构功能体出现，是应对当代中国教师教育学科现象的学术之道。

（一）学术性与师范性的性质耦合

系统耦合理论认为，“若系统要素间紧密依存，相互促进，则系统耦合；若系统要素间相互干扰、相互破坏，则系统相悖”②。基于这一原理，如果教师教育学科关键要素间耦合顺利有效，其系统功能会被放大，否则，会出现教师教育学科系统运行不畅、效能低劣的状况。中国“教师教育学科现象”的根源性矛盾是学术性与师范性的冲突与失调，其发生机理是教师教育实践试图回避二元冲突，滞留于表层粘合，最终导致其走上了“要素机械相加”的局面，甚至认为师范生学习了文理学科知识与教育学知识就完成了教师培养工作，这一典型思维阻滞了深度教师教育的实现。其实，无论是职前师范教育还是职后教师培训，都具有双专业性——学术性与师范性，二者间形成了一种耦合关系：在高水平学科基础上开展高水平教师教育活动，形成双高型、共轭型教师教育系统，是优化教师教育系统的方向，教师教育学科建设必须在学术性与师范性深度耦合界面上创生理论、重构观念方能不辱使命。通信理论指出，“耦合的强弱取决于模块间接口的复杂性、调用模块的方式以及通过界面传送数据的多少”③。与之相应，学术性与师范性耦合的路径是在二者间的接口环节增加复杂性，推动二者间的相互融入与高度契合。显然，在教师教育中，这些“接口”是教育实习实践、学科教学

① 吴丹丹、马海泉、张雷生：《浅析科学研究与高等教育的耦合机制》，《中国高校科技》2018 年第 Z1 期。

② 韩菁菁：《系统耦合理论视域下的高职院校创新创业教育》，《创新与创业教育》2019 年第 3 期。

③ 《项目架构中的耦合性和内聚》，https：//www. iteye. com/blog/wucd-2404747，2020 年 4 月 8 日。

研究、交叉学科领域等，只有重视这些接口环节的精细化改进，才能有力推进学术性与师范性间的性质耦合。譬如，在教育实习实践环节，教师教育学科要重点推进教育教学实习中的耦合研究，让高学科素养与高教育素养在师范生身上的耦合发生；在学科教学研究中，要重视高端学科学问与高端教育学问间的耦合，推动教师对“高水平教学”的观念进化与革新，让耦合在两学科的前沿领域发生；在交叉学科领域，教师教育学科要助推多样化文理学科与教育学科间的边缘学科或研究分析的创生与建设，例如学科教育学、学科学习论、学科教育哲学、学科教育技术等学科，这些交叉学科的培育将成为推进学术性与师范性深度耦合的推手。

（二）学科教师与专业教师的主体耦合

从层次来看，耦合现象发生在三个层面：观念理念层、规范制度层与外围表现层。显然，学术性与师范性的性质耦合属于深层观念理念的耦合，而教师教育领域的主体耦合、内容耦合、机构耦合必然发生在后两个层面，它们是观念理念耦合的物化体现与机制制度保障。显然，在主体层面，学术性的代表是文理学科教师，而师范性的代表则是教育专业教师，推进这两类教师教育主体耦合是确保理念耦合实现的重要保障。在我国教师教育实践中，两类教师教育主体长期隔离、耦合不畅无疑是低劣教师教育服务的源头，具体表现就是：耦合主要以学科教学论教师为载体，教育院系教师以公共课教师身份参与耦合，处于初级耦合水平；学科教师的教育视野与公共教育学教师的学科视野缺乏，复合型、双师型教师教育者比例不高，教师教育者的复合型教育素养偏低等，直接制约着优质教师教育服务的培育与形成。为此，教师教育学科建设的使命之一就是助推教师教育者的复合素养研究，推动两类教师教育者队伍间体系性互动与耦合研究，力促优质教师教育者队伍的建设。所谓耦合关系，就是指“某两个事物或两个系统之间的相互运动、相互作用、相互影响，体现的是二者之间的关系特征和动态特征，强调

‘契合性’”①。从这一角度看，我国教师教育主体耦合工程的主要内容是：促进双师型教师的增量与两类教师教育者间的融通。就前者来看，我国应该力推教师教育者专业化进程，将那些跨越基础教育与大学教育的高水平两栖型教师及时吸纳到教师教育者队伍中来，将那些兼具学科特长与教育专长的高校教师整合到教师教育者队伍中来，利用教育博士培养渠道大力培养高水平教师教育者，创新教师教育者专门培养渠道，克服单一学术标准对教师教育者选聘的限制等；就后者来看，优秀一线教师是文理学科与教育专业耦合成熟的教师产品，应该以之为师范生培养范型，致力于构建优秀一线教师、学科教师与教育学教师三者共同参与的“教师教育者协作体”，自觉践行行业培养与高校培养并举的理念，让教师教育主体间的耦合踏上一条快速轨道。为此，我国应该拓宽优秀一线教师与大学教师教育者的交流渠道，利用柔性与刚性两种手段打开师范院校与中小学优秀教师间的交流通道，强化大学与中小学在教改领域的深度合作与联盟建设，走上大学与中小学共生发展、协同发展的良性轨道，共建大学与中小学联合培养新教师的常态机制等。

（三）文理学科与教育专业间的内容耦合

在教育实践中，文理学科与教育专业间的关系其实就是学科知识的本体与载体间的关系：学科知识是教育活动的内容、对象，教育活动是承载学科知识的形式、方法，学科知识与教育形态间的内容耦合是师范专业建设的关键链环。从实质上讲，学科知识资源与教育教学方法间必须以耦合态的形式出现，这是因为脱离学科内容的教育方法是空洞的，脱离教育方法的学科内容对学生发展而言是无效的，建构“内容—方法”耦合体是师范专业的内核所在；从理论上讲，两个事物、要素间耦合的形式主要有两种：其一是二者间在非合体或相对独立状态下的彼此契合、吻合、配合，其二是二者在连体、合体、一体化状态下彼此间合生出新结构功能体或连通一体状态；从层次上讲，学科知识与教育表

① 吴丹丹、马海泉、张雷生：《浅析科学研究与高等教育的耦合机制》，《中国高校科技》2018 年第 1 期。

达间的耦合是在两个层面上展开的：其一是学科内容与教育方法在中小学课堂教学中的底层耦合，其二是学科内容与教育方法在大学学科教学论课堂上的顶层耦合，其内核是基于“教—教”、“学—教”意义上的耦合，即大学教师教会学生如何开展学科教学活动。从这两个角度出发，文理学科知识与教育教学专业会通过交合形成三种耦合形式：其一，二者间形成的非联合体或相互配合、契合状态，如在学科知识呈现中有意识遵循教育学规律、原则、理念的要求，在教育知识技能传授中自觉引入学科知识教学的范例，按照教育教学理念来选择、组织、整合学科知识内容，实现学科知识与教育教学活动间的相互调适、相互融入等；其二是二者间通过合生共生途径形成新结构功能体的形式，如舒尔曼提出的 PCK 知识，其他学者提出的 TPCK 知识（整合技术的学科教学知识）、MPCK 知识（数学学科教学知识）等，它们都是学科知识与教育知识共生而成的新知识体，实现了二者间的深度重生；其三是二者间在反思性教学、教学元认知层面上二阶耦合，即大学学科教学论教师在引导师范生反思学科教学实践与观念，开展学科教学升级改造等活动中形成了学科教学的自我进化机制，从源头上实现了学科内容与教育表达间的“元耦合”。不仅如此，从学科知识与教育专业耦合出发，还会衍生出其他一体化耦合形式，如学科课程与教育课程的耦合，其耦合结果是学科教学论、学科教育学、学科教学法等课程；学科素养与教育素养的耦合，其耦合结果是学科教育素养、学科教学素养等混生教育素养形态；学科文化与教育文化间的耦合，其耦合结果是学科教育文化、学科教学文化等。应该说，知识层面的耦合仅仅是开端，文理学科与教育专业间耦合的形式与运动还有多种形式有待探索。在这一意义上，建设好教师教育学科的子学科——学科教师教育学将是力促这一耦合顺利实现的有力入手点。

（四）学科院系与教育院系间的部门耦合

其实，不仅事物要素流动会触发耦合现象，而且“‘场’的作用也是一种耦合现象”①，耦合机制一般是在公共场与要素流（或信息流）两个层面上发生的。与之相应，耦合现象所涉及的两个层面是：其一是两个事物、要素共处同一场域的“场”意义上的耦合，即只要栖身共同环境、空间、场址、氛围、系统、背景之中，事物、要素间的互动、交流、共生等耦合现象就会发生，这是一种松散形式的耦合，其耦合的对象是文化、理念、思维等柔性内容，在师范教育的文化场、学科场、教育场、心理场等中发生的教育耦合现象都属于此类耦合形态；其二是两个事物、要素间借助信息流、资源流、人事流等的双向流动而实现的相互进入、相互改变、相互联合的“流”意义上的耦合，这是一种密聚形式的耦合，其耦合对象是实体、资源、组织等。其实，两种耦合形式各有利弊：前一种形式的耦合具有长期性、自然性、磨合性，能够催生出最合理的耦合形式，后一种形式具有快速性、人为性、强制性，能够迅速搭建出理想的耦合形式。在师范大学中，学科院系与教育院系间的耦合就有上述两种形态，它们在国内都有所体现，具体表现为四种：其一是传统意义上的文理学院与教育学院同处一校之“场”的松散耦合形式；其二是以实体教育院部为载体的一体化、高密聚耦合形式；其三是以教师教育学院为载体，教育学院独立设置为特征的中密聚耦合形式；其四是以虚体教育学部为统领，下辖教师教育学院等专业院系，进而实现的低密聚耦合形式。其实，师范教育院系的耦合既不能走一体化耦合路径，也不能单单依托学校“场”层面的自然耦合，而应该基于现实需要与优秀教师培养目标找到层次化、最优化的耦合形态。优秀教师一定是高学科素养与高教育素养凝练而成的一块合金，兼顾双维训练与双向互动是两部门走向深度耦合的基本思路。对师范学校而言，理想的部门耦合形态应该是：以西方教师教育项目为参照，以“学科学习＋教师教育项目”为基本形式，确立起师范教育前期以学校场的耦合为主，师范教育后期以要素流意义上的高密聚耦合为主的教师教育部

① 吴丹丹、马海泉、张雷生：《浅析科学研究与高等教育的耦合机制》，《中国高校科技》2018 年第 1 期。

门耦合架构。具体而言，在宏观耦合场建设上，借助分院系办学架构来确保师范生文理学科知识扎实的基础上加强两类院系间的师范文化交流与互通，重视师范性书院文化建设，加强师范精神的渗透与融通，持续催生文理院系学生的从教意向与教育精神；在微观耦合流建设上，在师范教育后期要加大教师教育学院、教育学部的耦合力度，借助师范教育组织建设、学科建设、平台建设、队伍建设等途径形成多层次、高密聚、一体化的耦合载体，如基于班级组织意义上的学习共同体耦合，基于学科研究意义上的学科联合体耦合，基于师范专业技能实训平台意义上的学科素养耦合，基于双师联合授课意义上的教师共同体耦合等。只有这样，最有利于优秀教师成长的最佳部门耦合态才可能出现，教师教育学科建设的统领地位也才能得以体现。

（五）师范院校与综合院校间的机构耦合

目前，“大师范”与“小师范”的冲突日益凸显，其直接缘于教师教育综合化的全国化推进。所谓“大师范”，就是国家战略上扩充师范教育的阵营，将综合大学纳入教师教育院校行列，借助其学科优势、品牌优势来做强教师教育事业，形成师范院校与综合院校间优势共享、竞争联合的“大师范”格局；所谓“小师范”，就是做强做精重点师范院校，夯实其作为教师教育事业中坚的地位，力推师范教育改革创新、特色彰显与高质量发展，发挥其作为基础教育母体与统领的功能。国家“大师范”战略的主体工程是高水平综合大学进军教师教育，其品质提升的关键是促进全国教师教育院校间的耦合。不同于上述耦合形态，基于“大师范”意义上的师范院校与综合院校耦合是外部耦合、远距离耦合，其最需要的是公共合作交流平台，建设基于共同办学信息、办学理念、办学经验、办学资源、办学主体、办学组织的交流平台是实现这一耦合的基本途径。耦合的实质是“组织与环境通过相互影响和相互作用构成耦合的交互体”①，强化综合院校与师范院校间的多维连接是

① 莫甲凤：《基于耦合系统理论分析 MIT 工程教育的三次教学改革》，《高等工程教育研究》2015 年第 5 期。

助推大师范建设顺利推进的施力点。在国家大师范建设框架中，综合院校与师范院校互为背景，二者间的“连接状态”与连接点建设是构建耦合机制的关节点。无疑，这一关键链接点必须经由教师教育学科的搭建与开放来实现。就学科核心元素来看，包括学者、学术与学问三大核心构成，学者是学科主体，其具体体现是从事教师教育的实践主体与研究主体；学术是学科实践，其具体体现是形形色色的教师教育学术研究与交流平台及其互动关联；学问是学科成果，其具体体现是教师教育学科研究与实践中形成的办学经验、研究成果与代表作品，这三者间的链接构成了院校之间的关键耦合点。所以，要加速师范院校与综合院校的外部耦合，就必须力推“三轨耦合”：学者耦合，借助教师教育人才流动、交流与互聘搭建教师教育人才跨校交流机制，实现优秀教师教育实践者与研究者的互动与共享；学术耦合，即国家推动建立全国教师教育教学跨院校合作组织、师范专业办学水平评估机构，推进两类高校间多样化、多层次、多领域的学术交流活动展开，力推最优化综合大学办师范的经验形成；学问交流，即借助教学成果、研究成果、学术发表、工作交流，实现师范院校与非师范院校间办学成果、办学经验、科研成果的双向流动与交流分享。无疑，借助合作组织、评估机构与人才流动来打通师范大学与综合大学间的教师教育一体化发展通道，就可能达成“彰显师范大学教师教育优势，利用综合大学学科优势，培育高水平教育人才培养平台，催生高水平教师教育学科”的耦合目标达成。

综上所述，当代中国“教师教育学科现象”的发生具有鲜明的中国化要求、中国化特质，探寻科学的教师教育学科的根源问题与振兴之道，推进中国教师教育事业高质量发展，事关国家社会主义建设事业的大局。在当前，教师教育研究必须在中国化理念指引下，以教师教育学科耦合为统领，积极推进教师教育系统各层级、各维度、各领域的耦合进程，力促学科性与学术性、文理学科与教育专业、学科教师与专业教师、学科院系与教育院系、师范院校与综合院校间的最优化链接与良性互动机制出现。因之，建好学科平台，发挥学科平台的引擎功能，是当代中国教师教育学科解决好本土教师教育发展问题、迈向教师教育耦合态的现实出路与行动方略。

第二节　学科内卷化时代的教师教育学科建设

当前，我国学术界出现了一幅空前“繁荣”景观：研究生规模扩张，研究论著汗牛充栋，学术名人榜单次第发布，令人应接不暇……着实令人震撼！不过，一旦透过这些所谓“繁荣”表象，令我们倍感忧虑的却是一系列学科内卷化的征兆：大量“无发展的增长”、“自我发展‘锁定’”、“发展路径依赖”①、“边际报酬递减”② 现象在学科界悄然显现，学科实力的实质性增长仍待观察。无疑，当代中国学科发展整体上正处在“学科内卷化”阶段，学科数量、学科规模、学科梯队、学科平台等外延性增长突飞猛进，而学科发展的系统新生点、实质突破点难觅踪影。中国教师教育学科正是在这一学科境遇中诞生的，应对学科发展内卷现象、突破原有学科路径束缚、催生学科范式剧变，成为我国教师教育学科走向名实统一、真正繁荣的必由之路。正是基于这一考虑，本书尝试对我国教师教育学科发展内卷化现象予以剖析，以期为本学科发展突破“增长极限”提供微渺助推力。

一　教师教育学是教育学科内卷化发展的征兆

教师教育学的栖身母体是教育学科，教师教育学科内卷化发展的体现主要有二：其一，教师教育学科本身是教育学科发展内卷化的产物；其二，教师教育学自身正面临内卷化发展的困境。所谓“内卷化”，其本意是指“内卷、内缠、纠缠不清的事物，以及退化复旧”：在生产领

① 计亚萍：《“内卷化”理论研究综述》，《长春工业大学学报》（社会科学版）2010 年第 3 期。

② 黄宗智：《中国研究的规范认识危机》，牛津大学出版社 1994 年版，第 26 页。

域是指“只是简单重复生产的现象”，是“没有实际发展的增长”；[①] 在文化领域是指“一种文化模式达到某种最终形态以后，既没有办法稳定下来，也没有办法使自己转变到新的形态，取而代之的是不断的在内部变得更加复杂，即系统在外部扩张条件受到严格约束的条件下，内部不断精细化和复杂化的过程”[②]；在社会领域是指社会发展形成了一套“相对稳固的内部发展模式和严格的约束机制”，致使社会发展中出现了“路径依赖”和自我的“锁定”现象。[③] 可见，内卷化的实质是表面的“繁荣”与实质的“停滞”二者并存、纠缠一体的焦灼发展状态。在教师教育学科发展中，这种现象有其独特的体现，找到破解之策就可能助推本学科启动破冰之旅。

（一）教育学科内卷化发展的三种表现

作为教师教育学的母体，教育学科正身陷内卷化的发展瓶颈，关键学科实力、学科思想、学科方法方面的内核创新几近停滞。研究表明：近年来，“教育科学研究为改善教育提供的有价值的成果比较有限，为人类知识体系所做的有价值的贡献也相对不足”[④]。这正是这一学科内卷化现状的例证。我们相信，实质性学科发展一定是学科思想上新洞见的迸发，是学科思维上框架性的突破，是学科方法上独特研究范式的出现。然而，自杜威、陶行知的教育思想诞生至今，一个世纪以来教育学学科并未出现实质性突破，路径依赖、自我锁定、原地徘徊现象明显，集中体现在以下三个方面：

1. 学科增量意义上的“内卷”

表面上看，当代教育学科呈现出学科交叉、融合、杂生的“勃勃生机”，一系列分支学科凌空而现，目前已产生100多门分支学科或交叉学科，教育学科正走在一条“单一学科—交叉学科—学科丛林—学科群

① 刘世定、邱泽奇：《“内卷化”概念辨析》，《社会学研究》2004年第5期。

② 刘世定、邱泽奇：《“内卷化”概念辨析》，《社会学研究》2004年第5期。

③ 计亚萍：《“内卷化”理论研究综述》，《长春工业大学学报》（社会科学版）2010年第3期。

④ 陈晓宇：《关于我国教育学科发展若干问题的认识》，《高等教育研究》2017年第2期。

落—学科体”① 的持续增量轨道上，子学科数量激增便是其直接产物。就其学科生长逻辑来看，主要有互生与衍生两种：前者是外向生长、边缘交叉的生产轨迹，如教育学与文化学交叉催生出教育文化学；后者是学科内向生长、不断分叉的生产轨迹，如“（学生）教育—学科教育—学科教师教育”的生产轨迹。显然，学科增量是教育学科自身的自然生长、量变积累现象，而非教育学科的质变突破现象，教师教育学正是教育学科内向增量、内爆衍生的结果，是教育学科发展日益丰满、功能分叉、组织细化的体现。一句话，它是教育学在内生分叉途中衍生出来的一门子学科，是教育学科内卷式发展的标志与产物之一。

2. 学科内涵意义上的“内卷”

实质性学科增长主要体现为学科思想的转向与突破，体现为新学科思维范式的形成，这就是学科内涵突变问题。所谓学科思想，就是统领本学科的价值观念、主流共识、思维范型、“研究纲领”（拉卡托斯）与根本假定，是一门学科相对稳定、持续再生的硬核。就教育学而言，目前已经出现了两种思维范型，即夸美纽斯创立的知识教授范式与杜威创立的学生经验范式，它们成为传统教育学与现代教育学的根本分野所在，后来尽管出现了以主体间对话为内核的交往范式、以图式建构为内核的知识建构范式、以多尔“4R”为内核的后现代教育范式、以莫兰复杂理论为代表的复杂教育范式等，但其实质都是学生主体中心的杜威教育思想范式的翻版、变形与修整。诚如有学者所言，“与杜威所处的时期相比，当代教育研究在学科建构方面，并没有走出多远”②。从这一角度看，现代教育学并未突破基本思想框架，未来很长一段时期将徘徊在学生主体本位的现代教育轨道上。不仅如此，教育学科面临的社会生存危机日益严峻，目前我国出现的深圳中学招聘清北毕业生现象表明：教育学学科还无法为中小学教育行业提供专门性、独特性的教师发

① 龙宝新：《论师范院校的教师教育学科体建设》，《当代教师教育》2020 年第 2 期。

② 李政涛：《教育学科发展中的“制度”与“制度化”问题》，《华东师范大学学报》（教育科学版）2001 年第 3 期。

展服务，学科社会服务中的技术性含量还显得不足。与之相应，受教育学科大气候影响，当代教师教育学科势必同样遭遇内卷化困境，毕竟其学科内核是基于教育学学科思想母体之上的。

3. 学科外延意义上的“内卷”

教育学科内卷化发展还有第三种体现，这就是学科外延、学科构架上体现出来的内卷化现象。教育学的学科外延是指一系列“学科建筑”，即学科方向、学科平台、学科团队、学科组织、学科规范、学科刊物、学科成果等构筑而成的学科组装体。在这一方面，教育学科内卷化发展的又一体现是：不是致力于升级教育学科的思想内核，而是在学科组织架构方面做无谓的消磨与扩延，争取学位点、新增学科方向、举办学术刊物、扩展学科团队、募集学科资源等成为日常学科建设的主题。正如学者所言，学科发展不仅体现为“学科体系的不断完善、基本理论架构的不断充实，也体现为教材、专著、研究论文、科研项目等相关学术成果的不断丰富，还体现在教育法学学科人才培养平台、科研平台”①，这就是学科外延意义上的“发展”现象。其实，学科发展的质变是在悄然中发生的“学科蜕变”现象，是学科在演进中自然吸附了大量的资源、人才与平台，自觉强为、外围扩张、外强中干的学科建设举措就好似一针强心剂，很可能给学科发展带来初心偏离、轨道异位现象。国外研究指出，“一旦将学科的发展愿景和目标从‘自我圈地’转向培养教育专业人才，为教育事业改革和发展提供智力支持和实践指导，教育学科属性和地位的问题就显得不那么突出了”②。在这一意义上，教育学科内卷化发展的体现就是瞄错了学科发展支点，偏移了学科着力点，沉湎于学科地盘争斗。这种学科发展思维体现在教师教育学科上就是：尤为关注学科的外设组织、附加装置，关注学科外饰、外延、外表，而忽视了学科硬核的升级与进化，导致教师教育学科建设上重蹈

---

① 彭宇文：《教育法地位再探——兼论教育法学学科建设》，《教育研究》2020 年第 4 期。

② Robert S. Hirschfield, “Public Papers of the Presidents of the United States: Lyndon B. Johnson, 1963 - 1964, Vols. I and II”, *The Journal of Higher Education*, Vol. 38, No. 6, 1967, pp. 353 - 354.

教育学科建设的覆辙，内卷化发展被悄然带入教师教育学科建设之中。

作为一种时代产物，教育学内卷化发展的表现是多样的，以上三种仅揭示了其典型表征，具有一定的代表性。深而究之，导致其内卷化现象发生的主因有两条：其一是学科发展与教育实践间的“失联”，即所谓“放弃对社会现实问题的关注，而在文科内部循环挖掘，制造无用的‘知识’”①，致使学科发展失去了可能突破口，因为每一次学科突破都是理论与实践精准对接、交互诱导、实质联合的产物，都是由教育实践大突破、大革新的驱动所致；其二是“罐头思维”，即将所有有关教育实践的新认识、新经验、新思维都用学科模子加以固化，致使学科研究故步自封，丧失了对“非学科问题”或“领域性问题”的积极关注，丧失了“学科突变”的机遇。正如学者所言，“学科往往有‘不可渗透的边界’，而领域则具有‘可渗透的边界’”②，领域性问题对于学科实质性发展而言意义明显。如上所言，教育学科内卷化对其子学科——教师教育学科的连带性影响尤为明显，这就是：教师教育学科沦为教育学分支学科增量的产物，沦为教育学学科思想量产的基地，学科建设蜕变为学科上层建筑搭建的游戏。在这一形势下，深掘教师教育学科内卷化发展的实质，探明突破学科内卷化发展的机理，就显得异常迫切。

（二）教师教育学科位于学科内卷化发展的临界点上

在当代学术圈中，学科设立有时好似强心剂，是加速新学科早产、早熟的常用技法。建立学科、形成圈子，谋取名义上的“学科地位”，是知识分子搭建学科的一般思维。在学科话语称霸的时代，那些缺乏学科平台支撑的学术圈子经常被漠视、被边缘化，最终失去学科发展的机会。从某种意义上说，这也是当前教育学者积极推进教师教育学科建设的内因之一，是教师教育学科遭遇内卷化发展困境的根本症结所在。可以判定，当前教师教育学科建设的处境是：正处在学科内卷化发展的临

① 郭松民：《翟天临事件：直面教育内卷化问题》，http：//m. wyzxwk. com/content. php? classid =28&id =399523，2020 年 6 月 7 日。

② 杨跃：《“教师教育学科建设”的“去学科化”憧憬》，《中国教育学刊》2020 年第 4 期。

界点上，内卷化发展的苗头与前兆已经出现，遏止内卷化发展就成为当代教师教育学科健康发展的助推器。所谓教师教育学科内卷化，其实质就是在教育学科持续扩张的背景下，尽管教师教育学科内部学科建制日益完备、日益复杂、日益精细，但其学科发展的系统效益、整体效能、内核构成并未发生实质性变化，致使教师教育学科建设陷入“虚假繁荣”、“表面强势”、“体量扩张”的旋涡之中。可以说，教师教育学科内卷化发展表现出来的迹象是多样化的。

1. 学科架构大于学科蕴涵

就我国而言，教师教育学科框架搭建工作已经初步完成，许多师范大学争相设立教师教育二级学科，学位教育体系布局迅速完成，学科平台、学术刊物、学科建制、学科圈子基本形成，似乎表面上看已经是一门比较“成熟”的学科，但实质上，其学科功能、学科效益、学科新质并未露头，许多例证可以佐证：

其一，教师教育学科知识难以支撑优秀教师的培养流程。实践表明：师范教育具有功能上的有限性，[①] 它只能为职前教师成长提供知识技能的预备，而难以确保新教师在未来教育实践中的成熟成功。国外许多研究表明：没有迹象表明优秀教师的成功与职前教师学习状况直接相关，许多高成本、高投入的教师职后培训并没有达成促进教师教学质量、学生学习体验提高的目标。[②] 这正是教师教育学科发展内卷化的明证。同时，当代学者还未真正探明教师教育领域的 PCK 知识，即“教师教育中的课目教育学知识”，还没有真正掌握“‘教—教’、‘教—学教’、‘学—教教’、‘学—教学教’”[③] 等方面的关键教师教育学问。

其二，教师培训服务供给中大学的教师教育学科服务无法取得一线教师信任。教师培训是教师成长的第二平台、终身平台，是教师教育学

---

① 林丽：《试论师范教育的有效性》，《中国成人教育》2012 年第 23 期。

② Gulumhussein, A., “Teaching The Teachers: Effective Professional Development in an Era of High Stakes Accountability”, *National School Board Association*, 2013.

③ 杨跃：《“教师教育学科建设”的“去学科化”憧憬》，《中国教育学刊》2020 年第 4 期。

科服务实践的重要领地，而在我国大规模教师培训活动中，一线教学名师、教学实践专家的经验分享、课例观摩等培训内容受到广大教师的热宠，认为其最为实用、“干货满满”，而大学教师教育学科服务则倍受冷落、遭遇质疑，该学科服务缺乏市场竞争力与业界影响力。这一事实充分表明：教师教育学科还未掌握教师工作实践的命门与机理，其学问蕴涵较为稀薄，仅仅是一个装了一堆无用理论知识的“空箱”而已。

其实，教师教育学科为教师培养实践提供的是大量有用有效的“实践学问”，而非纯粹抽象的“理论知识”，此二者间的区别明显：实践学问是教师工作中用得上的“使用中的知识”，理论知识是学者头脑中“空转的认识结论”；实践学问始终是与教育实践、工作情景、个人身体缠结在一起的，理论知识则是停留在研究者口中与学者圈子中的概念命题、理论体系。在这一意义上，增加对教师工作实践、成长经历有价值的教师教育学问才是夯实教师教育学科内涵，催发实质性“学科增长”的发动点。

2. 学科基础飘逸化现象

教师教育学科内卷化的第二个迹象是学科基础飘逸杂糅现象，即支撑性基础学科五花八门、应有尽有，而学科研究的内核、主线日益模糊，诚如学者所言，教师教育学科是“多学科整合的结晶”，是“介于宏观理论学科与微观应用学科间的一门中观学科”①。当前，许多高校在教师教育学科建设中都引入了跨学科思维，几乎所有人文学科都可能成为教师教育学科建设的基础，如哲学、心理学、社会学、政策学、管理学、信息科学等，令人眼花缭乱。由此，教师教育学科建设在基础选择中出现了两种不良现象：其一是学科飘逸现象，即支撑性学科飘忽不定、随意更动，在那些关注教师心理发展的学科点上心理学基础受宠，在那些关注教师角色研究的学科点上则社会学受宠，关注教师知识研究的学科点则偏宠哲学基础，等等，学科基础可谓五花八门，其结果，教

① 杨跃：《关于教师教育学科构建的理性思考》，《教师教育研究》2007 年第 1 期。

师教育学的支柱学科飘忽不定、难达共识；其二是学科杂糅现象，即将一系列教育相关学科都混杂其中，构成了一张庞杂的学科基础网络，学科间的主从、配置与协同关系不清晰，导致学科基础杂然并陈的状况发生。显然，教师教育研究领域之所以会出现学科基础飘逸现象，其根本原因就在于学科定位不清，更具体地讲，学科问题域不清晰，学科硬核不稳定，学科形成的关键条件尚不具备。教师教育学科的诞生始于社会对大量优秀教师的需求，始于研究者探究教师培养规律的热望，始于学科团队向教师成长深水区域进军的学术冲动。在这种形势下，教师教育学科首先面临的是核心问题域的确定问题，面临的是学科研究对象的清理问题。学科问题域的实质是“站在哪里看问题以及看哪里的问题”①，据此我们相信，一个成熟的学科问题域具有三个明显特征：一是认识视角独树一帜，学科认识论坚实；二是探究对象具有唯一性，学科本体稳定；三是研究价值日渐飙升，学科栖身的社会基础稳健。在三者中，教师教育学科的问题域短板显然在学科认识论上，它尚未形成审视教师专业成长问题的独特视角与学术立场。因之，要克服教师教育学科基础飘逸杂糅现象，避开学科发展内卷化陷阱，教师教育研究者应该在加紧厘清核心研究问题的基础上建构先进的认知视角与学术资源，构筑与特定问题域相匹配的学科理论架构，挤压掉学科基础中的泡沫成分，形成精练、先进、匹配的学科理论基石。

3. 学科问题域“水中捞月”

问题域是一门学科赖以存在的栖身之所，是学科生发生长、安身立命的根本基点，为此，教师教育学科应瞄准自己的研究问题域，并在其中耕耘不辍，产出推进人类教师培养实践发生质变的前沿研究成果。问题域是学科视角与对应实践间的关联点、交接点，是站在一定学术视角去审视相应实践领域的产物，它同时定义着学科的现象边界与认知阈限。在特定问题域中开展学科研究与服务实践能够有力刺激学科学问生

---

① 王健：《教师教育学科建设中的立场与视野》，《中国教育学刊》2011 年第 7 期。

产活动，为学科赢得更多社会资源的注入，实现学科发展与社会发展间的双赢。学者指出，“廓清教师教育的‘问题’，在解答‘问题’中才能建构教师教育学”[①]。应该说，如果教师教育学科找到了自己的专属问题域，那么，这门学科就有合法的生存领地；如果能够在本问题域中产出改变人类教师培养模态的标杆性成果，这门学科就会获得实质性发展，而不会停留在举足不前的内卷化状态。这种迹象表明，教师教育学科研究的问题域还不够清晰：有学者认为是“‘教师教育’的价值立场、规律、原理与方法、政策与法规以及制度建设”[②]，有学者认为是“教师教育活动和教师教学工作的基本原理或是方法论”[③]，有学者认为是“教师培养与成长过程中的特殊矛盾与规律”[④]，有学者认为是教师教育的“政策、学术和实践”[⑤]，等等。这些看法有一个共同点：没有学科共识达成，没有权威性、专门性、系统性研究成果出现，学科研究还停留在表象揭示阶段，真正的学科研究问题域还处在举棋不定阶段。进而思之，要摆脱内卷化误区，教师教育学科必须对“教师教育现象”、“教师教育问题”、“教师素质生长”、“教师学习与发展”等问题加以深入揣摩，努力廓清本学科要研究的基本问题、问题间关系、问题逻辑空间等，否则，基于“水中捞月”式感性理解，本学科发展势必在学科起点上陷入散兵游勇状态，不利于学科内核原点的凝聚。

4. 学科出口面临市场封杀

教师教育学科内卷化发展的另一征兆是学科出口面临市场封杀，这就是本学科人才培养环节面临市场力、就业力的严峻考验。应该说，一门学科的生存力根源于市场力，根源于社会需要，一门不能为社会发展提供专门学科服务、学科人才的学科必将陷入困局，其学科生存发展空

① 李润洲：《教师教育学：一门有待具象的学科》，《上海教育科研》2014 年第 2 期。

② 杨跃：《“教师教育学”刍议》，《南京师大学报》（社会科学版）2015 年第 3 期。

③ 陈永明、王健：《“教师教育学”学科建立之思考》，《教育研究》2009 年第 1 期。

④ 于晓霞：《高师院校教师教育学科队伍建设的思考》，《通化师范学院学报》2011 年第 3 期。

⑤ 朱旭东、赵英：《再论教师教育学科建设》，《教师发展研究》2019 年第 1 期。

间势必受到挤压。毋庸置疑的是，当前我国教师教育学位点研究生的社会需求严重不足，原本设定的学科服务岗位——中小学教师发展中心职员、教师进修学校教员、中小学校本培训师等岗位的素质要求与本学位点毕业生的素质状况相差悬殊，二者间的精准匹配还难以实现：一方面，这些岗位需要的是具有成熟教学经验、一定学科背景的教师，而教师教育专业毕业生无法满足这些要求；另一方面，这些岗位要能为一线中小学教师提供接地气的教师专业发展指导服务，而教师教育专业毕业生还不具备这种服务的研发能力。在这种形势下，教师教育学科必然面临学科服务、学科人才过剩现象。深而思之，这一现象可能归因于三点：其一是教师教育学科专业化程度还不高，学科孕育周期不够；其二是社会对专业教师教育学科服务的需求还不够强烈，教师教育学科处于“早熟”状态；其三是教师教育学科还没有在社会教育服务领域中找到最佳对接点。这一分析侧面表明：教师教育学科面临着来自市场的挑战，学科生存力正经历着社会考验，要为教育行业提供“教师专业发展服务”的声称还具有一定的虚妄性。

二　教师教育学科实现“质变”的原理与条件分析

学科发展是质变与量变交迭、学科发展阶段迭代的过程：一旦学科观念、成果、服务积累到一定阶段，学科发展的质变与飞跃自然会出现；一旦量变到一定阶段，学科质变姗姗来迟，内卷化现象就会出现，学科发展随之陷入原地踏步、虚假进步、路径依赖、效益衰减的境地。为此，分析教师教育学科发生质变或实质性增长的原理机理，找到突破学科内卷化发展的关节点，就成为当前教师教育学科“突围”的行动方向。

（一）教师教育学科质变的发生原理

教师教育学科的质变其实是教师教育范式转型的问题，是教师教育学科的基本假定、核心共识、学科组织、理论体系的解构重构问题。库恩认为，范式是指“一个特定共同体的成员所共享的信念、价值、技术等等构成的整体"①；瑞泽尔认为，范式是"存在于某一科学论域内关于研究对象的基本意向"②；文军认为，范式是"共同体成员围绕着特定学科或专业领域建立起来的共同信念、共同取向和共同的研究范围"③。对教师教育学科而言，既成范式就好似一只无形的手在幕后控制着学者提出教师教育问题的方式、思考教师教育问题的角度、解决教师教育问题的方向，由此，既定学科范式的解构重构便成为助推教师教育学科质变的入手点。所谓教师教育学科范式，是指教师教育学科在发展中形成的思想传统、行动纲领、意识形态，是一个时代学者框定教师教育问题的元定理、元概念、元模式，是在本学科发展阶段上解决教师教育问题的典型范例与思维模型。正如学者所言，范式"可以用来界定什么应该被研究、什么问题应该被提出、如何对问题进行质疑以及在解释我们获得的答案时该遵循什么样的规则"④。正是如此，学者认为当代教师教育亟须发生"二次转型"，即"推动教师教育基于学科基础实现组织结构的实质性转型，这种实质性转型必然要依托于合法的教师教育学科建制以及成熟的教师教育学科体系"⑤。这一转型其实也是教师教育学科范式转型——由经验型向科学型的转变过程，唯有借助这一转型才可能为教师教育学科发展释放空间、开辟新路、破解瓶颈，为实质性学科发展打开一条新通道，最终彻底粉碎学科内卷化的围剿。

基于当前学科现状，当代教师教育学科要发生范式转型或真正质变，必须考虑三个关键要素，即学科实践、学科问题、学科原点，其中，学科实践是指教师教育学科面对的具体教师培育实践，其实体体现

---

① ［美］托马斯·库恩：《科学革命的结构》，金吾伦、胡新和译，北京大学出版社2003年版，第157页。

② Ritzer, G., *Sociology: A Multiple Paradigm Science*, Boston: Allyn and Bacon, 1975, p. 7.

③ 肖昊宸：《对话学者："范式"转换与创新并非易事》，http://www.cssn.cn/gd/gd_rwhd/xslt/201612/t20161226_3358786.shtml，2020年8月23日。

④ Ritzer, G., *Sociology: A Multiple Paradigm Science*, Boston: Allyn and Bacon, 1975, p. 7.

⑤ 朱旭东、赵英：《"双一流"建设逻辑中师范院校的教师教育学科建设》，《教育发展研究》2018年第9期。

是时代优秀教师培养范型及其配套教师教育制度、政策、文化的改进实践；学科问题是指由教师教育实践变革需要衍生出来且被学科研究视角锁定的教师教育学术问题，如优秀教师是选拔、培育出来的还是在实践中磨砺出来的，教师成长需要三级教师教育体系还是二级教师教育体系等问题；学科原点是指教师教育学科审视教师教育学术问题的根本价值立场、原点原创概念、典型思维方式、基本认识假定等，它决定着教师教育学科生长线路的始发点，是导致新旧教师教育学科范式间根本差异的总根源。当前教师教育学科范式仍是一种教师教育者主导的范式，其理论原形是赫尔巴特的教育思想体系，其基本思维假定是：教师成长是在精心设定的教师教育环境中发生的，该环境的核心构成要素是教师教育专家、教师学习者、教师教育课程、教师教育课堂、教师教育实践、教师教育质量评价等。

进言之，教师教育学科范式突变是破解学科发展路径依赖、开启新一层级学科发展阶段、迈向全新学科发展境界的必经之路。可以推知，教师教育学科范式转变、学科发展质变是通过以下图式（见图 3 – 3）发生的：

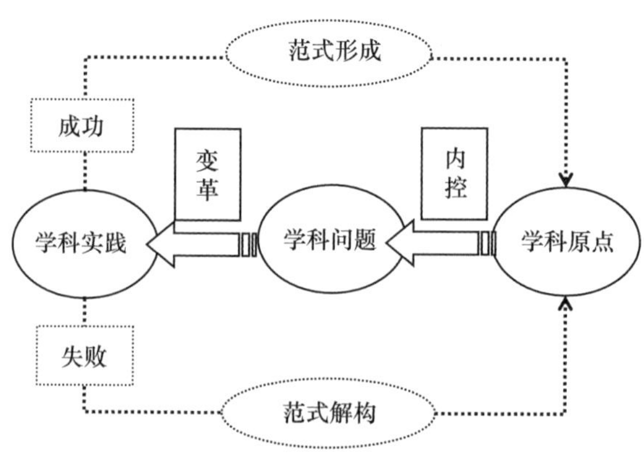

图 3 – 3　教师教育学科范式突变的机理图示

图 3 – 3 表明，教师教育学科范式的稳定硬核是一系列学科假定、

共识、传统构成的学科原点理念，它内在隐性地控制着本学科问题提出的方式与内容，对这些问题的思考结论直接参与着学科实践方式的变革与走向；一旦这些学科结论引领学科实践变革成功，新的学科范式形成并持续有效地指导着学科思维、学科实践、学科运转，反之，一旦学科结论在解释、指导学科实践中失效失败，旧学科范式迅速进入解构时期或内卷化发展时期，实质性学科发展难以实现，学科原点假定、传统、思维成为被怀疑、被置换的对象。所以，学科范式迭代是确保教师教育学科持续发展的必要条件，一旦学科发展进入内卷化阶段，学科转型、原点重选、内核重构是再度实现实质性发展的必需行动。

（二）孕育教师教育学科新范式的内部条件准备

如其所言，当代教师教育学科范式其实是教育学科范式机械移植的产物，把教师视为“学生”或“学习者”是其学科原点的内核构成，把教师教育视为教师对发展性资源——知识、技能、经验、理念、情意等的吸收过程。这一范式的根本缺陷是：没有从根本上阐明“教师是如何发展的”，探明“有效教师发展如何实现”等问题，陷入内卷化陷阱的根源是学科原点观念的失效。其实，当代教师教育学科新范式的突变过程已经悄然启动，一种全新学科范式正处在行进的途中，瞄准学科突变来准备条件是教师教育研究者的学科使命。可以推知，我国教师教育学科新范式形成需要三个直接条件的支持与准备：

1. 教师教育学科生长的突点选择

实质性学科增长始于学科原点上出现的突破口，这一突破口就是“学科突点”，它是学科发展的新生点、质变点与爆发点。在生物学上，“生长点”是指“生长锥或顶端分生组织，此处细胞分裂活动旺盛，根和茎的顶端分生组织又叫生长点或生长锥，植物学一般称之为分生区”，一般是指“植物根和茎的顶端不断进行细胞分裂，生长旺盛的部位”。[①] 可见，生长点有两大特点：其一是生长活跃，即细胞新陈代谢

① 叶创兴、朱念德、廖文波、刘蔚秋：《植物学》，高等教育出版社2007年版，第7页。

速度快，新生成果不断出现；其二是机体新生的真正发生部，生物新机体常常是从这一部位衍生出来的。在教师教育学科发展中，学科突点就是学科新质、新机体、新内涵、新思想的发生点或生长点，是学科新生的原发点。无疑，教师教育学科范式转变、新质发生的起点正位于学科突点部位。具体而言，这一部位一般是指教师教育领域中那些研究活跃、热点云集、学者荟萃、巨人辈出的重点部位。对当代教师教育研究而言，较为集中的六个热点是：教师教育专业化、教师教育课程、教师教育模式、教师职后培训、教师教育政策、卓越教师培养等，其中，一段时期内的稳定探究热点会成为教师教育学科突点，成为突破教师教育学科原点的前站。因之，在上述六个领域中，围绕教师教育改革“刚需知识”凝练热点问题，提升理论层级，正是教师教育学科集聚“内爆”能量的一般路径。

2. 教师教育学科强势增长的动力支持

教师教育学科范式转变不仅需要着力点、施力点、作用点，更需要一股强大动能动力的驱动，这就是学科强势增长的动力问题，学科动力的着力点与大小共同决定着学科转型的态势与可能。在实践中，驱动教师教育学科的动力源主要有两个：其一是教师教育改革实践的需要，即实践驱动力；其二是研究者的学科热情，即学科内驱力。学者指出，“学科知识的生产必须以学术旨趣为内驱力；在学术旨趣的推动下，特定领域知识的专门化、精细化和累积化最终促成新学科的诞生”①，学科旨趣正是学科发展的内驱力。就上述两种驱动力的关系而言，实践驱动力是一种真实性学科驱动力，但不能转变成为学科发展的直接驱动力，外力通过内力而生效；学科内驱力是一种直接性学科驱动力，但容易脱离学科发展实践需要，导致一种纯知识性驱动力，极易偏离学科发展的真实需求。为此，要催生出真正强大的学科内驱力，教师教育学科必须打通内外驱动力间的转化机制——响应机制，即学科研究自觉响应

① 朱旭东、赵英：《再论教师教育学科建设》，《教师发展研究》2019 年第 1 期。

学科实践的要求，实现二者间的同向而行、同频共振与共生互动。就当前我国而言，教师教育实践异常火爆，教师培养培训工作对优质学科服务的需求剧增，学科实践驱动力强势，为此，只要将之转化成为学科发展内动力即可导正学科发展航向，推动教师教育学科转变发生。研究指出，学科组织构成的四大要素是“学科使命、学者、学术信息和学术物质资料”[①]，其中学科使命对于学科要素具有集成作用，而树立服务学科实践的学科使命正是教师教育学科发展自觉响应实践需求的体现。所以，学科研究者必须牢固树立“服务实践、引领实践”的学科使命，自觉关注教师教育实践重大问题，瞄准教师发展的瓶颈问题、教师教育政策的关键问题开展持续、深入的研究，在研究与实践互生中迸发出教师教育学科发展的强大动能。

3. 教师教育学科内外关系的治理

教师教育学科新范式的形成还需要良好学科环境的支持，尤其是需要一种“内部有序、外部支援、内外联动”的健康积极学科环境支持，教师教育学科突变一定会在一个强大、积极、和谐的学科环境中发生。学科生长就好似播种一粒种子，只要将之植入合适的土壤环境中，学科生长现象就会持续发生，外界环境的性质、优劣只能决定学科发展的进度与强度，而不会决定其生命生长的轨迹。所以，借助内外关系治理，为学科生长提供优质的环境土壤，是教师教育学科范式新生的外围条件。在一定意义上讲，优质学科环境建设的实质是学科内外关系治理问题，它涉及三个方面：其一是与学科母体间的关系经营，它能确保子学科与母学科间的区分度，坚实二者间的营养关系，扩展本学科的能量之源；其二是与平行学科间的关系经营，它能够夯实本学科的独特生存空间与领域，凸显特色生存的优势；其三是学科内部各方向间的关系，它能够增强学科的专业分工与深度协作，在多向互动互生中夯实学科整体实力。对教师教育学科而言，这三重关系的理顺无疑是学科环境治理的

① 丁云龙、孙冬柏：《产业技术研究院的创建及意义》，《中国高校科技》2012 年第 Z1 期。

关键一环：首先，教师教育学科必须与母学科——教育学科适时分离，保持适度的“间距”，秉持学科独立的勇气，廓清自身的特有研究视角、研究问题域，形成自己专属专营的学科领地；其次，教师教育学科要划清与教师伦理学、教师心理学科、教师社会学等平行学科间的关系，抓住教师“培养、培训、培育”的关键问题，形成自己独立自主的学科本论、学科方法、学科气质，真正凸显“学科分领而治”的专门优势；最后，教师教育学科要强化内部治理，形成独特研究方向，借助各个方向上的突破来提升品质与层级，借助学科方向间的深度融合来催生更高端教师教育学问的生产，真正形成“多向发展、内部协同”的学科内部治理局面。学科关系治理的目的是促使主体学科在与相关学科动态互动中保持一种“自主发展、相互营养、动态平衡”的生态关系，教师教育学科环境建设也必须走关系经营、协同并济的发展道路，以此为学科突变的发生沉淀潜能、集聚内力。

（三）当代我国教师教育学科质变面临的新机遇

在当前，我国教师教育学科发生质变的机遇已经来临，只要善于盘活能量、瞄准突点，学科内卷化问题破解指日可待。这些新机遇集中体现在三个方面：一是学科社会需求空前旺盛，学科发展的外动力强劲；二是学科研究队伍扩张，学科研究的内力与智力支持有力；三是学科知识积累激增，为学科“内爆”准备了条件。在当前，这三个机遇正处于“叠加期”，如若做好内部治理与战略控制，教师教育学科突破内卷化困境几乎稳操胜券。

1. 学科社会需求空前高涨

社会需求是学科生长的生命线，脱离实践需求的学问生产活动是导致当代学科内卷化发展的主因。所谓“学科社会需求”，就是社会实践领域对学科学问生产提出的现实要求，这些要求常常通过三个口径显露出来：一是文件直白式，即国家政策文件中直言要求发展相关学科；二是实践表达式，即实践者感受到了专业学问的贫乏与社会实践的困惑，一般通过实践者之口透露出来；三是学者判断式，即专业的学科研究者借助个人经验判断与理性研究表达出来，一般见于权威学者的文献之中。当前，我国教师教育学科社会需求空前旺盛，不仅国家发布了重量级的政策文件，如中共中央、国务院《关于全面深化新时代教师队伍建设改革的意见》《教师教育振兴行动计划（2018—2022 年）》，启动了一系列教师教育改革实践，如卓越教师培养计划项目、公费师范生培养项目、国家级教师教育基地建设项目等，而且，许多专业研究者，如朱旭东、绕从满、杨跃等纷纷表达了对教师教育学问的迫切需求。这足以表明：我国教师教育学科社会需求空前旺盛，如若能够因应这一需求顺势而为，教师教育学科增长的新轨道将被打通，学科转型突变完全可以早日发生。

2. 学科研究队伍急剧膨胀

学科研究者是学科存在的能动力量，是学科飙升的核心动力，是推动学科发展的主体与骨干，学科研究队伍及其圈层状况标示着学科硬实力的水平。对教师教育学科而言，学科研究者对学科发展发挥着三重力量：其一是生产教师教育学问，拓展本学科的学术基盘；其二是参与教师教育学科实践，释放学科变革实践的潜能，创造本学科的社会价值；其三是催生学科巨人、学科先知，打破原有学科原点假定与传统，成为新范式的吹号者与创立者。正是在这一意义上，学科研究队伍是教师教育学科的生力军、主力军与先锋军，有一支强大研究队伍支撑学科发展是现代教师教育学科新范式的孕育者。“中国知网”数据表明：近 70 年来，我国以“教师教育”为主题的研究文献 2 万余篇，其中发表 10 篇以上的作者 40 人；学者量化研究表明，截至 2014 年“共有 1140 名研究人员一共发表了 1614 篇‘教师教育’主题相关的学术文章”①。这些事实表明：本学科研究者队伍呈现出规模化、专门化的态势，成为教师教育学科范式转变的重要推动者。

① 陈霞：《教师教育研究领域关键学者分析》，《教育与教学研究》2014 年第 8 期。

3. 学科学问积累的指数级增长

巧妇难为无米之炊。学科学问积累是教师教育学科增长的核心资源，优质学科学问生产是教师教育学科范式转型的物质储备。如前所言，学科学问是一切学科实践中形成的认识、经验、道理、智慧等构成的综合体，学科知识与原理是其核心构成，而学术论文、学术专著、典型理论则是教师教育知识原理的物质结晶与直接体现。从学术论文角度看，1981 年以来，以“教师教育”为篇名的中文学术论文 9000 余篇（CNKI 数据），近五年中年均产出论文 400 余篇；从学术专著来看，以“教师教育”为题目的学术著作达到 7100 多条（国图检索数据），可谓数量激增；从典型理论来看，一系列教师教育理论蜂拥而出，如教师素养论、教师学习论、教师知识论、三方协同育师论、教师自我发展论、教师教育课程论、教师教育模式论、教师专业发展论等次第涌现，成为我国教师教育学问发展中的脊梁。正是从这一角度看，我国教师教育学问积累已经达到一定水平，提高、优化、改进这些学问的品质，提升其对教师教育实践问题的影响力与应对力，正是破解学科内卷化的有效出路。

三　教师教育学科突破内卷发展困境的策略

由上可见，当前我国教师教育学科发展正处在“不愠不火”的阶段：一方面，学科架构、学科成果、学科梯队足以表明教师教育学科的“繁荣”；另一方面，学科原点、学科范式、学科元假定等则束缚着学科的实质增长，致使教师教育学科陷入原有范式复制、旧有路径延续的老路，学科发展深陷“焦灼”状态。为此，瞄准学科发展的瓶颈，制定精准学科对策，是激发教师教育学科青春气息，助推学科突变来临的有力行动。

（一）学科热点驱动策略：瞄准热点开展研究，深入教师教育学术腹地

无疑，学科体系“内爆”、与旧范式决裂绝非纯粹源自学科学问的量增，而是源于学科实践影响力的剧增，这一“影响力”的生成机制

是：高深学科学问与热点实践问题间的互倚共生。简言之，用最给力的教师教育学问来解决最棘手的教师教育实践问题才是教师教育学科的自我解套之路。教师教育学科革命性转变的发生一方面要求学科研究要深入到教师教育实践的腹地中去，一方面要求加强自身学术逻辑起点的反思；前者能为教师教育学科找到用武之地、磨砺疆场，并赢得教师教育利益相关者的青睐与认可，赢得学科发展的社会资源与生存空间，后者则能为教师教育学科找到自我新生点、根部生长点，借此带动学科原点的进化，提升教师教育学科原点的解释力与生命力。当代中国教师教育学科正处在学科知识过度生产的轨道上，在真正教师教育实践问题应对上仍旧显得后劲不足，譬如“教‘教’可行吗?”、“学‘教’何以进行?”、“教师的教育观念原点存在吗?”、“教师的教育哲学是如何演化的?”、“教师教育参与教师发展的核心机制在哪里?”，等等，这些根本性学术问题还停留在思辨阶段，如何以教师教育改革热点、棘手问题为入口，并借助大量循证追踪研究实践、政策研发实践来检验、适用思辨性教师教育学问，并在反复适用、验证、更新中捕获“教师教育真知”，这才是教师教育找到“学科突点”、进入“学科正道”、直逼“学科原点”的学科蜕变之路。一方面，教师教育实践中的热点问题是教师教育学科研究的风向标，是学科研究的可能突破口；另一方面，热点问题正是激发学者想象力、创造力、思维力，为这些问题寻找新思维、新选项、新支点的学科发展机遇。所以，学科热点问题驱动策略告诉我们：要突破学科发展内卷化困境，就必须走教师教育实践难题攻坚与教师教育学科根本理论突破并驾齐驱、无缝对接、协同发力的路子。

（二）学科基础吸附策略：跨界探究教师教育，扩大教师教育学科底盘

学科生长不仅仅是学科自身的事情，更是学科间关系经营的事情，每个学科发展都取决于其与相邻学科间生态关系的保持。对教师教育学科而言，其周边学科关系起码涉及三类关系：一类是上位学科关系，即与哲学、心理学、社会学、认知科学等上游基础学科间的关系；一类是

学科母子关系，即与教育学科间的关系；一类是学科毗邻关系，即与同类相似学科间的关系，如与教师社会学间的关系。一旦建立起了良好学科营养关系，尤其是第一类学科关系，教师教育学科基盘就会得到巩固与夯实，这是因为：教师教育学科发展不仅来自自身学科思维、学科方法、学科本论的自我进化、新陈代谢，还来自其对其他基础学科的学科思维、学科思想、学科方法的借鉴吸收，并在这一过程中持续夯实本学科的学科原点理念、学科原生假定。这就是学科基础吸附策略。在这一意义上，学科基础吸附的实质就是吸收一切外围学科、上位学科、平行学科的思想方法来加固、改进、催生本学科的学科原点，借助多种亲邻学科的关系来推动本学科核心共识、根本假定、传统思维的新陈代谢。譬如，教师教育学科的原点架构是教师成长与培养问题，当代教师教育学科的原点假定理应是：教师自我是在学习教育学问与经验技艺中持续成长成熟的。这一学科基点不但需要教育学的最新理论探索，如主体间互动论、教师成长因素论等来夯实，还需要心理学的最新学习理论，如具身学习、元学习、自我建构论等来充实，更需要哲学最新理论成果，如生态主义哲学、生命技术哲学、人本主义哲学等的修正与改进，其实质与桥梁就是开展跨界学科研究。应该说，每一次对其他学科基础理论、思维、方法的吸附都可能起到优化教师教育学科原点、理论基元的作用。只要坚持“固本强基、内向融合”的原则，教师教育学科的“基础吸附”活动就可能加速学科原点的进化、质变与新生。

（三）学科内能释放策略：参与国家重大战略，提振教师教育学科的社会价值力

真正好的学科都蕴含着变革实践的强大内能潜能，在参与、指导、影响、带动学科社会实践中将之外化、物化，是教师教育学科在新时代迈向新生的必由之路。学科与社会环境间的关联方式是参与学科实践，在与本土社会实践交融、联盟、协同发展中实现双向互动、双赢互利、良性发展是学科提升自身社会价值力、生命力的必经之途。研究指出，当代中国学科内卷化现象滋生的根源之一正是“用西方社会科学来套

中国经验与实践，而不是真正研究中国经验与实践的内在逻辑”①，导致学科理论与实践问题间的错位。在当前，教师教育学科要释放其强大学科内能，只有三条路可走：其一是参与国家重大教师教育战略，提升自身的社会贡献力，赢得整个社会、整个教师行业的认可与信任；其二是打造特色学科社会服务，通过学科服务营销的方式获得改变教师行业、服务教师发展的机会；其三是自觉洞察教师行业发展、国家教育事业发展要求，先行研发适切性理论，充当教师行业发展的领航人。这三条道路中，第二条、第三条是常规性的学科生命力、学科价值力提升之道，而第一条则是现实性最强、效应最快、显示度最高的学科实力提升之道。尤其在目前，教师教育学科要抓住新时代发展机遇，要善于借力社会实践来扩大学科影响、提升学科内功，在服务社会变革中获得社会的回馈与反哺。就当前我国而言，国家教师教育战略已经提出，教师强教、教育强国的战略已经响彻九州，与之相应，一系列重大教师教育举措腾空而出，如推行卓越教师培养、乡村教师培养、公费师范生培养、职教师资培养、教师教育综合化、教师资格证制度等，成为教师教育学科潜能释放的施力点与目标点。在这种形势下，教师教育学科必须借助针对性理论研发、特色学科方向建设、特适型学科制度建设来增强学科建设对上述国家教师教育改革举措的响应力、应对力，坚持在实践问题导向的引领下持续强化教师教育学科理论建设、学科思维升级、学科方向调整，在深度参与国家教师教育变革中突破内卷化处境，捕捉学科持续发展的新生点、突破点，甚至在学科发展中实现弯道超车。

（四）学科基质提炼策略：加速学科聚核凝魂，凝练教师教育学科基质

学科本体的强化既需要外向吸附，更需要自我历练，学科基质凝练是加固学科原点、助推学科本体蜕变、克服内卷化发展的又一策略。学

① 贺雪峰：《注意社科研究“内卷化”倾向》，https：//finance. sina. com. cn/review/jcgc/2020-08-26/doc-iivhuipp0680480. shtml? cre = tianyi&mod = pchp&loc = 13&r = 0&rfunc = 100&tj = none&tr = 98，2020 年 9 月 25 日。

者指出，“学科建设过程中，问题研究必须重视并实现‘问题’本身的转型，即从对热点问题的研究转向对学科基本问题的研究”①。这就是学科基质层面的研究。所谓学科基质，就是一门学科独特的理论构成、理论思维、理论假定、理论对象，其中理论对象的独特性是一门学科独特基质形成的基点。当前，教师教育学科的学科原点、学科基质还具有一定的松散性、松软性，坚固可靠的学科硬核、学科据点、学科特质还未形成，开展聚核强魂工程尤为重要。每一门学科的生命基点都是其特有的理论基质，例如，社会学的学科基质是研究社会人的行为与活动规律，心理学的学科基质是研究人的心理活动变化规律，政治学的学科基质是研究人类的政治行为及其结构，等等，这些学科的理论基质非常清楚，而对教师教育学科而言，其学科基质还处在形成中。就目前学界初步共识来看，教师教育学是“一门有关教师教育活动和教师教学工作的基本原理或是方法论的学问”②，其理论对象是“教师教育”、“教师培养”；其理论思维是“把教师作为教育干预的对象，来观察其工作效能的变化”；其理论构成是“教师成长论”、“教师自我构成论”等。就其学科原点构成而言，教师教育学科需要面对三重质疑：其一，“教师教育现象”的本体性假定值得存疑，似乎认为一名优秀教师的形成一定需要接受教育培训活动，但实践表明：一名优秀教师的形成更多取决于个人天赋、成就欲望与实践磨砺，故此，“教师教育现象”存在的合理性本身就值得怀疑，尤其是目前，大量无效、过度的教师教育充斥，恰恰说明“教师教育现象”存续艰难；其二，“教师教育”的理论思维值得怀疑，似乎认为教师与学生一样，都需要在接受系列指定教师培养培训活动之后才能成长为一名教育教学行家，但实际上，教师教育更多隶属于成人教育范畴，经验、实践、自我参与至关重要，其与“学生教育”间差异很大，甚至在教育思维上相差悬殊；其三，“教师教育”的本体理论缺乏，例如教师学习论、教师成长论、教师教育课程论等随

① 彭宇文：《教育法地位再探——兼论教育法学学科建设》，《教育研究》2020 年第 4 期。

② 陈永明、王健：《“教师教育学”学科建立之思考》，《教育研究》2009 年第 1 期。

处可见对学生学习论、学生成长论、学生课程论的机械搬移痕迹，教师教育的关键理论要素似乎还未形成。正是基于此，我们认为，学科基质疏松是教师教育学科内卷化发展的根源，加强学科基质提炼、历练、凝练工作任重而道远。

第三节　师范院校的一流教师教育学科体建设

教师教育学科是师范专业、教育学者栖身的母体、扎根的土壤、发展的平台，建设一流教师学科是振兴国家教育工作母机、开创教育事业新格局的入手点。学者指出，“学科理论的发展是推动教师教育学科走向成熟的原动力”①，学科建设理念更新是教师教育学科的关键成长力所在。当前，在师范院校的“制度亚环境”中，一些看似合理的理念常常会遭遇阻力，甚至受到其他学科力量的压制与排挤，导致教师教育学科建设陷入经验化、盲目化、常识化的潜流中，直接影响健康的学科话语体系、规则制度体系与文化信念体系的顺利形成。我们相信：相对于狭义的“二级教师教育学科”而言，师范院校中真实运作并影响学校师范教育整体格局的是“大教师教育学科”，即以狭义教师教育学科为内核，由通识学科、文理学科、教育心理学科、学科教学论、教育技术学等构成的巨型教师教育学科群落。克服杂糅混生、内联乏力、彼此隔离的教师教育学科架构，构建以教师人才培养为立交桥的大教师教育学科综合体、学科体、协同创新体，系统推进一流教师教育学科体建设，是振兴我国师范教育的一把利器。

一　当代我国师范院校教师教育学科建设面临的“三重焦虑”

师范院校是教师教育的主体，是教师教育学科的重镇，然而，在形形色色的学科排名、大学排名、就业市场的绑架下，师范院校开始在

---

① 李中国、黎兴成：《教师教育学科的建设逻辑》，《教育科学》2018 年第 6 期。

“师范化”与“综合化”之间徘徊，教师教育学科建设深陷“三重焦虑”——“学科虚化”、“学科失宠”与“学科混战”之中，微妙决定着本学科发展的前景、轨迹与命运。如何化解焦虑、激发内力、凝练内功、绝地重生，成为我国师范院校教师教育学科建设面临的时代难题。

（一）学科虚化：源自“学科支撑”与“技能培养”的纠结

在师范院校中，绝大多数师范专业将人才培养目标定位为“优秀教育实践人才”或“应用型复合型教育人才”，在此指针下绝大多数师范院校尤为重视教师专业技能训练，甚至将之视为在教师招聘环节取胜的一个法宝，师范教育由此降格为造就教育实践人才的职业技术教育、职业技能训练，师范生学术素养、教育学科素养培育悄然被忽略，教师教育专业的“学科意识”被严重弱化。其实，职前教师教育是一种教师专业准备教育，这种准备是“面向未来的准备”，是服务于未来教师“一生职业成功的准备”，其最核心内容是教育理论、教育研究、教育思维、教育精神、教育学养等方面的学科潜能教育，这才是真正造就高潜能教师、高站位教师、高成长力教师的坚实学养支撑。正是在这一形势下，许多普通师范院校在“学科优先”与“技能培养”两端取舍中滑向技能为重的一端，致使师范专业建设长期忽视“学科需要的专业诉求”①，教师教育学科建设处于被忽视的境地，不反思学科定位、学科体系、学科特质，不开设专门教师教育学科学位点等现象正是其集中体现。有学者指出，“教师教育学科建设是一种基础性建设”，它是“凝聚学者力量、形成团队集聚，构建教师教育学术共同体的重要基础”②，无视学科建设在教师教育实践中的奠基地位，只可能导致盲人摸象式的教师教育发展乱局。

（二）学科失宠：源自“主打学科”与“主要学科”的纠结

从学科整体布局来看，教师教育学科是师范院校的“主打学科”

---

① 陈林：《教师教育学科专业建设的现实需要及其路径》，《当代教师教育》2019 年第 1 期。

② 朱旭东、赵英：《“双一流”建设逻辑中师范院校的教师教育学科建设》，《教育发展研究》2018 年第 9 期。

还是“主要学科”，这是当代我国教师教育事业面临的第二大纠结，而师范大学综合化改革正是这一纠结的集中爆发点。无疑，引发师范大学综合化改革的初因是师范大学在全国学科排名、学校排名中总体偏弱，而综合大学排位整体靠前。面对这一现象，许多师范院校据此臆测：综合化是一所大学学科发展的范型，是提升师范大学学科综合排位的必由之路，师范大学只有走综合化之路才可能摆脱排名的困局。在这一思维逻辑作祟下，全国重点师范院校纷纷提出了创建“以教师教育为特色的综合性研究型大学”的建设目标，教师教育学科地位由“主体”走向“主要”，由“主要”走向“之一”，一切非“大教师教育学科”范畴的其他工、经、农等学科蜂拥而入，教师教育学科日渐失去主打或受宠的地位。换个角度看，师范大学推进教师教育学科综合化的初衷是推进教师教育学科综合化，尤其是提升文理学科的竞争力，借此“提升学校教师教育学科的整体竞争力”，但事与愿违，在实践中走的却是“过度综合化”，即以综合大学为范型的“学校综合化”之路，相对弱化教师教育学科建设是其必然后果。

（三）学科混生：源自“学科独联体”与“学科综合体”的纠结

师范院校的教师教育学科不是一门学科，而是一系列相关学科，即教育心理类学科、学科教学类学科、教师教育学二级学科、相关文理学科、通识类学科等构成的一个以教师培养为核心的学科综合体，它们分布在师范院校中的不同学院、部门与系科中，成为师范院校中的一道核心景观。长期以来，各个学科各自为政、缺乏互动、整合不力，处于学科虚体状态之中，呈现出混生格局，用“学科独联体”来形容最贴切不过了。2009 年，以北京师范大学教育学部设立为标志，全国师范院校兴起了一股教师教育学科整合潮流，全国绝大多数师范院校均成立了教育学部、教师教育学院等机构，但这并不能表明教师教育学科内部真正实现了一体化，距离“学科综合体”建制尚有一段距离。所谓“学科综合体”，就是真正在学科目标、学科组织、学科方向、学科文化、学科制度、学科资源等方面实现一体化运行的学科架构与“邦联”形态。而在国内各学部化管理的师范大学中，教师教育学科目前仍然不可能真正将文理学科、通识学科等统摄在大教师教育学科建设的麾下，其学科一体化任务远未完成。对于目前而言，即便是师范院校中的上述学科都已归属于教育学部管理，但现实中仍旧是“学科拼盘”，遵循的是“散点理论”① 生长逻辑，面向教师专业人才培养实践的深度学科整合尚未真正启动。基于此分析，我国师范大学教师教育学科将长期处在学科混生状态。

二 师范院校教师教育学科建设的态势与隐忧

在上述“三重焦虑”折磨下，师范院校教师教育学科布局出现了一连串连锁性学科反应，一场以捍卫学科地盘、维护学科存在、呵护学科生命的战争在全国打响。在就业市场的围剿下，许多低端师范院校出现了弱化教师教育学科的迹象；在综合化驱动下，一批顶端师范院校陆续抛出了学科收缩、学部聚合的对策；在非教师教育学科围攻下，全国师范院校响应国家号召，掀起了建立教师教育二级学科的热潮，教师教育学科自救行动悄然兴起。然而，这些学科反应与行动都具有一定程度的被动性，需要回归学科本体与初心才可能真正生效。

（一）布局萎缩：全国“纺锤体”教师教育学科布局的形成

进入 21 世纪以来，随着教育人才市场的日渐饱和，教师教育综合化浪潮的迅猛推进，全国各层次师范院校都在一定程度上出现了“弱师范、强综合”的迹象，教师教育学科批量萎缩，全国教师教育学科布局迅速调整，一种“纺锤”型教师教育学科布局开始在全国范围内形成，悄然将原本清一色的纯教师教育学科布局取而代之（见图 3 – 4）。

图 3 – 4 表明，全国师范院校大致可以分为两种：部属师范大学与省属师范大学，前者可以按照办学水平再分为两类——顶部 985 师范大学与底部 211 师范大学，后者据此还可以划分为两类——省属老牌高水

① 李中国、黎兴成：《教师教育学科的建设逻辑》，《教育科学》2018 年第 6 期。

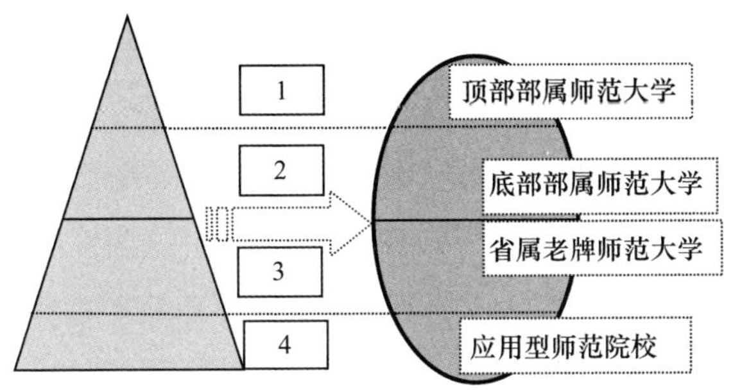

图 3-4　纺锤型全国教师教育学科布局的形成

平师范大学与一般应用型师范院校，这就构成了我国师范院校的四种主要类型与办学层次。在综合化改革之前，四类师范院校几乎都是纯粹师范院校，其学科结构是清一色教师教育学科，完全按照各学科教师培养的格局来设置；而在综合化改革与学科建设压力下，四类师范院校中出现了形形色色的教师教育学科萎缩现象：顶部师范大学陆续推出“教师教育特色综合性研究型大学”建设计划，教师教育学科迅速收缩，且势头迅猛；相对而言，中间两类师范大学——底部部属师范大学与省属老牌去师范化速度较为缓慢，日渐成为教师教育学科建设的主体与骨干，尽管其学科实力无法与顶部师范大学比拼，但作为师范教育主体的地位变化不大，导致其教师教育学科在学校中占有较大份额；后一类师范学院——应用型师范院校则在国家“服务地方经济社会”的号召下，迅速去师范化，教师教育学科急剧收缩，蜕变为综合性地方院校，学校性质发生了根本性变化。在上述因素综合影响下，近年来我国教师教育学科布局发生了结构性的剧变——由原来的“金字塔结构”转变成为“纺锤形结构”，教师教育学科布局上出现了全面收缩现象。

（二）学科紧缩：学科院部整合狂潮的掀起

从全国教师教育学科布局来看，学科萎缩是一个不争的事实；从院校内部教师教育学科布局看，学科紧缩更是一个冷酷的学科现实。所谓“学科紧缩”，是指教师教育学科由原本分布在全校的布局日渐向教育学部、教师教育学院、师范学院等一个或两三个学院集中，教师教育学科以高度紧缩的方式聚合在一起，成为师范院校中少数二级学院的职能。导致这一现象形成的原因主要有两个：其一是学科外部环境。在综合化冲击下，师范院校中非教师教育学科剧增，教师教育学科主体构成——文理学科中还衍生出了一系列非师范教育办学方向，双双侵蚀着教师教育学科的主体地位，迫使教师教育专业走院部化发展道路，以实现教师教育学科的自保自救，可以理解为教师教育学科“抱团取暖”现象。其二是学科内部冲突。在教育学部建设中存在着两支力量的竞争，即教育理论力量与学科教育力量间的博弈，在两支力量整合中出现了三种主要情况：一种是学科教育队伍与教育理论队伍完全整合进教育学部（院），如华东师范大学；一种是学科教育队伍整合进教师教育学院并相对独立于教育学院，如华南师范大学；一种是学科教育队伍暂不整合，仍旧留在各文理学院，如北京师范大学等。这一现象的出现无疑是教师教育学科内部——学科教育力量与教育理论力量间在校内较量的产物，教师教育院部化改革进程充分表明：教师教育学科紧缩现象正在悄然进行，并将持续一段时期。从表面看，院部化集中教师教育学科是为了“集中学科资源，做大做强教师教育学科”，但从师范院校发展全局来看，这一做法的实质上使教师教育学科丢掉了大批办学资源，这是因为：在师范院校剥离教师教育学科的同时无异于把大批学科发展资源拱手送给了非教师教育学科，原本属于教师教育学科的“全校”教育资源现在变成了“部分”配置给教师教育学科。从这一角度看，院部化学科紧缩现象足以表明：教师教育学科资源在师范院校中日渐被其他学科“瓜分”，非教师教育学科正在悄然“盗用”教师教育学科的资源积累。

（三）内核重构：自主设置二级教师教育学科的兴起

与学科遇冷同步发生的是教师教育学科共同体的绝地反击，其举措就是自主设置教师教育二级学科即教师教育学，旨在重构大教师教育学科的内核，巩固教师教育学科阵营，增强教师教育学科生存力，强化教师教育学科的内聚力。其实，用“教育学科”取代“教师教育学科”

现象长期存在，导致教师教育学科理论薄弱，缺乏专门化、实体化的学科据点。学科不仅是一种学术圈层、学术实践、知识体系，更是一个研究领域专门化、实体化发展的标志，建立教师教育二级学科制度是强化教师教育学科存在的必由之路。有学者指出，“教师教育学科制度建设的核心是学位制度、研究实体和学术平台”[①]，建立教师教育学位、专业、组织、平台是建设教师教育二级学科的实体化内容。换个角度看，我国大教师教育学科长期处于“空核运转”的窘境，对大教师教育学科的内聚力不强，其原因是：其一，教育学难以成为教师教育学科的内核，因为其立足点是“学习者”，是“学习者的教育学”，即站在学习者角度来阐述学生发展及其指导的学科，而非“教师的教育学”，从某种意义上看，普通教育学只是教师教育学的重要学科支撑而已；其二，全部教师教育工作的内核是教师专业发展或教师学习问题，教师教育学科存在的核心使命是为教师专业成长提供全方位的理论支持与学术服务，普通教育学是难以承担这一职能的；其三，长期让教师教育学科依附于普通教育学生存会抑制教师专业成长的自觉性，忽视教师工作的主体性，抹杀“学生学习”与“教师学习”间的根本差异。在这一意义上，建立教师教育二级学科，为大教师教育学科还魂、聚魂、铸魂，是整体重建教师教育学科，提升学科自觉性与生命力的现实选择。换个角度看，师范院校自主独立设置教师教育学科只是教师教育学科群落面临生存危机而不得已为之的一种“学科应激”现象，并非其自觉做强的一种理性选择，目前国家层面呼吁设立学科的现象表明：设置二级教师教育学科并非完全出自师范院校的自愿选择，还有许多客观困局需要攻克，如专业研究队伍缺乏、毕业生就业空间狭小、可能与学科教师培养“失联”等。没有从根本上解决这些问题之前，教师教育二级学科依然面临着生存压力，作为教师教育学科“统帅”的地位仍旧难以彰显。

---

① 李中国、黎兴成：《教师教育学科的建设逻辑》，《教育科学》2018 年第 6 期。

三　当代教师教育学科建设的科学思路分析

当代教师教育学科何去何从依然是一个值得深究的问题，如何将散落在院部中的教师教育学科凝聚为一体，使之真正肩负起师范院校“主心骨”的角色还需要深层次的思考。就当前来看，我国教师教育学科面临着五重学科关系问题，即与师范大学关系问题、与教育学科关系问题、与文理学科关系问题、与教师教育二级学科关系问题、与教师教育专业关系问题等，解决好这五重关系问题，构建“有机统整、内部互联、契合实践”的教师教育学科体，是改写师范院校、师范专业发展命运的关节点。在当前教育实践中，有两个教育事件值得高度关注：一个是全国知名中学——深圳中学大量吸纳非师范出身的“清北”毕业生从教事件，另一个是人工智能机器人能否取代未来教师的争端，其对教师教育学科建设无疑是一股强震，敦促研究者全面应对外部学科生存压力。其中，前一事件折射出来的是我国教师培养还不够专业化的问题，后一事件折射出来的是我国教师教育研究还远远不能满足教育改革要求的问题，对两类问题的真正解决还必须诉诸教师教育学科的进一步建设。

（一）坚守“师范大学”的初心

要建好教师教育学科，首先需要良好的教师教育制度环境支持，这一环境的创造者正是师范院校，唯有坚守“师范大学”初心的师范院校才可能满足这一学科建设要求。应该说，一切当代教师教育学科生存危机的总根源是师范院校对初心的遗忘，是在学科竞赛、专业竞赛、科研竞赛、行业竞赛中难以抵制非教师教育学科专业的诱惑，是师范院校综合化、功利化发展欲念的隐形侵扰。在这些不纯正、不纯粹的学校发展动机牵引下，师范院校中教师教育学科一步步走向衰落：由“唯一学科”变为了“一类学科”，由“主打学科”变为了“一般学科”，由“跨院学科”变为了“院部学科”……久而久之，做大做强教师教育学科的制度环境在消失，甚至可以说，在师范院校喊得最响亮的时候恰恰是其教师教育学科最为脆弱的时刻，最终陷入“越喊越衰”的恶性循环。基于这一现实，当代教师教育学科建设的起点是对师范院校初心的寻觅与回归。师范院校的初心是“造就良师”，师范院校的主业是“教师培育”，一切其他学科建设要求、学科资源使用、学科组织搭建都必须在教师教育学科建设与教师培育能力提升这一主旨下展开，都必须经过“是否有助于教师人才培养”这一理性审核之后方能实施，都必须在“教师教育学科优先”的原则下通盘考虑。否则，随意上马非师范专业、非教师教育学科，只会搞乱师范院校的教师教育学科布局，甚至引入教师教育学科的敌人，搅乱学校教师教育人才成长的大局，不利于学校做精、做强、做优教师教育事业的使命达成。更进一步看，如若一所师范院校无法保证学校学科布局中教师教育学科的主导地位、主体身份，缺乏对其他非教师教育学科的驾驭力与控制力，就最好不要轻易引入非教师教育学科。这一学科规划思路一定有利于师范院校全面保持良好的教师教育发展势头。

（二）构建“大教师教育学”学科体

在师范院校中，教师教育学科具有其特殊性，即弥散性与交叉性，它常常分散在各个院部之中，以跨院部形式存在，学科内部既相对独立又交叉互联，既多部门林立又相互依存，成为一个松散而又庞大的学科群落。长期以来，这种学科格局与架构影响了教师教育学科内生力与整体竞争力的提升，成为整个学科发展面临的最大难题。历史地看，师范教育机构有两种经典的学校组织架构：其一是师范学校模式，内部不分系科，专业结构纯粹，教师教育学科协调有力；其二是师范学院模式，内部分科较细，文理学科与教师教育学科独立设置，容易导致各自为政、学科肢解的问题。就当代我国师范院校而言，其体量庞大、分科细致，不实施院系管理几乎是不可能的，为此，构建跨院系教师教育学科体就成为克服学院制师范院校制度缺陷的一把利器。所谓“学科体”，就是学科体系内部构成要素或子学科之间有机关联、深度融合、合作共进、凝为一体的学科多聚体、学科共同体、学科有机体，其根本特征是：整体性、内生性、关联性较强，一体化程度高，便于针对外界制度环境进行整体化的响应与应对。在教师教育学科史上，大致出现过三类学科架构：“老三门”架构，其特点是忽略文理学科，是超松散、最原始的教师教育学科架构；学科群架构，其特点是将所有教师培养相关学科混杂在一起，教育学科是其学科网络中心点；学科体架构，其特点是围绕学科教师培养或教师教育二级学科这一中心，聚焦整合相关学科，成为一个内部互动关联、结构功能俱佳、自我统整力最强的学科架构。面向未来，构建大教师教育学科体是提振教师教育学科生存力、竞争力、影响力的现实选择。可以预见，这一学科体的大致构成如图 3－5 所示：

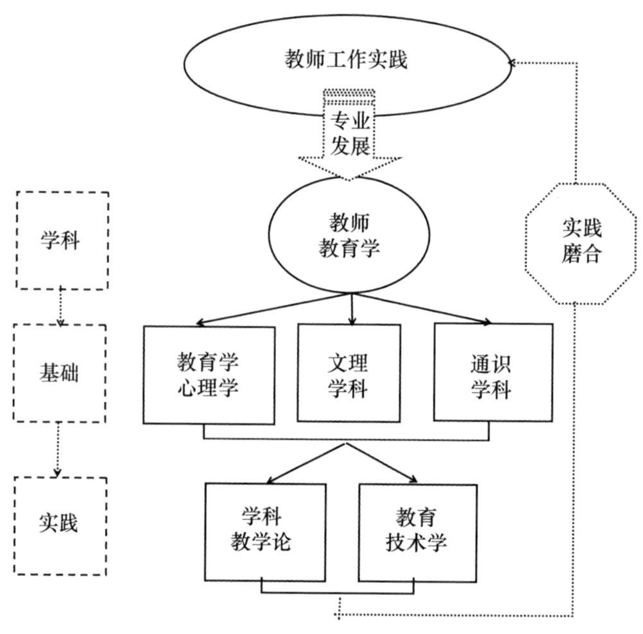

图 3－5　教师教育学科体构成图示

图 3－5 表明，教师教育学科体的三大核心构成环节是：作为学科统摄地位的教师教育学，作为基础学科构成的教育学心理学、文理学科与相关通识学科，以及作为实践操作性学科的学科教学论与教育技术

学。三类学科的交叉枢纽是：其一是学科统摄点——教师教育学，其作用是统筹相关学科，使其在教师培养工作环节上各安其位，并发挥其独特职能；其二是教师工作实践，其作用是全方位调控大教师教育学科的布局、构成与变革，这一功能是借助学科毕业生在教师工作岗位上的反馈信号来实现的。在教师教育学科体中，维系其内部高度统一与深度融合的力量是：教师教育学的学科理论综合与教师工作实践中的学科实践融合。教师教育学科体正是在相关学科构成的“学科联邦”、“学科综合体”或“学科共生体”中存在发展的。

（三）强化学科体内部的互动与融合

作为多学科联合体、综合体、有机体，教师教育学绝非一个简单的多学科群落，一个混杂一起的学科聚合体，而是一个内部高度融合、横向协同有力、高度一体化运行的教师教育学科共生体。无疑，“学科体”是学科体系内各子学科间由于深度互动、内联交融、相互渗透而形成的一个学科生命体，尽管各子学科在其中仍然相对独立存在，但在学科群面临共同问题与共同任务时，各学科各司其职、默契配合、浑然一体，成为一个高度整合、协调一致的学科功能体。有学者指出，“教师教育是以教育学学科和专业为核心多学科协同运行发展构成的综合学科”[①]，教师教育学科体的形成关键在于加强各子学科间的联合与互动，实施“综合集成战略”[②]，推进子学科间的双向渗透、深度共生，进而大幅度提升教师教育学科的学科合力或综合能量。

从学科联动的进程来看，教师教育学科体的形成大致经历三个阶段：学科布局阶段、功能联合阶段、共生联动阶段。在第一阶段，学科布局至关重要，能否根据教师培养实践需要统筹设置二级学科或子学科，确保子学科建设能够覆盖教师培养的关键环节或教师素质建构的关键领域，形成有利于教师培养工作顺利展开的学科架构等，是本阶段学

① 郝文武：《教师教育学科建设为谁、谁建、怎样建》，《教师发展研究》2018 年第 4 期。

② 杨林、李辉、茶世俊：《省属师范大学教师教育学科建设：价值、目标与路径》，《云南师范大学学报》（哲学社会科学版）2013 年第 3 期。

科体建设的基本考虑；在第二阶段，学科在教师培养问题上的功能协同至关重要，学科功能协同是其主要联动形式，其根本使命是：在教师培养难题上开展学科协同、功能整合，确保对教师培养实践难题的有效破解，着力提升学科联合的综合效力；在第三阶段，学科联动的形式是推动学科间的互生或边缘交叉学科的出现，其预期结果是：文理学科、教育心理学、学科教学论等学科间呈现出二级交叉、三级交叉现象，学科间界限模糊，内部互动线路错综交叉，促使一种网格化联结出现，教师教育学科体日渐形成。

所以，教师教育学科体是子学科间深度交融、立体联动、内向生长的产物，是体内各子学科打破学科模块缺陷，克服学科知识“框格”性弊端，顺应复杂教师培养问题的自然生长态势。学者指出，“在学科建设中，迫切需要的不仅是教师教育‘求用’的研究，还要有‘求真’的研究——教师教育学的研究”[①]，如何在学科研究框架下系统提升国家教师教育实践的效力，形成“学科融合、实践取向”[②] 的学科发展态势，无疑是教师教育事业的双重使命。在当代教师教育学科格局下，只有加强子学科在重大教师培养问题或环节上的深度学科联合与协同，一种更有实践生命力与变革力的教师教育学科体才可能形成。

（四）推进“三层整合”思路

当前，教师教育学科整合不应该是单一层面的学科整合，而应是多层次、多维度、多路径的立体整合，将这种整合纯粹学科化、知识化显然不利于教师教育学科整合机制的真正形成。完整地看，教师教育学科体至少包括三个层面：最深层的学科知识整合，最表层的教师培养实践整合，以及中层的教师教育专业整合，只有三个层面的整合同步推进才有可能。就三类整合间的关系来看，学科是教师教育知识整合的装置与枢纽，它具有去情景性、远实践性与高度浓缩性，在教师教育大学科整

① 王健：《教师教育学科建设中的立场与视野》，《中国教育学刊》2011 年第 7 期。

② 杨跃：《教师教育学科制度建设：内涵、目标、困境与行动——基于新制度主义社会学的视角》，《教育发展研究》2018 年第 22 期。

合中处于首脑地位；专业是教师教育工作整合的平台与组织，在教师培养专业上集成学科知识、聚合教师培养资源是教师教育学科整合的实体环节；实践是教师培养工作的熔炉与现场，教师培养工作是多部门、多学科、多主体参与的环节与领域，是教师教育学科知识的终极服务对象，是检验教师教育学科知识与专业实践是否科学的最终尺度。换个角度看，学科与专业、实践间具有一体性，“学科专业”正是此意，即“根据不同知识体系和社会职业分工的需要，通过专业的从业人员，分门别类地进行人才培养、知识创新、社会应用等活动的基本单元”①。所以，从学科、专业、实践三个层面来整合教师教育学科具有其自然合理性。基于这一关联，在教师教育学科整合上应该坚持“实践整合为基础，专业整合为媒介，学科整合为手段”的原则来进行。无疑，一旦忽视三类教师教育整合间的逻辑关联，教师教育学科整合极有可能陷入多重困局：其一是缺乏实践关怀意识的“空头整合”，教师教育学科整合必然陷入知识逻辑推演、纯粹理论思辨的窘境，最终异化为毫无意义的学院思辨行为；其二是缺乏专业建设依托的学科知识整合，其表现是：学科整合难以在教师培养环节上实现，无法将之具体化为专业知识、专业技能、专业素养模块，学科知识难以借助大学教育制度来传播；其三是去学科支撑的专业建设与教师培养实践，导致大学教育与教师培养活动无理可依、缺乏研究，最终陷入经验化、随意化、庸俗化的盲区，导致教师培养活动的品质与水平缺乏保证。

基于上述考虑，我们相信：教师教育学科体建设绝不仅仅是大教师教育学科内部的系统优化与横向互动问题，更是教师教育学科体与教师培养制度实践外向互联、效能释放问题，其最终目标是提升学科对“教师教育亚制度环境”② 的适应力。从上述三个层面整合来打通教师教育体系内部学科与实践间的关联，构建内外一体、纵横连通的教师教

① 陈林：《教师教育学科专业建设的现实需要及其路径》，《当代教师教育》2019 年第 1 期。

② 杨跃：《教师教育学科制度建设：内涵、目标、困境与行动——基于新制度主义社会学的视角》，《教育发展研究》2018 年第 22 期。

育学科体，无疑是振兴教师教育学科的科学思路！

（五）做强文理学科的教师教育方向

实践表明：教师培养工作既可以归并于大学教师教育学院、师范学院，也可以依托文理学院、文理学科，相对而言，师范学院建制较为适合综合大学，归属文理学科较为适合师范院校，将教师教育作为文理学科的一个应用方向或学科方向是师范院校做好教师教育工作的现实选择。相比于一般学科，教师教育学科的形成较为特殊，它不是知识门类自然分化细化的产物，而是源自教师培养实践需要的学科综合，这就决定了两栖性、交叉性是其根本特点，教师教育学科的两个着生点就是文理学科与教育学科，在师范院校中让教师教育归属于文理学科，使之成为文理学科的一个学科方向较为现实，更符合师范大学主打教师教育学科的优势与特色。现实地讲，教师教育学科专业的两个建制模式是：其一是“教育+学科”，其二是“学科+教育”；前者以教育学科为主体，将学科教师培养作为教育学的一个应用方向，后者则以文理学科为基础，将教师培养视为学科的一个应用方向；前者适合综合大学，后者适合师范院校。针对师范院校的制度环境与社会职能，后一做法较为科学。在文理学院中坚持“学科+方向”办学策略，即“文理学科+教师教育方向”办学模式是较为理想的一种选择，其现实路径是：其一，不设跨学院的教育学部或教师教育学院，将教师教育整合局限在职能机构层面，不逾越学院的界限；其二，师范大学的非师范专业学科与师范专业学科一样，都从文理学科母体中衍生，并确保其他专业学科发展不得超过师范专业学科，且在服务于“做强做大文理学科”的前提下展开；其三，适当仿照西方“学科+项目”模式，在大学文理学院中举办师范专业，即在学科基础课程修读之后参加一个教师培养项目，学习一系列教师教育专业课程，尽量采取“3+1”、“4+1”等方式进行。在“学科+教育”这一教师教育学科专业布局框架下，文理学科与教师教育学科之间互动方式理应遵循以下模式（见图3-6）：

图3-6表明，师范院校教师教育学科在“大教师教育学科”建设

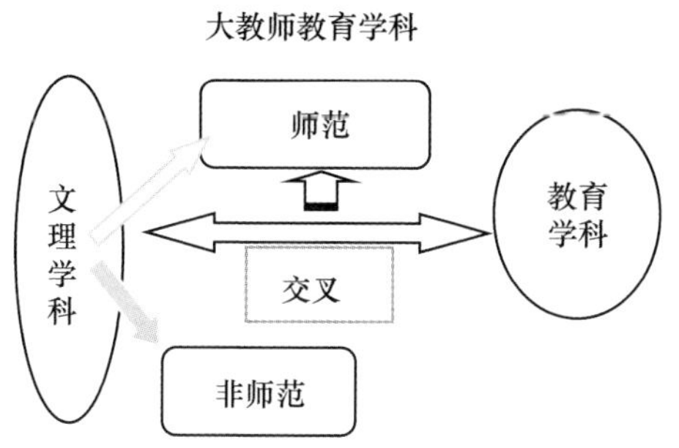

图3－6　文理学科与教师教育学科互动线路

框架中进行，其主体是两类子学科——教育学科与文理学科，文理学科由两个学科方向——师范方向与非师范方向构成。教育学科应该加强与文理学科间的互动，促进学科教育学、学科教学论、学科教育心理学、学科教育技术学、学科教育史等一系列交叉学科出现，并借交叉学科培育来有力支持学科教师培养与学科师范方向建设，努力打造文理学科的教师教育学科特色，形成多学科方向合力提升文理学科的学科方向布局。

第四章　反思综合化实践：中国教师教育综合化的本意求索

1999 年，在第三次全国教育工作会议上，党中央、国务院正式颁布了《关于深化教育改革全面推进素质教育的决定》，其中明确指出："调整师范学校的层次和布局，鼓励综合性高等学校和非师范类高等学校参与培养、培训中小学教师的工作，探索在有条件的综合性高等学校中试办师范学院。"该文件的颁布标志着教师教育综合化改革在中华大地上正式启幕！及至今日，20 年改革历程初告一个段落，其对中国教师教育事业带来的改观与绩效如何判定呢？的确需要我们深思。无疑，教师教育综合化带来了教师教育改革红利是有目共睹的，但也有三个非主流事实值得反省：其一，有教师慨叹："当前师范大学的教师教育质量反不如 10 年前师范专科的培养质量"[①]；其二，2016 年，兰州大学教育学院停办[②]；其三，2017 年初，教育部命令："'十三五'期间我国 181 所师范院校一律不更名、不脱帽，聚焦教师培养主业"[③]……可以断定，我国教师教育综合化改革可谓一波三折，甚至在一定程度上诱发了教师教育的离心力。相比之下，欧美国家教师教育大学化改革稳步推

---

① 姚瑶：《综合化背景下师范大学教师教育发展问题研究》，硕士学位论文，沈阳师范大学，2014 年。

② 《兰州大学教育学院正式撤销》，https：//www. weixin765. com/doc/rrmauqqf. html，2020 年 12 月 11 日。

③ 教育部：《中国 181 所师范院校一律不更名不脱帽》，http：//www. xixik. com/content/01935fee f55942cc，2020 年 11 月 15 日。

进、基本定型，“大学+教师教育”的综合化模式非常成熟。正反两方面的事实充分表明：我国还尚未真正搞清“教师教育综合化”的真正缊涵与内在旨向，还无法完全克服种种病态教师教育综合化现象的侵袭，教师教育综合化理论尚处在尝试探索阶段。2018 年，中共中央、国务院《关于全面深化新时代教师队伍建设改革的意见》的颁布敦促我们重新审视“中国教师教育综合化”的内涵与意图，为综合化的正向持续推进提供更为科学的理念导航。本书试图全方位地厘清其内涵，为教师教育综合化扫清观念路障、廓清行动路线。

第一节　教师教育的本意与内涵分析

自新中国成立至今，以定向、封闭、单一为特点的师范院校在我国教育史上延绵近 50 年，培养中小学教师近千万名，为共和国基础教育事业发展立下了汗马功劳。进入 21 世纪之后，以综合大学为代表的高等教育突飞猛进，纯师范类大学的学科劣势日渐显露，与综合大学、非师范专业“联手”、“杂交”，推进教师教育综合化，成为师范教育再度崛起的必然选项。在我国，教师教育综合化并非一帆风顺，师范大学能否抵挡住“综合化”的诱惑，能否有效利用“综合大学”的优势，成为此项改革能否健康、积极、稳步推进的关节点。

一　中国教师教育综合化的本意溯源

审视教师教育综合化的本意，厘清教师教育综合化的正道，成为这一改革趋利避害的护身符。深而思之，教师教育综合化改革的本意有四个：

（一）“双高”综合化

传统师范教育之所以难以适应时代要求，其主因有两个：一个是封闭的培养方式让师范院校失去了向非师范院校学习的机遇，导致师范院校、师范专业的比较竞争力日渐衰退，抵制改革的系统惰性开始滋生；

另一个是以文理学科为主的师范院校长期与社会生产实践脱离，师范教育成了高等教育领域中的“圣女”，失去了反哺实践、借力市场、从中获益的机会。在这种情况下，推进教师教育综合化，即师范院校内部综合化（即师范院校设立非师范专业）与外部综合化（即师范大学与综合大学融合发展）无疑是帮助师范院校摆脱“惰性”的一把利器。无疑，教师教育综合化的本意是助推“双高”型教师教育的形成。在此，所谓“双高”型教师教育，就是“高水平学术教育”与“高水平师范教育”的融合体，教师教育综合化的本意正是致力于实现“双高”综合化，推动高水平师范大学与高水平综合大学的联姻，努力建设出高水平的教师教育专业化。“双高”综合化的融合点是新型教师培养目标的确立，即造就“学科中的教育专家”而非“教育中的学科专家”，这是因为现代师范生的首要资质条件是高水平的学科知识与学术修养，其次才是高水平的知识表达力与人格影响力，二者间的逻辑关系不可颠倒。显然，“双高”综合化是兼容、兼求未来教师之“学术”与“教术”双馨的一种优质综合化，是当代中国教师教育事业真正需要的“综合化”形态。正如有学者所言，教师教育综合旨在“寻求‘学术性’与‘师范性’的高水平的结合，从体制上保证师资质量”①，这就是我们所言的“双高”型教师教育综合化。

（二）内融综合化

从品质上看，教师教育综合化有外延综合化与内涵综合化之分：前者关注的是师范院校中非师范专业的设立、非师范院校中教师教育学科专业的建立，后者关注的是师范专业与非师范专业在教师培养事业上的联手、非师范院校中教育学科与其他相关学科间的融合。教师教育综合化的两个结合点是教师培养工作与大教师教育学科：前者强调的是师范院校中非师范专业对师范专业主体的支撑度或贡献率，后者强调的是非师范院校中教师培养相关文理学科对教育学科建设的支持力。客观地

① 宋涛：《高等师范院校综合化发展道路之我见》，《鞍山师范学院学报》1994年第1期。

讲，“大教师教育学科”不仅是教育学科与教师培养相关文理学科间的外部结合，更是学科内部的化合与融合，这一“融合”的直接体现正是大学“教师教育力”的整体提升，是师范专业与非师范专业、教育学科与非教育学科在深层互动中生成的一种综合性教师培养力。就如美国学者舒尔曼所言，决定教师专业实力的关键知识构成是“PCK 知识”，即学科教学知识，它是教师的学科知识与教育知识凝练化合而成的一块“合金”，教师教育综合化的终极追求就是在学科融合、专业交融中有力服务新教师“PCK 知识”的顺利形成。在这一意义上，教师教育综合化追求的是“内涵综合化”、“内融综合化”或“立足教师培养工作需求的综合化”，而非“外形综合化”、“外部综合化”或“面向综合大学建设的综合化”，教师教育综合化永远是归属于“教师培养能力建设”这一内芯的。

（三）教师教育向心力的综合化

从实现路径上看，教师教育综合化是有弹性、有张力的综合化，而非模式定型、路线固定的综合化。理想形态的教师教育综合化应该是多路径并举、多模态共存、多主体共创式的，例如，师范大学既可以走综合化大学的办学路线，也可以走举办非师范专业的路线，还可以走与综合大学共建联盟的路线；综合大学可以走设立教育研究院的路线，可以走主打教育学科的路线，还可以走向师范大学转型的路线。诚如有学者所言，这些路径主要是：“一是师范院校升格为综合性大学，二是综合性大学参与教师培养与培训，三是坚持独立设置的师范大学、师范学院内在品质的综合大学化。”① 在服务教师教育事业的前提下，综合化改革路径应该是不拘一格、各显神通式的。教师教育综合化必须是有弹性空间的，是向各种创举与探索开放的，它允许师范大学、综合大学在可控空间或半径内偏离“教师教育”的主体、主题、主业，赋予其足够的改革探索空间与社会宽容度。正如学者所言，“综合化模式具有开放

① 胡玲翠：《教师教育开放背景下师范大学综合化转型研究》，博士学位论文，陕西师范大学，2014 年。

灵活”[①] 的本质特点。无疑，那种绝对纯粹的教师教育综合化模式既不合时宜，也是不可取的。无论是何种综合化形态，只要其“教师教育向心力”足够强大，只要其忠心不改，始终保持在教师教育事业的牵引力可控范围内，都应该予以认可并大力支持。当前，许多师范大学在综合化进程中急切渴望“脱帽”，导致师范专业急剧下降，甚至盲目举办一些与教师教育领域无关的工科专业，这些做法显然已经脱离了“教师教育牵引力”的可控域限，与教师教育初衷背道而驰，应当视为一种病态的综合化形态，尤其值得我国警惕。

（四）基于本土教师教育实践关怀的综合化

当代中国需要的教师教育综合化一定是“立足中国现实国情，服务中国基础教育，具有中国特色”的综合化，而非国际意义、通用意义、标准意义上的综合化。与国外相比，西方国家教师教育综合化改革已经尘埃落定、达成共识，“大学＋教师教育项目”模式已成定型，大学满足基础教育师资需求的机制基本成熟，属于一种成熟的综合化形态，而我国教师教育综合化尚处在探索期，师范大学的“综合大学”情结有增无减，综合大学举办教师教育的热情暂时受阻，属于一种成长发育中的综合化形态。面对这一国情，当代我国教师教育综合化改革的首要任务是立足现实国情、正视发展阶段、回应现实关切，遴选出最适合自身需求的综合化选项，持续提高优秀中小学教师的培养与供给能力。为此，我国教师教育在综合进程中必须关注两大问题：其一是如何确保教师行业能够吸引到最优秀的大学生加盟；其二是如何确保师范生获得最优质的教师培养服务。要解决前一问题，高水平综合大学加入教师培养工作无疑是最好选择；要解决好后一问题，师范大学必须借助学科扩容、与综合大学联手等手段来克服自身的学科短板。在这一意义上，当代中国教师教育综合化绝不能走“国标”路线，而应立基成长阶段的教师教育综合化国情，充分考虑我国中小学教师培养要求，有效盘活国

① 阎光才：《美国教师教育机构转型的历史经验及其启示》，《教师教育研究》2003 年第 6 期。

内一切教师教育资源，最大化地适应当代中国基础教育改革的特殊要求。

综上所述，当代中国教师教育综合化的意图是明显的，它追求的是基于师范性、专业性、中国性的综合化，是以“双高”、“内融”为特征的高级专业化、内涵综合化、开放综合化，是师范为本、非师范为辅的成长型综合化。中国教师教育综合化的最终目标是在各种综合化路径的磨合、共生、竞争中持续提升教师教育综合化的品位，确保教师教育力的永续增长，力促最适合中国国情的教师教育综合化形态早日定型。

二　教师教育综合化现象的多维内涵解析

任何实践上的偏差多多少少根源于理念上的瑕疵或肤浅，不得不承认，我国教师教育综合化实践中出现的“路径偏移现象”必然与教师教育理念的稚嫩直接相关。而今，教育部三令五申“十三五”期间师范院校不更名，兰州大学等少数综合大学中出现了停办教育学院的逆流，这不能不令人担忧：我国教师教育综合化是否正在偏离改革的原点？追溯教师教育综合化的理念本原与改革原意是校正异化综合化实践路线的一剂良药，是探寻本然综合化的科学路径的重要切入点。教师教育综合化既有国际的实践又有中国的探索，既有层次、水平上的意涵又有发展阶段上的意义指涉，因此，只有在多维度的解读中，我们才可能触及教师教育综合化的真相与原貌。

（一）中外比较意义上的教师教育综合化

存在的一定是合理的，否则，这种事物根本就不可能诞生；存在的不一定永远是合理的，因为任何现存物都是进一步改革的对象。教师教育综合化亦是如此。中外教师教育综合化的现实历程是最真实的存在事实，其中承载着绝大多数学者对教师教育综合化的主流认知与公认理念。纵览中外教师教育综合化的简史，我们不难看出二者间的明显差异，这种差异是中外文化、国情、体制差异的映射，是深入把握中国教师教育综合化内涵的重要依据，是持续推进教师教育综合化改革实践的观念基点。

以美国为代表，西方教师教育综合化的路径较为简明，大致经历了三个阶段，即“师范大学—综合大学—综合大学教育研究生院”（见图4－1）。

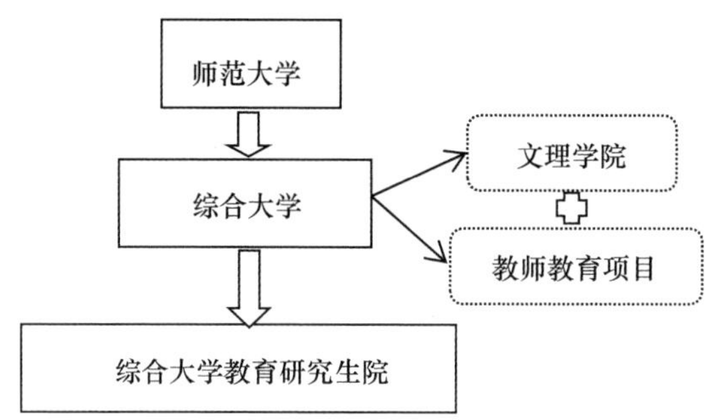

图4－1　西方教师教育综合化路线简图

图4－1表明，师范大学是绝大多数西方综合大学的始基，西方教师教育综合化大致经历了两次重要转变：一个是19世纪末到“二战”前发生的师范大学升格运动，其结果：“文理学院学习＋教师教育项目（Teacher Preparation Program，TPP）”，即“大学＋师范”的本科教师教育形态成为西方师范教育的主流，专门性师范大学日渐消失；另一个是当代发生的本科师范教育向研究生教育的升级运动，以哈佛大学设立教育研究生院为标志，西方教师教育综合化实现了高水平学科与高水平大学间的深度融合。

相比而言，当代我国教师教育综合化的进程较为曲折，一以贯之的一条主线是：强化师范大学主业、主体地位，鼓励综合大学参与，谋求教师教育力量的优化配置，着力构建“师范为本的混合型教师教育体系”。以国家教师教育综合化相关方针政策为主线，在此将我国教师教育综合化历史线路图示如下（见图4－2）：

图4－2表明，我国教师教育综合化是“双线并举”的：一条是强化师范教育主体的线路，主要做法是：开展公费师范生教育、卓越教师

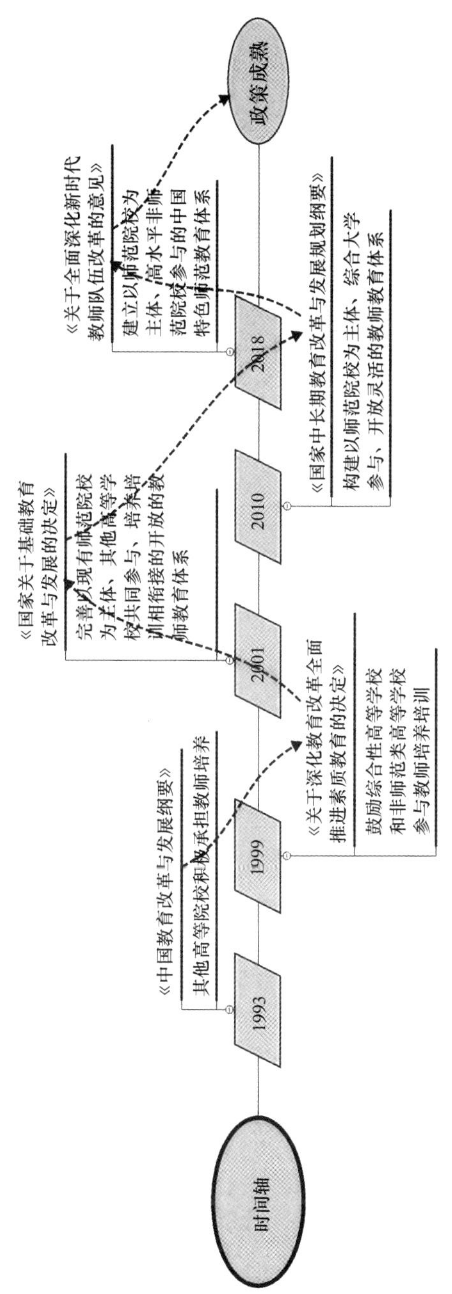

图4-2 我国教师教育综合化政策演进成熟路线

培养计划、师范专业认证、呼吁师范大学坚守教师教育主业等；另一条是引进高水平综合大学的辅助线路，主要做法是：鼓励非师范院校参与、设立教师资格证制度、完善开放教师教育体系、综合大学举办教育学院等。换个角度看，我国教师教育综合化在进化升级中走的是一条面向“高水平混合型师范教育”的演进路线，其核心内容是：师范院校分流、高水平师范大学强化与高水平综合大学加盟（见图4－3）。

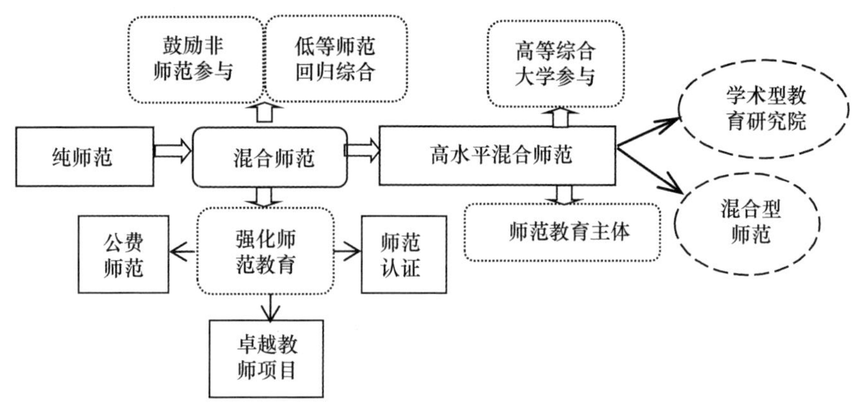

图4－3　我国教师教育综合化的进化路线

图4－3表明，面向高水平混合型师范教育格局的建立，我国采取了三大举措：其一是低等师范院校的综合化、职业化、应用型改革；其二是借助公费师范教育、师范专业认证、卓越教师培养项目三个举措强化师范教育；其三是鼓励高水平综合大学建立教育研究院或教育学院。这一改革的意图很明确：充分发挥综合大学的学术优势与师范大学教师培养优势，全力提升国家教师教育事业的整体实力与竞争力。

相比较而言，西方国家教师教育综合化进程路线清晰、进展顺利，而我国教师教育综合化进程一波三折、步履蹒跚，尚处在师范性与学术性的冲突期或磨合期，教师教育综合化改革远未定型。这一比照表明：西方理解的“教师教育综合化”是指综合大学框架内的教师教育优质化改革；我国理解的“教师教育综合化”是指师范大学与综合大学平行协作提升教师教育质量的改革，具体包括两个层面：一个是师范大学内部的综合化改革，另一个是师范大学外部的综合化改革，即与高水平综合大学联手意义上的综合化改革。

（二）教师教育综合化内涵的多角度分析

教师教育综合化既是层次化地逐步实现过程，又是平行性地交互生成过程。就前者来看，教师教育综合化是学科综合化、专业综合化的逐步深化过程；就后者来看，教师教育综合化是师范性与学术性在交互作用中走向融合的过程。历史地看，教师教育综合化具有阶段性的内涵，是多种教师教育综合化历史形态的渐次升级过程。

1. 层级意义上的综合化

教师教育综合化的最终意图是提升教师教育的专业品质，最终提高预备教师的从业能力，这就决定了教师教育综合化具有层级性的内涵。教师教育是一个复合型实践领域，具有“学术 + 师范”的复合性内涵，教师教育事业是两个层级意义上的复合：第一层级是“学科 + 教育”层面的初级复合，即师范生在职前学习中完成的学科知识与教育知识层面的复合，其结果是复合型教育工作知识，包括 PCK 知识在师范生身上形成；第二层级是“复合学科知识 + 教育实践”层面上的高级复合，其结果是师范生教育素养的最终形成，是师范生在工作岗位上作为“学科中的教育专家”的形成过程。诚如有学者所言，教师培养的重心是“在实践中或从实践中学习”① 的过程。在这一意义上，教师教育综合化是学科综合化与专业综合化的层级式复合（见图 4 – 4）。我们也可以说，教师教育综合化是前端综合化与末端综合化的统一：前端综合化是在师范大学与综合大学中进行的，末端综合化是在教育实习与教师工作实践中完成的，前端综合化服务于末端综合化目标的最终达成。

2. 平行意义上的综合化

教师教育综合化还是其两大关键属性——师范性与学术性之间发生

① 高鸾、何阅雄：《建构主义取向的西方教师教育实践及政策研究》，《贵州师范大学学报》（社会科学版）2016 年第 4 期。

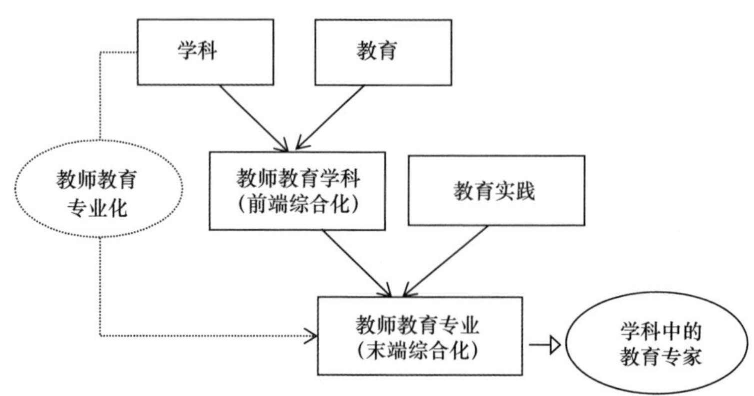

图4－4　层级意义上的教师教育综合化内涵剖析

平行互动、日渐交融的过程，综合化进程的实质是“学术性×师范性”，而非“学术性+师范性”，即在二者融合中形成教师教育优势、凝练高水平教师教育服务的过程。正如学者所言，高水平师范教育要解决的关键问题正是“谋求‘学术性’与‘师范性’的和谐统一”①。所谓“学术性”，就是教师教育事业必需的学科知识、学术活动与研究品性；所谓“师范性”，就是教师教育事业必需的教育专业知识、教育专业实践与教育专业品性。学术性与专业性是“一块金币的两面”②，二者“融合”的根本内涵不是“相加”，而是“相互进入”与“双向增值”：一方面，师范性获得了学术性的支撑，一种高水平的教育学术性或师范学术性形成，教师教育活动建立在高端教育学术成果或教学学问的基础之上，“教学的学术”是教师教育的本质③；另一方面，学术性获得了教育性的支持，一种高水平的学术教育或知识教育形成，教师教

① 孙二军、李国庆：《高师院校“学术性”与“师范性”的释义及实现路径》，《高教探索》2008年第2期。

② 徐来群：《一块金币的两面：师范性和学术性之争何时休——兼论综合性大学教师培养的专业性》，《教师教育研究》2006年第1期。

③ 曹青青：《我国教师教育模式综合化的建构及其改进策略研究》，硕士学位论文，河北大学，2016年。

育活动建立在高品质、高性能知识教育活动之上。这是一个共生共强、合作共赢、彼此摄入的过程（见图 4－5）。

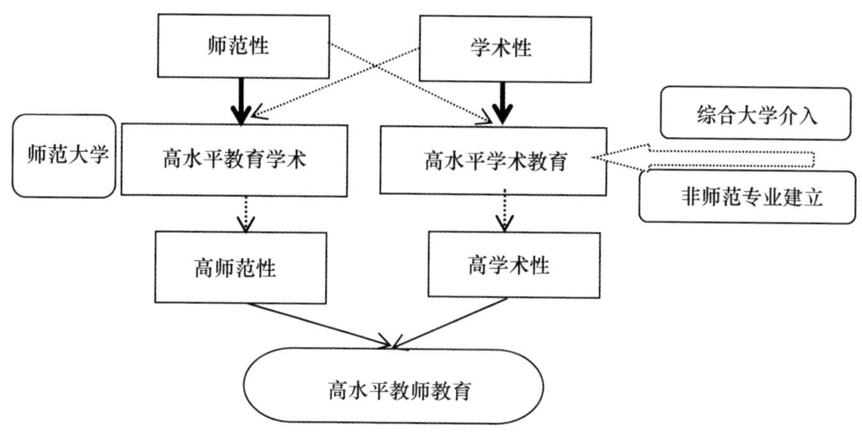

图 4－5　平行意义上的教师教育综合化内涵透视

图 4－5 表明，教师教育综合化的意图是创造高水平教师教育，其实质是高师范性与高学术性的复合体或融合态。一方面，师范性的据点是师范大学与综合大学教育学科，师范性与学术性互动复合的产物是“高水平教育学术”；另一方面，学术性的据点是师范大学中的非师范专业与综合大学的文理学科，学术性与师范性互动复合的理想目标是“高水平学术教育”的形成。在学术性与师范性的深层互动互生中，高水平教师教育服务得以逐步形成。

3. 阶段意义上的综合化

在历史上，教师教育综合化其实是一个阶段性的更替过程，中外教师教育综合化的历史大致相似，只不过是中国教师教育综合化历史显得有点急剧又不成熟罢了。“二战”以前的欧美国家、1999 年之前的中国，师范院校都是大学机构的主流、主体，之后开始了学校层面的综合化，这就构成了第一个阶段意义上的综合化，我们称之为师范院校的“学校整体综合化”。这一阶段中西方综合化的彻底性是不一样的：西方几乎实现了全部师范院校综合化，师范大学接近消失，中国则保留了

“师范院校+综合大学”的二元格局，大致在20世纪90年代，即大学“更名热”时期，进入了第二阶段的继续综合化：一方面，师范院校内部继续分流，低端师范院校走向职业化意义上的综合化，顶端师范大学则继续保持师范的主体地位并加速了内部综合化进程；另一方面，综合大学参与教师教育事业，启动了综合大学内部的教师教育综合化。这一阶段可以被称为“学校内部综合化”（见图4－6）。

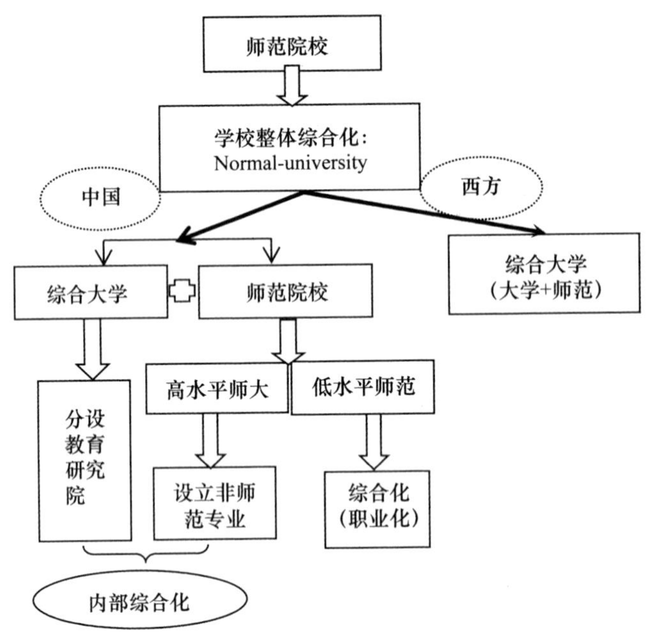

图4－6　阶段意义上的教师教育综合化内涵解析

图4－6表明，历史地看，教师教育综合化是第一阶段的“整体综合化”与第二阶段的“内部综合化”构成的依次推进过程。其中，第一阶段的综合化出现较早，根源于师范大学整体学术水平较弱的缺陷；第二阶段的综合化出现较晚，具有中国的特色，与我国科教兴国战略实施与创造人民满意教育的国家战略直接相关。

由上可见，教师教育综合化现象既有历史、国际的背景又有多样、中国的表现，既有层次化、合成性的含义又有教师教育事业的内部属性。要正确把握教师教育综合化，就必须立足中国的国情与需要，正视教师教育综合化的实质与内涵，为教师教育综合化的实践路径选择提供有力的观念支持与理论支点。就当前而言，我国最需要的是“双高”型、混生性、高水平、中国化的教师教育综合化，可以将之概括为“中国特色的优质综合化”，其三重含义是：

（1）瞄准“双高”的综合化

在这里，“双高”的具体含义是：依托高水平师范大学与高水平综合大学的联盟，承认教师教育的学科两栖性与双专业性，聚焦高学术性与高师范性的融合，立足高水平文理学科与高水平教育学科联动的“双高”型综合化。在教师教育综合化中，“双高”不仅具有单侧意义上的单个水平之高，更有联动互生意义上的品质之高。

（2）凸显“中国”特色的综合化

在教师教育综合化中，“中国特色”特指中国特色的师范教育体系，它是中国教师教育体系的“压舱石”与基质所在；特指中国教师教育综合化进程中所处的特殊阶段，即成长性阶段，这是中国教师教育改革的基本国情，不可轻易逾越；特指中国教师教育综合化置身其中的文化处境、独特语境与面临的时代使命——优质基础教育资源凝练，综合化生长在中国独特师范文化与教育生态体系之中，必须彰显中国教师教育的文化气质与表达方式。

（3）服务“培优”目标的综合化

当代我国教师教育综合化改革的核心意图是促进优质教师教育服务的凝练与培育，是提升教师教育系统服务基础教育的能力，它是判定一切教师教育综合化路径是否科学合理的终极尺度。因之，能否将“双高”综合化转变成为优质教师培养是服务我国综合化进程的主题与焦点。换言之，综合化只是手段、途径，而非教师教育改革的目的，培育优质教师教育资源是综合化改革的内核与实质。

第二节　教师教育综合化的品质标准与异化现象分析

从1999年启动至今，中国教师教育综合化改革已整整年满20周岁，开放化、高规格、混合型教师教育体系日益羽翼丰满，其面临的深层实践难题日渐浮出水面：教师教育综合化为何没有真正点燃一流综合大学参与教师教育事业的热情？面向综合化的幽灵为何在一批师范大学中挥之不去？在这种形势下，如若不加大对教师教育综合化理论的研究力度，新一轮教师教育体制改革极有可能陷入"路径偏移、初心迷失"的困局，任由"去师范化"的潜流滋蔓，最终浸染纯洁的教师教育振兴意图。基于这一考量，本书将从教师教育综合化的理论分析入手，对中国特色教师教育综合化的应然走向予以澄明，以期为当代教师教育改革提供理念借鉴。

一　衡量教师教育综合化品质的"四度"

简言之，当前我国教师教育改革需要的综合化是"优质综合化"、"内涵综合化"、"中国化综合化"，而非平庸、堕落、异化、国标式的综合化，判断教师教育综合化品质是构筑优质教师教育综合化方案的起点。上述分析可以看出，我国教师教育综合化的四个关节点是：高水平学科支撑、"双高"学科融合、教师培养力聚合与中国师范文化弘扬，据此，我们相信：要判断一所大学教师教育综合化的品质，必须关注"四度"，即学科支撑度、学科融合度、教师培养关联度与师范文化清晰度。

（一）学科支撑度

所谓学科支撑度，就是大学中其他学科，尤其是文理学科对教师教育事业的支撑度。在教师教育学科综合化中，其理想形态是：以教育学科为轴心的多样化、高相关、高水平文理学科参与的学科复合体。这种支撑性体现在三个方面：一是文理学科直接参与教师培养工作，增强师范生的普通文理学科知识厚度；二是文理学科参与学科教学研究与实践，助推教育学科品质提升，增强教师教育学科的学术品质；三是文理学科高度重视基础研究，服务于教师培养对广博基础文化知识的需要。学科支撑是实现基于高水平学术教育的教师教育综合化形态的物质基础，是打牢学生学科知识根基的客观需要。

（二）学科融合度

所谓学科融合度，就是大学中教育学科与文理学科间的融合水平，高融合度的体现是：一种基于 PCK 理念的学科复合体产生，上述两种学科在实践中实现了深度融合、高度融合与实质融合。显然，教育学科与文理学科被统称为“大教师教育学科”，它是教师教育相关学科在教师培养实践中联手、联合、联结的产物。这种“融合”具有两重内涵：其一，大学中形成了面向教师培养的教师教育学科同盟，两类学科研究者左右同心、命运与共地提高教师教育质量；其二，高水平“中间学科”，如语文教育学、数学教育学等研究力量不断充实，借助学科解决教育实践问题的能力持续增强。这种“融合”的直接结果是：一个是教育学科学习提高了师范生对学科知识的组织力、表达力与教育力；另一个是学科知识学习提高了师范生对知识传授的精度、准度与深度。两个优势的合成就构成了教师教育事业的独特优势，即学科复合优势。

（三）教师培养关联度

所谓教师培养关联度，是指师范大学中所有非师范专业、非师范学科与教师培养工作间的相关度、紧密度、亲缘度，这种关联度可以分为三个层次：一种是本体关联，如教育学、心理学、教育技术学、学习科学、学科教学论等，它们与教师培养工作直接相关，或者说 100% 相关，成为教师教育的骨干学科或核心专业；一种是直接关联，特指那些教师培养工作不可或缺的学科或专业，如中文、数学、生物等中小学开设的文理学科，成为教师教育的支撑学科或专业，故都属于高关联度学科或专业，这是由教师教育的“双专业性”决定的；一种是间接关联，特指那些能够间接服务于教师培养的学科或专业，如食品营养学、行政管理学、党史、伦理学、政治学等，它们要么担负着师范生的通识教育，要么是中小学中的装饰性学科，可以称之为弱关联学科或专业。借助教师培养关联度分析，师范大学综合化品质就清晰可见：如果师范大学中学科专业与教师培养的总体关联度较低，即可判断这所师范大学已经偏离教师教育主业，国家可以利用师范性弱化预警、教师教育特惠政策缩减、师范专业限招等方式来予以干预或警示；否则，国家还应该持续加强支持力度，支持其高水平师范大学建设计划，促使这类师范大学全力做好教师教育主业。

（四）师范文化清晰度

教师教育综合化的终端无疑是大学中优质师范文化的形成，而非大学校园文化的混乱与失序状态，甚至是理工科文化对师范文化的排挤与抑制之势。在师范大学中，纯正的综合化不仅不会冲淡师范文化的主题，反而会强化师范文化的品质，助推师范文化的转型升级、与时俱进；在综合大学中，纯正教师教育综合化的直接标志是浓厚的教育文化、师范文化在教育研究院或教育学院中的形成，是师范文化生态的日渐成形、持续成熟。在这一意义上，师范大学的学校师范文化、综合大学中的学院师范文化是决定综合化品质的重要因素。相对上述其他因素，师范文化具有体验性、自然性与逼真性，是学校中各种综合化举措的综合体现，是师范生教育素养形成的必需生态环境。为此，师范文化的浓度、清晰度是最能彰显综合化品质的一个核心指标，是判断一所大学教师教育综合化品质及其教师教育软实力的一项综合指标。

针对上述四个评判尺度，大学可以采取多样化的教师教育综合化引导政策。例如，为了提升文理学科支撑度，师范大学与综合大学应该着力构筑以教育学科为中心、文理学科为支持、其他弱相关学科为外围的教师教育学科群，确保教师教育学科实力的持续形成；为了增进教育学科与文理学科间的融合度，大学应该以“中间学科”建设为抓手，以“跨学科平台”建设为纽带，构筑以教师培养实践为中心的学科协同创新体；为了凸显各学科、各专业的教师培养关联度，师范大学应建立非师范学科与专业的准入制度，努力克服功利化思维对教师教育综合化的偏导，让纯正的教师教育综合化统领教师教育改革的全局；为了凸显师范文化的清晰度，大学必须以师范文化建设为中心，全面统领综合化的内容、方向与路径，整合一切师范文化要素，让师范文化的纯度、厚度与精度成为评量教师教育综合化品质的关键指标。总之，迈向教师教育综合化的目标应该是多样、多元、多态化的，多线路并举与优先才是教师教育综合化的最优化选项。

二　当代教师教育综合化的路径异化现象分析

由上可见，教师教育综合化改革是围绕“本真综合化”理念这一内芯展开的波浪式推进过程，它允许改革者对综合化内涵做出校本化、时代化、中国化的解读与表达，允许改革实践适度偏离本真综合化的理念。但一旦改革完全脱离、背离教师教育综合化理念的可牵引半径，这一改革会蜕变为综合化的异化或病变形态，给改革的健康深入推进构成重重障碍，尤其是“挂羊头卖狗肉”式的综合化改革，它甚至会污染我国教师教育事业的纯洁机体。因此，辨明教师教育综合化的异化形态，守护教师教育综合化的合法边界，是确保教师教育综合化在健康范围内有效运转的重要保证。当前，教师教育综合化的异化现象肯定是存在的，如师范大学更名的潜流若隐若现，综合大学停办教育研究院的现象浮现，等等，这些事实充分表明：用纯正的综合化理念来武装师范大学与综合大学，增强教师教育机构应对异化、拒腐防变的能力，是当前教师教育综合化改革的迫切要求。总而观之，当代我国教师教育综合化异化现象主要有四种表现：

（一）教师教育边缘化

在师范大学综合化改革中，教师教育地位弱化、办学倾向“去师范化”、综合大学中教育学地位不高等都是教师教育被边缘化的体现，都是我国教师教育综合化的主要异化形态。师范大学的主业、主体、主题是教师培养事业，然而国内绝大多数师范大学在办学目标定位上不再坚守这一立场，而是将教师教育视为学校办学的“特色”、“优势”，其典型表达是“以教师教育为主要特色”、“以教师教育为优势”、“综合性师范大学”等。[①] 言外之意，教师教育仅仅是师范大学的部分功能与少数部门而已。不仅如此，国内还有多所师范大学在办学目标定位上甚至不再提及“教师教育”与“师范大学”，其典型表述是“建设特色鲜明的高水平教学研究型大学”、“建设综合性、有特色、开放式、高水平大学”，师范教育在学校专业体系与发展规划中完全被抹去。这些现象令人堪忧！进言之，我国教师教育边缘化的三种历史表现：一是办学定位上“师范大学”向“综合性师范大学”的退化，二是办学重点上“教师教育主业”向“教师教育特色”的退化，三是办学方向上“师范大学”向“综合性大学”的退化。这三种“退化”正是师范大学“去师范化”的三部曲，它用渐进式演变的方式悄然淡出师范大学的阵营，“学校更名”成为其必定要走的最后一步棋。

在这里需要言明的两点是：其一，教师教育的“特色”、“优势”并非高水平师范大学应有的一种表达，从“主业”向“特色”的叙述转变是掩盖“去师范化”实质的一块遮羞布，它为师范大学的去师范化企图提供了一种隐晦的表述方式，即“在强化教师教育的名义下随时伺机脱离师范教育”。其二，教师教育业务与部门的“剥离”也非师范大学的正常现象，可以想象，一个专事教师教育事业的“师范大学”要将“教师教育”视为自己的“部分业务”、“部分功能”，显然是在为完全意义上的“综合性大学转变”扫清路障、铺平道路。更何况，西方综合大学的教师培养方式正是“大学＋教育学院”，剥离式改革的实质是“纯师范大学”滑向“综合大学＋教育学院”的关键一招。从实质来看，这一改变对师范大学性质而言是根本性的，即“师范性”向“综合性”的质变。

---

① 胡玲翠：《教师教育开放背景下师范大学综合化转型研究》，博士学位论文，陕西师范大学，2014 年。

（二）功利化综合化

教师教育综合化进程中的第二种异化现象是功利化综合化，即在追逐师范大学办学效益最大化意图下启动的一场综合化改革，其病根是动机不纯。这种异化了的综合化现象隐藏诡秘，难以被发觉、被鉴别，非常值得我们关注。进言之，我国大批师范大学热衷综合化改革的幕后意图是什么呢？本书认为，主要有三种：

其一是提升师范大学的业界排名。显然，师范大学以文理基础学科为主，以弱势教育行业为服务对象，社会回馈效力较弱，导致学校在国内大学综合评价中常常处于劣势地位，总体竞争力较弱。国内高水平师范大学的代表——北京师范大学、华东师范大学很难跻身全国高校综合实力排行榜前十名便是例证。在这一意义上，综合化转变是师范大学提高国内竞争力与知名度的首选。显然，这种动机显得不够纯正，绝非一种纯粹的面向教师培养能力提升的事业性动机。

其二是提升师范大学毕业生的市场力。师范毕业生的主要就业行业是国家公共财政支持的教师行业，需要经过严格的考试与竞争才能被选聘，就业难度较大、机会少，面临转行危机的毕业生较多，且毕业生整体待遇水平不高，就业区域大多在城市区划之外或非中心城市，甚至是村镇地区，工作环境相对欠佳，等等。这些因素决定了师范大学毕业生的市场竞争力较弱，行业吸引力不强，增加非师范、理工类、应用型专业由此成为师范大学摆脱办学窘境的重要考虑。

其三是增加学校办学经费募集能力。当前，办学经费筹集渠道多元化已是大势所趋，经费筹集能力事关师范大学的生存发展，然而，师范大学的主体学科是远离市场的文理学科，从社会，尤其是杰出校友那里获取的经费极为有限。因此，许多师范大学纷纷设立传媒、电子、食品等短平快的应用型工科与专业，以此克服师范大学募集资金能力脆弱的短板。

在上述三种外部利益的驱动下，许多师范大学纷纷走上了一条面向综合化的蜕变之路，尤其是高水平师范大学的蜕变，其给我国教师教育专业化、高品质化发展带来了严重阻碍，成为引发社会担忧的一大社会问题。

相对于师范大学而言，高水平综合大学参与教师教育事业的主要功利性意图有四个：其一是国家政策的倡导与鼓励；其二是对大而全的“综合性大学”的外延式理解——“大而全才是综合大学”激发了这类大学设立教育学科的动机；其三是利用国家支持教育事业的优惠政策，获取教育类研究项目与拨款；其四是夯实自身的高等教育研究能力，服务大学办学问题的研究与解决，提升综合大学的自我发展能力。

显然，事业力与功利力是任何教育事业的两大主导内驱力，保持二者间的平衡、互补与适度是大学教育事业健康、快速发展的前提。如若师范大学、综合大学一味膜拜市场、崇尚功利、失落操守，甚至将提升教师教育事业品质的本心弃之一边，教师教育综合化实践迟早会偏离正道、发生异化、出现偏差。所以，遏制种种功利化的综合化意图对于校正病态的综合化现象意义非凡。

（三）借壳式综合化

在功利化综合化形态中有一种最具代表性的异化形态——借壳式综合化，即借助“师范”的名义与外壳去发展非师范专业、非师范学科，把教师教育资源悄然“挪用”到非教师教育专业、机构与院系中去。借壳式综合化是最为隐藏、最为卑劣的综合化途径之一，在许多师范大学中并不鲜见，而发展“大教师教育”则是其经常采用的一种托词，其常见表现是：

一是师范大学借“发展师范教育”的外壳或名义发展非师范教育，这在许多重点师范大学中较为常见。某些师范大学利用国家高度重视师范教育的机遇，积极申请教师教育专项资金与项目，攫取了大量师范教育办学资源，而在资源校内分配中却将重心偏向非师范专业与机构，导致大量教师教育办学资源的隐性流失。

二是非师范大学借“发展师范教育”的外壳或名义争取学校发展

资源。在建立教育研究院后，许多综合大学获得了申请教育类资助项目与资金的机会，学校整体募集资源的渠道多元化，非师范教育趁机也可以“分得一杯羹”。

借壳式综合化是国家教师教育资源无形流失的一种重要体现，是最值得警惕的一种综合化异化形态。坚持“用师范钱办师范事”的原则，坚决抵制种种“有名无实”、“借壳发展”的教师教育综合化怪相是我国后续改革的重点之一。

（四）办学同质化

在教师教育综合化中还有一种异化形态，就是办学同质化，即师范大学的教师教育特色与优势消失，以至退化到与普通综合大学毫无二致的状态。无疑，师范大学综合化的初衷是做大做强教师教育学科，即教育学科与相关支撑学科构成的大教师教育学科综合体，而非借助非师范学科或专业的提升来实现师范教育与非师范教育间的平等发展、均势发展，最终落得“削平”或“抵消”教师教育特色与优势的结果。诚然，教师教育综合化需要非师范学科与专业的介入与竞争，但它需要的是与教师培养密切相关的非师范学科或专业，如心理学、文学、物理学、伦理学、哲学等教师教育亲缘学科的参与与竞争，而非将那些与教师培养毫无关联的学科专业，如信息工程、医学等，不加选择地纳入师范大学的麾下，这正是综合化的病变体现。应该说，在新上马学科专业前预先进行教师培养相关性评估是师范大学优化学科专业结构，保持师范教育主体地位的战略考虑。显然，一旦师范大学提出“以教师教育为特色的综合性大学”这一办学目标，就意味着给自己面向“同质化综合大学”的退化提供了一个借口与缓冲带，成功搭建了一条下坡道。理想的教师教育综合化是找到一条综合大学与师范大学、师范专业与非师范专业错位发展、优势互补的科学路径，而同质化则是教师教育退化的体现，它意味着师范大学已经走上了一条面向普通综合大学的平庸堕落之路。

据此，我们不仅质疑：综合化到底是教师教育专业化的一条路径，还是大学可资利用的一个由头？如何让种种“由头”与教师教育综合化的本意保持一致，如何向那些污浊的综合化意念宣战，这是我国教师教育综合化健康推进的重要政策考量。

第三节　中国教师教育综合化的路向

面对当前教师教育综合化现状，我们认为，师范专业边缘化、办学方向同质化、综合化办学功利化悄然成为我国教师教育综合化中的一股潜流，尤其值得警惕！如不按照“中国特色优质综合化”的宗旨与标准对之进行有效干预，我国教师教育综合化随时可能误入歧途，致使中国特色社会主义教师教育体制建设陷入困境。在所有师范院校、师范专业、教育学科背后一以贯之的是师范性，是师范类学科、专业、大学中凸显出来的一种特质、一种气质，即教师教育机构独具的助推优秀教师形成的情怀、信念、职能与资质凝结而成的精神复合体。围绕“师范性”的凸显与强化这一轴心来整合综合化路径，持续深化综合化改革，促使其回归正途、坚守本心，是我国当前教师教育综合化改革的历史使命与现实行动。

一　当代我国教师教育综合化改革的科学路径

在教师教育综合化系统中，师范化与综合化是一对矛盾，综合大学师范化、师范大学综合化之间是殊途同归、合作共谋的关系，二者共同携手培养优秀教育人才或卓越教师。其中，强化师范性、促进教育人才成长才是根本，瞄准综合性、推进综合化只是教育人才成长过程上的一个链环或手段而已，教育人才的培养品质是所有综合化路径合法性与效能性的最终量具。

（一）确立“教育人才成长为本”的教师教育综合化理念

所谓人才，就是“具有一定的专业知识或专门技能，进行创造性劳动，并对社会做出贡献的人”[①]，教育人才特指专业素养超凡、创造意识较强、社会贡献较大的优秀教师。教育人才成长需要是教师教育综合化必要性的力证，教育人才成长效能是教师教育综合化品质性的佐证，教育人才职场成功是教师教育综合化欢迎度的佐证。离开了教育人才成长成功的考虑，一切教师教育综合化的话语、理念与实践都是无意义的，甚至根本没有谈及的必要。进言之，教育人才成长需要教师教育，因为教师教育事业是教育人才成长的助推器；教育人才成长需要优质教师教育综合化，因为教师教育综合化是优质教师教育服务体系的构筑之路。一句话，所有教师教育综合化实践都只是助推教育人才成长的外因而已，它只有在服务教育人才成长的过程中才能证明自身存在的价值、意义与性能。

从教育人才成长角度来看，教师教育综合化的合法性在于其顺应了师范人才成长的规律与要求，而教师教育综合化能够为师范人才成长提供的独特服务是：其一，借助学科综合与杂交提升师范生的学科知识与PCK知识品质；其二，借助专业综合与杂交为师范生提供多样化的专业发展服务；其三，借助师范院校与非师范院校的联手与竞争促使更合身、更个性化的师范生教育服务形态形成；其四，借助课程与教学的综合来带动师范生素养结构的优化；其五，借助教学团队的综合来提升教师教育者的团队胜任力等。在教师教育综合化进程中，教育人才的成长成功始终是第一位的，综合化的改革者必须善于利用教育人才培养质量监测手段来及时判定综合化的方向与品质，而不是“坐而论道”式地对教师教育综合化现象指指点点、乱发空论。

基于上述考虑，教师教育综合化改革应该遵照三条思路，以确保整个综合化进程固本守正地推进：

1. 按照教育人才素质要求来设计教师教育综合化的路径

科学的综合化路径选择应该是基于教育市场对师范人才的外在素质

① 李维平：《对人才定义的理论思考》，《中国人才》2010年第23期。

要求来进行，即在优秀教师素质要求评估基础上及时对综合化路向进行适应性调整，综合利用师范专业与非师范专业、师范大学与综合大学两个优势来满足教育工作对教育人才的复杂素质要求。

2. 按照教育人才成长规律来推进教师教育课程综合化

学科综合化是教师教育综合化的主线，课程综合化则是教师教育综合化的心脏，教育人才素质综合化则是教师教育综合化的终端。与之相应，整个教师教育综合化的合理谱系是："教师教育课程综合化—教师教育学科与专业综合化—教育人才素质综合化"，为此，改革者必须善于利用课程综合化来适应教育人才的复杂成长规律。教育人才成长的基本规律是"知识先导、实践为本、创新驱动、终身发展"，这就决定了知识型课程、实践型课程、研究型课程与专业规划型课程是支撑教育人才成长的四根支柱，应该借助教师教育综合化理念来架构出将四类课程融为一体的师范性课程体系。

3. 按照教育人才特质来构筑学科与专业的科学综合之路

师范人才的特质是育人品质与教学品质：前者需要师范生具备卓异的道德人格与灵动的育人之术，后者需要师范生具备卓越的教学技艺、学科知识与 PCK 知识。为此，教师教育综合化应该沿着两大路向展开：一个是面向师范生育人水平提高的综合化，主要涉及道德教育、通识教育等多学科、多实践领域的综合；另一个是面向师范生教学水平提高的综合化，主要涉及文理学科、教育学科、信息技术学科等多学科的综合。在这一意义上，教师教育综合化必须明确定位综合化的意图与路向，真正关注内涵实质意义上的综合化，而非表层外延意义上的综合化。

（二）在动态分流中培育高水平教师教育事业共同体

无疑，混生型教师教育体系是最适合我国国情，最利于国家教师教育实力持续提升的理想选项。坚持标准、动态分流、突破上限是增强我国教师教育事业综合实力的基本思路，师范主打、层次上移、纯洁办学则是我国教师教育事业共同体持续主打的政策基石。在现实中，教师教育综合化的形态是多样化的，在做强教师教育事业共同体的立场下采取区别性对待政策尤为必要。

表4－1　　不同水平与类型大学的综合化政策

学校水平学校类型	综合大学	师范大学
低端	师范化－	师范化－
高端	师范化＋	师范化＋

上表表明，学校水平是确定教师教育综合化政策的主要依据。针对低端综合大学与低端师范大学，都要采取弱化其教师教育功能的政策；针对高端综合大学与高端师范大学，都要强化其教师教育功能。我们认为：在综合化实践中必须坚守一条根本原则——选择性动态推进，即在相互竞争、优胜劣汰、优势聚合中提升教师教育事业的综合竞争力。在这一原则指导下，我们清醒地看到：纯粹、低端、伪装的师范院校绝不可能担当教师教育事业的大任，必须将之有序淘汰出局，以此确保教师教育事业的开放性、高端性与纯正性。为了实现这一目的，教师教育综合化改革必须在“双高”原则下加快大教师教育体系的优化重组与职前教师教育机构，包括综合大学教育研究院等的动态分流，持续增强教师教育事业对优质、高端教师教育机构的吸引力，让教师教育事业共同体不断壮大。为此，国家在坚持重点师范大学主导政策的前提下，必须坚持“两条腿走路”政策，积极推进教师教育机构的科学分流，这就是：一方面，引导低端师范院校加速推进综合化、应用化、地方化的转型，采取严格的师范专业认证制度严格限制一般综合大学开展教师培养工作，进一步控制低水平教师供给源，不断抬高教师教育机构的基线或下限；另一方面，继续鼓励高端综合大学进入教师教育事业，鼓励高水平综合大学做强教育学科、学院文化，鼓励其与师范大学联合开展教师培养工作，增强其培养中小学教师的能力，实现从“高端教育学科”向“高端师范专业”的升级与改进，不断抬高教师教育事业的上限。

（三）综合大学积极培育教育学的“小学科生态”

从渊源上看，师范院校是“综合大学之母”，是“高等教育发展的重要生长点”①，使其参与教师教育事业具有天然优势，利用高水平综合大学的招生优势、学科优势、教师优势、声誉优势等提升全国教师教育的品位是优质教师教育综合化的应有之义。同时，综合大学作为一所学校，它不仅需要先进教育理念、科学办学思想的支持，更需要高水平教师专业发展中心的支持，具有发展教育学科的内在要求。可见，综合大学参与教师教育事业只是微妙转变、轻易之举，只是校内教师教育相关资源与要素的一次盘活与重组而已。当然，综合大学毕竟是多学科、多专业、多文化联结而成的综合体，彼此间跨度大、差异大，不像师范大学那样，其师范文化的主导力较强，覆盖面较广。在这一意义上，综合大学要办好师范专业、建好教育学科，就必须走学院化、书院化之路，确保完整师范文化生态在专业学院内的形成与发展。在综合大学教育研究院或教育学院中，学院应该将三种建设，即师范类学科建设、专业建设与文化建设统筹推进：既着力培育学院作为“师范院”的“师范味”，又努力彰显学院作为“研究院”的“研究性”，合力培育师范专业的“竞争力”，体现综合大学办师范的高端性。

相对于师范大学而言，综合大学的弱势是：教育学科不成系统、师范专业规模小、全校师范文化稀薄、教师培养专业化水平不高，等等。面对这些劣势，综合大学必须坚持“小而精”、“学院主体”、“高端办学”等理念，瞄准高层次教师教育人才培养方向开展办学活动，不断增强其对学院外文理学科的吸附力与融合力。在这一意义上，教育学专业的研究生教育是综合大学教育学院的立根之本，是其在校内、国内、业内的存身之本，而向本科段师范教育延伸只是其未来发展的一种可能选项而已。无疑，综合大学的优势是得天独厚的高水平文理学科，如若教育学院的师范文化与学科建设达到一定水平，就完全可以借鉴国外

① 李学农：《师范大学综合化与教师教育专业化》，《江苏高教》2005年第2期。

“大学+师范”的方式来吸引校内文理学院学生进院选修教师教育课程，接受师范专业训练，获取教师资格证，最终取得中小学从教的资格。因之，走书院化、学院化办学之路，培育师范文化生态，在校内打造师范教育的“微环境”、“小生态”，正是综合大学提高教师素养培养水平，深度参与教师教育事业的合理路径。

二　回归教师教育综合化初心的改革路向

面对教师教育综合化的种种病态现象，我们呼吁：坚持“三保原则”，坚守纯正教师教育综合化的信念，守住教师教育综合化的边界，根治种种病态教师教育综合化的扩延！进言之，教师教育综合化要回归初心、守正务本、青春常在，就必须与各种离心式、忘本式、异化式教师教育综合化路径划清界限，力保教师教育综合化走上一条健康、正向、本真的轨道。

（一）保持师范教育的主体性与合理伸缩度

当代教师教育综合化其实是在高水平大学，即高水平师范大学、高水平综合大学中进行的，其中，高水平师范大学是综合化的主体，高水平师范大学中保持师范教育的主体性更是“主体之主体”，认识到这一点是事关师范教育大盘稳定、持续飙升的立基点。学者指出，“当教师教育的‘帽子’戴在一定的学科专业活动之上时，教师教育成为约束该学科专业发展的因素，一旦这个‘帽子’摘去以后，学科专业的发展就有了自主性”①。如何戴好这顶“教师教育帽子”，强化教师教育学科的统摄力与向心力，才是师范大学真正需要思考的一道难题。显然，一旦脱离了教师教育束缚，学科专业发展可能把教师教育活动置于学校工作边缘的不利地位，师范大学走向名存实亡是必然后果。为此，要坚守师范教育的主体性，师范大学不仅要坚守师范教育事业，更重要的是，要在改革中夯实、丰富、创新“师范教育主体性”的内涵，而非

① 李学农：《师范大学综合化与教师教育专业化》，《江苏高教》2005年第2期。

一味强调师范专业、教师教育学科在全校布局中的数量与比重。应该说，师范教育的主体性是稳定性与创造性的统一，给予其合理的伸缩范围更有利于师范大学在探索中保持师范教育的动态强势地位。

1. “师范教育主体性”含义应当是相对稳定的

这种“稳定”体现在三个方面：其一是确保教师教育学科，包括教育学科、文理学科以及在这两种学科基础上形成的交叉学科在师范大学学科布局中始终保持强势地位，确保足以实现对非师范专业发展的有力牵引；其二是教师教育专业的相对优势，即确保师范专业毕业生在社会上的就业竞争力较强，教师行业中的科班师范毕业生保持强势地位与较好口碑，以及教师行业中的骨干教师、教学名师绝大多数源自高水平师范大学；其三是确保师范生在师范大学中的绝对数量优势，即师范大学的主体学生群体是师范生，甚至在业余学生群体中师范生或参训教师也是主体。可以说，师范教育主体性既包括内涵、实力意义上的“主体性”，还包括外延、数量意义上的“主体性”，二者相互印证、相互支持，共同夯实师范大学“师范性”品性。

2. “师范教育主体性”是有伸缩性的

“师范教育主体性”没有绝对精准的量化指标，在具体发展轨迹上，它始终体现为一个波动范围或区间值，这就是师范教育主体性的“伸缩性”。具体而言，这一“伸缩性”有两点含义：其一，师范大学不一定是清一色的师范生、师范专业、教师教育学科，应该有适度的非师范生、非师范专业、非教师教育学科的加入；其二，承担师范教育的不一定全是清一色师范大学或高水平师范大学，它允许一定比例的非师范院校，尤其是高水平综合大学的参与。显然，绝对纯粹的师范教育有两点缺陷：一是不利于师范大学开展实验与探索，二是不利于竞争性师范教育格局的形成。一方面，师范教育的主体性是在竞争、开放中获得的，一味封闭、定向、僵化的传统师范教育体制几乎窒息了我国师范院校的发展，这是一条重要的历史经验；另一方面，师范教育的主体性是在改革中形成的，借助非师范专业、非教师教育学科的学科营养、办学经验来滋养师范专业、师范学科，是促使师范教育良性发展的生态条件。实践表明：医学的临床培养经验、工科的工匠培养经验等，目前都已经成为师范生培养的重要经验，“在实践中或从实践中学习”[1] 的观念在教师教育领域已成共识。

进言之，师范教育主体性的合理伸缩性体现为三个方面：其一是严格按照对教师培养工作的相关性、贡献率来有选择地发展非师范性学科与专业；其二是师范大学保持适度的开放度，坚持在“为我所用”的原则下开展与综合大学的深度学科合作、培养合作；其三是谨慎扩招非师范生，确保师范大学的主流师范文化不受到冲击或削弱。在办学中，坚持这三个原则，“综合化”进程就会保持在“教师教育”的范围之内，而非在综合化中去掉了“教师教育”的前提与内芯。

当然，稳定性与伸缩性是在师范大学具体办学实践中历史地走向统一的过程。如若师范院校、师范专业不善于利用自己的改革与探索维护自身在师范教育中的主体地位，这些院校与专业也不应该承担教师培养工作；如若师范院校、师范专业丧失了对非师范院校、非师范专业的牵引力与导航力，这些师范院校、师范专业也必须退出教师教育行业，必须强制摘掉其“师范”的帽子。

（二）保持教师教育事业的定力

教师教育是一项事业，克制过度的功利心，保持清纯本真的动机，是教师教育综合化健康推进的一道钢铁长城。在这一意义上，所有参与教师教育事业的师范大学与综合大学都应该保持教师教育事业的定力，吃上一颗“一切为了优秀教师培养”的定心丸，让事业心、公益心、教育心主宰综合化改革的动机系统，增强教师教育综合化改革的防变抗退能力。

所谓教师教育事业的定力，就是大学始终坚持基于教师教育事业本心、本意、本真的稳固办学动力，就是持续坚守师范教育事业本位、本

---

① 高鸾、何阅雄：《建构主义取向的西方教师教育实践及政策研究》，《贵州师范大学学报》（社会科学版）2016 年第 4 期。

体、本业的意志力、情感力与价值力，具体包括：坚守奉献教师教育事业的纯洁动机，坚守发展教师教育学科的纯正意图，坚守做强做大教师教育事业的纯真信念等。具体来看，这种“定力”主要来自四个方面：其一是本体性的教师教育改革动机，即“为事业而变革”的综合化动机；其二是专业性的教师教育改革道路，即努力探索具有专业品质的综合化路径；其三是自我为本的教师教育改革原则，即始终坚持“学院为本、学科为本、专业为本”的教师教育改革原则，积极推进自我发展、自主改革、自我负责的综合化实践；其四是抵制物欲诱惑的教师教育改革秉性，即面对各种外在诱惑始终保持初心不变、本心不移的坚挺综合化气质。

在不同学校类型中，“教师教育定力”的表现有所差异。对师范大学而言，这种“定力”尤为重要，主要体现为：师范大学在综合化改革中始终能够坚守教师教育的底色，坚守培育卓越教师的情怀，坚守师范性的秉性，让所有改革决策、学科建设、资源配置、人事选聘都始终围绕“教师教育实力”提升这一中心来旋转，让综合化始终是强化大学师范性的一把利器。对综合大学而言，这种“定力”主要体现为：大学在举办教师教育事业中始终能够坚守“教师培养为本，办学效率为辅”的原则，坚守教师教育事业的品牌意识、品质意识与品位意识，始终把教师教育事业的公益性、专业性与自主性放在第一位，增强教师教育学院、学科与专业的自我发展能力，有力克服各种非正当外力的侵蚀。

要增强教师教育事业的“定力”，不仅需要教师教育机构保持纯洁的办学意图与稳定的办学立场，更需要外界政策环境的建立。当前，国家从政策上明确了教师教育是师范大学的主业，并通过各项教师教育支持计划与改革项目，如卓越教师培养计划、教师教育振兴行动计划等大力支持动机纯洁的办学行为，这些举措好似一颗颗定心丸，有助于激励、维护、强化师范大学坚守教师教育事业的定力，客观上支援了师范大学纯洁本真的办学动机。在后续综合化改革中，国家教育政策的出台不仅应该针对师范大学社会服务能力较弱、文理学科水平不高的短板引入更多特殊支援政策，更要对办学动机不纯的师范大学给予警示、校正，促使其专注教师教育主业，回归教师教育主道，永葆综合化改革的初心。

（三）保持“教师教育力”的持续增长

无论是何种综合化形态，包括师范大学综合化与综合大学师范化，其中一以贯之的都是“教师教育力”的培育与提升问题，用教师教育力变化态势监测来评量教师教育综合化的品质无疑具有其科学性。本书认为，分析“教师教育力”的构成与监测问题，引导教师教育综合化沿着教师教育力增强的道路持续改进，是很有意义的一个话题。所谓教师教育力，就是一所大学在教师培养工作上体现出来的综合实力，是其在承担教师教育工作方面体现出来的实际能力，具体包括教师教育事业的目标统合力、学科整合力、专业竞争力、教师培养力、行业竞争力与品牌影响力等，这些能力的系统提升是教师教育综合化改革的核心意图。在此，我们可以将之图示如下（见图4-7）。

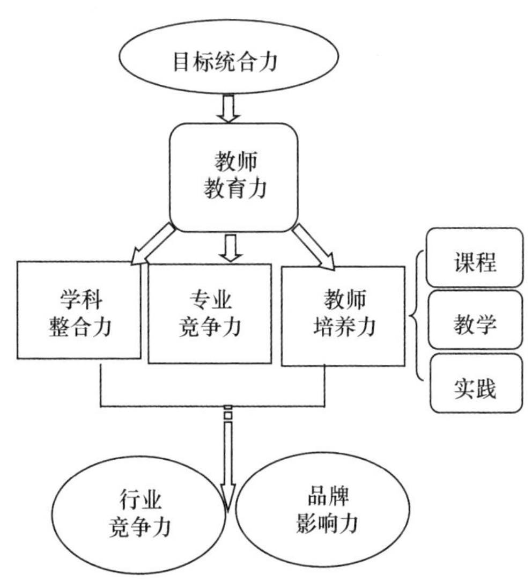

图4-7 “教师教育力”的概念图解

在教师教育力的构成中，每一项能力都从某一维度代表着一所大学的教师教育实力水平，其中“目标统合力”主要关注的是大学中所有教师教育相关政策、举措与改革的内部契合性、逻辑关联性，它是学校教师教育内力整合的重要结点，有无机构与组织全面协调师范大学与综合大学内部教师教育事务是这一内力凝聚的关键环节；学科整合力、专业竞争力与教师培养力共同构成了大学内部教师教育力生成的三个重要环节，高水平教师教育学科、高水平师范专业、高水平教师培养服务是一所大学教师教育力的核心构成，是大学着力提升教师教育力的三个抓手，即学科夯实、专业改进与培养环节优化；行业竞争力与品牌竞争力是大学教师教育实力提升的外现与效应，是教师教育力监测的直接对象，大学毕业生在教育行业中的认可度、供需比、满意度等都是其行业竞争力的直接内涵，而教师教育机构在教育行业中的美誉度、欢迎度、知名度等则是其品牌影响力的外显指标。借助这些指标的分析与监测，教师教育综合化就具有了最为直接的反馈信息，利用这些监测信息科学引导教师教育综合化进程无疑是健康、持续、有力地推进教师教育综合化纵深发展的良策。

第五章　教师教育力监测：教师教育综合化的保障

我国教师教育发展正步入开放化、混合化、竞争化、优质化、综合化的时代，那种高纯度师范院校一统天下的教师教育格局彻底成为历史！就国家此项改革的初衷来看，其意图是：借力综合大学、师范大学中的非师范专业来提升我国职前教师教育事业的综合实力与市场竞争力，扩大国家优质教师教育资源的供给能力，但如何确保这一政策意图在相关高校中得到不折不扣的落实呢？无疑，这一问题的解决亟须一个实质性指标及相应政策杠杆的研发来支撑。本书认为，教师教育力监测与评价是满足这一需要的最佳选项，厘清高校“教师教育力”的内涵及其形成机制，科学开展教师教育大学的教师教育力监测工作，是国家与高校合力推进教师教育综合化改革的科学思路与有力保障。

第一节　教师教育大学的教师教育力分析

在教师教育综合化时代，参与教师教育事业举办的高校一分为二，并出现新的变革态势：一类是传统师范院校，其显著变化是应用型非师范专业大量出现，甚至在专业数量、招生规模上大大超过了师范专业，教师教育纯度迅速下降，对非师范教育的举办热情持续飙升；另一类是综合大学，其显著变化是着手举办师范专业与教育学科研究生教育，其教师教育份额迅速增加。这两类大学可以统称为“教师教育大学”，其共同点是：均含有教师教育事业的成分与要素，只不过是其教师教育含量走势背道而行，前者中呈递减之势而后者中却是递增之势。在教师教育内涵化发展时代，社会对教师教育大学的关注焦点并非综合大学的教师教育规模或师范大学的教师教育纯度，而是其对优质教师教育资源的供给能力，这就是教师教育力。

一　教师教育力：鉴别教师教育综合化品质的标志性概念

所谓教师教育力，就是一所教师教育大学所能为社会提供的优质教师教育资源的能量、实力与潜质，是其基于已有的生源层级、学科结构、专业类型、师资水平、培养体系、资源水平等为未来教师提供优质教师专业发展服务的可能性大小。在教师教育综合化时代，为什么需要对教师教育大学进行教师教育力评估呢？这一评估的现实性体现在哪里？在此需要进一步分析。

（一）综合化时代教师教育事业面临的新挑战

步入综合化时代，教师教育不再是师范院校的专利，而是分散在各所高校之中，师范大学与综合大学共建师范专业成为基本教师教育格局。在这种形势下，如若缺乏实质性教师教育指标监测环节，教师教育资源配置很可能失去客观依据，趋于无序化、零散化，无法引导其流向优质教师教育办学主体，最终可能导致综合化进程与国家培育优质教师教育服务的意图背道而驰。尤其是当前，教师教育综合化正面临着双重挑战：其一是师范大学急于降低师范专业比重，摆脱师范身份对一流大学发展造成的瓶颈；其二是综合大学举办教师教育事业的意志不坚决，教育学院时刻面临着被停办或弱化的危机。具体体现在如下三个方面。

1. 师范专业的学部化办学问题

目前，学部化办学在重点师范大学中已经成为一种流行现象，成立教育学部、归并师范专业、统整教师教育学科是其一般举措。从表面上看，教育学部成立有利于教师教育专业化、集群化发展，但就其实质而言，这一校内教师教育办学新体制其实是师范大学内部解体的产物，从此师范大学一分为二：一部分是被剥离出师范大学母体而生的教育学部，另一部分是与师范属性日益远兮的理工科非师范专业群落。从这一剥离的深层意图来分析，师范大学办学者潜在以为：师范专业会抑制学校非师范专业的发展，阻碍师范大学的综合化进程，不利于高校按照“综合大学”的完美范型来推进。从这一角度看，学部化办教师教育是教师教育办学规格、规模、水准整体下降的转折点，是师范大学脱掉“师范”帽子、降低师范教育专注度的伏笔与先声，是国家教师教育事业最危急时刻到来的标志，其实质是师范大学“隐性脱帽”之举。可以设想，假如全社会看重教师教育事业，师范大学与普通大学竞争的利器是其骄人的师范专业规模与教师教育品牌，而非拿出自己不擅长的理工科专业来与之较量。学部化办教师教育现象的出现充分表明：在当代高等教育格局中，师范专业是弱势专业，教师教育是弱势学科，国家推进教师教育综合改革的政策基点理应是扶持师范专业与教师教育学科，而非任由师范大学隐性脱帽，甚至用种种金蝉脱壳戏法来放弃自身的社会使命！

2. 综合大学中教师教育的生存危机

早在 2001 年，国务院《关于基础教育改革与发展的决定》中明确指出：“完善以现有师范院校为主体，其他高等学校共同参与、培养培训相衔接的开放的教师教育体系；加强师范院校的学科建设，鼓励综合性大学和其他非师范类高等学校举办教育院系或开设获得教师资格所需课程。”但在实践中，这一举措的落实举步维艰！在国家振兴教师教育号召下，尽管我国许多重点大学，如清华大学、北京大学、武汉大学、兰州大学等校先后建立了教师教育学科、学院，开设了教师教育研究生专业，但在强势理工科专业、学院的围剿下，教师教育发展态势不彰，一直处在进退两难的窘境之中，兰州大学等大学撤销教育学院便是例证。当然，也有一些综合大学的教育学科保持强劲发展势头，如北京大学、华中科技大学等，但这些学科发展常常具有狭隘性，其强势学科多为高等教育，与基础教育所需要的大教师教育学科相去甚远。这一形势表明：借力综合大学做大教师教育的综合化路径难以走通，其主因可能是：教师教育还没有找到接入综合大学机体的最佳接点，还不可能真正融入综合大学的细胞中去，综合大学势必在较长一段时期内存在对教师教育事业的“排异现象”。在这一形势下，综合大学办教师教育的意图仍然具有一定的虚妄性，如何借助教师教育实力监测手段来引导其走上一条协调、稳健、持续的教师教育发展路线，激励其举办教师教育专业的信心与动机，提升其对全国教师教育事业的实质性贡献力，就成为促使综合大学教师教育事业健康发展的一条良策。

3. 混合型教师教育机构的公共质量保障体系缺失问题

混合型教师教育格局的诞生有其明显优点，即大范围、多层级、全方位调动了普通院校，尤其是中低端院校参与教师教育的热情，一批新建高校、高职院校迫切要求参与教师教育事业。此时，如若没有建立起针对那些不具有教师教育办学资质院校的隔离机制，教师教育综合化很可能适得其反，造成大量高等教育机构鱼贯而入、鱼目混珠的局面出现，甚至异化为新一轮教师教育事业品质退化的起点。之所以有这种可能出现，是因为我国缺乏一个针对混合型教师教育机构的教师教育品质衡量尺度，缺乏最具公信力、实质性的教师教育品质量具。因此，要确保我国混合型教师教育机构、教师教育格局健康发展，教师教育质量评价就必须走出表象观察、表层指标的误区，走出单看综合大学举办的教师教育专业数量、教师教育学科排名等评价指标陷阱，转而深入到这些现象的幕后去，精细分析此类高校的优质教师教育服务供给能力，即教师教育力，并积极利用这一实质性指标研发与监测来导航混合型教师教育机构的良性发展。

（二）教师教育力评价：优质教师教育综合化的助推器

教师教育综合化的终端目的是培育优质教师教育服务，助推优质教师教育综合化形势的出现，而优质教师教育综合化的核心内涵正是其较高的教师教育力水平。开展教师教育力评价，全面分析一所教师教育大学的生源吸引力、教师培养力、行业竞争力与就业市场力，对于科学引领当代教师教育综合化改革意义非凡。其重要意义体现在三个方面。

1. 教师教育力是高校教师教育能力实力的聚合点

如果将高校举办的教师教育事业视为一个实体，它一定是由两方面构成的：一方面是教师教育表象，另一方面是教师教育实力，只有穿透表象触及实力，我们才可能看到一所高校真正的教师教育能量。应该说，教师教育力是将所有教师教育事物、要素、单元连为一体、凝聚一起的内线与内因，是判定高校教师教育资源配置、教师教育人才使用、教师教育学科建制等科学化水平的决定性因素。教师教育力就是统摄所有教师教育要素、单元、事物的聚合点与交汇点，它能为所有具体教师教育事物、要素、单元在这一点上找到存在理由与恰当位次，并能为一切合理教师教育改革提供终极缘由。无论是在师范大学还是在综合大学中，其一切教师教育改革的必要性、科学性与可行性均可以借助是否有利于其教师教育力提升这一标准来判定。正是在这一意义上，我们相信：教师教育力是一所高校中蕴含的所有教师教育力量的公共集结点。更进一步说，无论是学部化办学还是混合化开展教师教育，其唯一合法性是：其促进了高校的教师教育力持续增长，任何其他改革行为的正当性，包括师范大学剥离教师教育、综合大学举办教师教育等都将在客观的教师教育力测量中给出最公正的评判。

2. 教师教育力是高校教师教育服务整合能力的体现

从深层来看，教师教育力是撬动教师教育改革的积极力量的集合，是高校教师教育事象中体现出来的教师教育实力的聚合；从表层来看，教师教育力是高校将有限的资源、人才、精力用于发展教师教育事业，促使优质教师教育服务凝练的能力。高校其实是一系列办学资源构成的经济实体，但是能否将这些资源用于教师教育，会将多大比重的资源划拨给教师教育部门，以及它能否将这些资源合成为教师教育服务，这的确是一个较为复杂的问题。这些问题分别构成了教师教育事业的核心要素——教师教育价值、教师教育规模与教师教育能力，这三个要素同时具备才可能保证现实教师教育服务在高校中的形成。在此，教师教育力其实就是高校举办教师教育的价值力、壮大教师教育规模的意志力与做强教师教育的智慧力等构成的有机体。教师教育服务绝非简单的教师教育资源、要素、人事的叠加，而是在教师教育目的的统领下，所有教师教育资源、要素、人事在互动磨合、交互作用中逐渐形成的一种具体教师教育服务形态。一旦这一服务形态建构完成，高校随之就具备了培育中小学教育人才的功能。可见，教师教育服务的形成其实就是高校教师教育力的外显化过程，教师教育服务品质是高校教师教育力外化而成的产品。

3. 教师教育力是高校教师教育事业专注度的表达

从形成角度看，教师教育力是主观努力与物质投入复合而成的产物，是高校对教师教育事业的精力投入与物力投入共同作用的结果，其集中体现为高校对教师教育事业的专注度。进言之，这一专注度是三方面因素合成的：其一是教师教育事业的忠诚度，即办学主体发自内心办好教师教育事业的夙愿与热望；其二是教师教育事业的专一度，即办学主体始终将教师教育事业作为主业（师范大学）或重要门类（综合大学）来建设；其三是教师教育事业的保障度，即将教师教育事业作为学校发展重点来予以规划、制度与资源方面的保障。总而言之，教师教育力是高校投入教师教育事业的物力、精力与智力的总和，是这些投入在学校教师教育办学实力中的全面展现，是高校长期精心经营并持续专注教师教育事业的重要成果。客观地讲，尽管教师教育力评价并非扭转学部化办学倾向的关键力臂，但它毕竟有助于量化地表明一所教师教育大学对师范专业的整体关注度，有助于社会将教师教育力提升视为学部化办学的根本出发点，而掩盖“去师范化”隐流的遮羞布。从这一意义上看，专注与投入是高校教师教育力形成的两大根源，是评量一所高校教师教育事业发展的态势与后劲的核心指标。

当然，教师教育力量化并非助推优质教师教育综合化的万能手段或唯一手段，对其作用不可高估。其主要原因有二：其一，一旦教师教育大学并不看重这一评价分数或结果，其专业导航力难以形成；其二，一旦师范专业在整个社会遇冷，本评价指标及其结果同样是无效的。但无须担心，理由很简单：一方面，一项评价只能在其职能范围内生效，即表明平行主体对象间的对比水平差异，故教师教育力测评只需承担起为社会提供教师教育大学的师范专业发展信号即可，无须予以更多的期待与顾虑；另一方面，如果政府、社会对教师教育力评价结论高度关注，行政性干预随之介入，本测评的社会意义与影响力必然剧增，甚至可能把师范专业“炒热”。综合上述分析，教师教育力测评一旦完成，社会效应必然出现，其对优质教师教育综合化的引领价值非凡。

二　高校教师教育力的具体构成与生成机制分析

对一所高校而言，尽管教师教育力的成因具有多元性，但其表现却具有共同性：一所具有较高教师教育力的高校一定会在其教师教育事业的各个方面体现出较强的竞争性与优越性。无论是综合大学还是师范大学，其教师教育力一定体现在其操持教师教育事业的各个环节上，例如招生、培养、就业等环节，它们既是教师教育质量形成的核心环节，也是高校教师教育力的集中体现点。基于这一分析思路，我们可以对高校的教师教育力构成要素予以直观剖析。

（一）高校教师教育力的构成图

高校教育工作的核心环节是人才培养，对教师教育大学的重要评价指标之一是其教育人才培养及其相应教育服务供给的质量与能力，这就是教师教育力。高校教师教育力主要体现在教育人才质量形成的三个关键环节上，即招生、培养与就业，与之相应，高校教师教育力的核心构成是：教育专业吸引力、教育人才培养力与教育市场竞争力。在此，我们将高校的教师教育力构成图示如下（见图 5 - 1）。

图 5 - 1 表明，高校教师教育力的三大核心构成要素是：教师教育事业的专业吸引力、人才培养力与市场竞争力，每一个核心要素又由多个二级要素构成，共同构成了高校的教师教育力要素构成图。

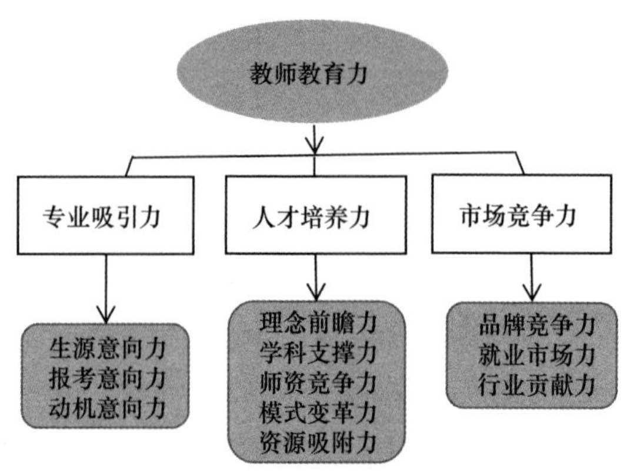

图5－1　高校的教师教育力构成图

1. 教育专业吸引力

一所高校的教师教育力首先体现为其教育专业的吸引力，一所专业潜在生源充盈的教师教育大学一定是高教师教育力型高校。当然，相对于两类教师教育大学——综合大学与师范大学而言，其教师教育专业的报考吸引力体现是不一样的：尽管师范专业是师范大学的传统优势专业，但低层次师范大学的师范专业同样面临竞争力脆弱的问题；尽管教师教育研究生专业不是综合大学的优势，但一流综合大学的教师教育专业同样具有较强竞争力。进言之，一所高校的教育专业吸引力体现在三个维度，即潜在生源竞争力、报考竞争力与动机竞争力，三者俱佳的高校才具有教育专业吸引力具体体现为：

（1）报考意向力

在考生志愿选择前夕，考生对教育专业的报考意向是反映高校教师教育专业实力与吸引力的重要指标之一，这就是专业报考意向力。在不同教师教育大学中，教师教育专业意向力的来源有所差异：在师范院校中，考生意向力的主源是其传统办学优势；在综合大学中，考生意向力的主源可能是其学校实力排名与社会声誉；两者俱佳无疑是学校占据教师教育招生高地的表现。例如，北京大学、武汉大学等一批一流大学的报考意向力相对优势明显，即便是传统省属师范大学的考生意向力也可能难以达到同等水平。正如有学者所言，"学校声誉有品牌效应，声誉好的学校往往能吸引优秀的师资与高素质的学生"①。综合大学的较高报考意向力离不开其社会声誉表现。

（2）专业吸引力

有教育专业就读意向的考生不一定会最终选择报考教育专业，因此，报考意向力与现实的报考选择——专业吸引力之间有较大差距。在招生志愿填报环节，每个教育专业的报录比既是本专业报考难度的体现，也是其对考生而言的吸引力体现：报录比越大，表明专业报考难度越大；相反，表明报考难度越小。决定教师教育专业吸引力大小的因素也是多样的，其中，学校层级、性别倾向、职业前景等因素至关重要。导致师范院校与综合大学间教育专业吸引力差异的主要因素是专业生存环境：师范院校是教育"专业丛"的密集地，而综合大学中的教育专业更多是"一叶孤舟"。这就决定了那些对教师教育专业倾向明显的考生容易选择师范院校。

（3）动机竞争力

其实，专业选择是多重动机因素同时生效的过程，这些因素大致可以分为两类：功利性因素与事业性因素，前者更多与教育专业附带的功利性因素，如职业稳定性、职业收入、职业声望等密切相关，后者更多与教育专业的"人—业"匹配性因素，如职业符合个人性格等直接相关。考生在专业选择中如果带有更多"人—业"匹配性因素考虑，其动机清纯度较高，后续专业保持度较高，也有利于考生教师教育潜能的呈现，故在报考动机上具有较强的竞争力，这就是动机竞争力。例如，在当前公费师范生教育政策中，考生的动机性竞争力相对较弱；而在未实施特殊教师教育政策的高校中，考生的动机性竞争力相对较强。

① 赖德胜、武向荣：《论大学的核心竞争力》，《教育研究》2002 年第 7 期。

上述三种专业吸引力构成了高校的教育专业吸引力与前端教师教育力，是师范生在踏进高校门槛时呈现出来的教师教育力。这一教师教育力类型的特点是：长效性与积累性。其意即该类教师教育力是高校在举办教师教育专业中长期积累起来的一种办学实力，在相当长的一段时期内效力持续递增，可以说是高校的教师教育优势因素长期累积固化而成的稳固成果。

2. 教育人才培养力

相对于前端教师教育力，教师教育人才培养力则是中端教师教育力，是教师教育大学在教育人才培养过程中形成的一种比较竞争力或综合教育力。在师范生进入高校后，一切教师培养要素与活动会整体介入师范生专业成长过程，并对其专业水平提升产生现实影响。在该类教师教育力中，最为显著的构成因素是教师教育大学在培养理念、学科结构、师资水平、资源吸附等方面体现出来的实力与竞争力。

（1）理念前瞻力

理念是实践的先导者、设计者与导航者，教师教育理念前瞻力是高校教师教育力的重要构成。在教师教育实施中，有无先进的教育人才培养理念支持，有无科学的教育人才培养思路统领，有无专业的教师教育观念凭借，直接决定着一所高校的教师教育实力。教师教育理念对教师教育实践的前瞻力体现在许多方面：为高校教师教育事业的规划、发展、改革设计出科学的蓝图，用专业教育认识来指引教师教育实践的展开，对教师教育改革的预期成果予以科学的价值评判，用理性教育思维来引导学校教师教育事业的发展，等等。理念是脑中的实践，实践是身体中的理念。用专业、先进、科学的教师教育理念来谋划学校教师教育事业的全局、雕琢教师教育事业的细节，是一所高校的教师教育力持续飙升的观念驱动器。

（2）学科支撑力

学科是理念研发的平台，优势教师教育学科是撑起高校教师教育事业的中流砥柱，“师范院校要走综合化之路，就必须始终坚持以学科建设为核心”①。在教师教育大学中，教师教育学科是教师教育领域学者聚会、知识生产的学术支架，是教师教育学术深入发展的物质架构，做大做强教师教育学科是教师教育大学的远见之举。具体而言，一所高校的教师教育学科主要由教育学科、心理学科与文理学科构成，这三个学科有无前沿的研究成果、成熟的学术圈、顶尖的学者团队、广泛的学术关联直接决定着其支撑一流教师教育学科建设的能力。学者、学问、学究是任何学科实践的三大基本构成要素，高校的教师教育学科支持力就体现在其教师教育学者、学问、学究等方面涌现出来的顶尖级学者、标志性成果与浓厚学术氛围之中。

（3）师资竞争力

教师人才是教师教育建设事业的第一资源，是最具能动性、爆发性、增值性的教育资源，教育人才队伍建设是高校教师教育力提升的首要入手点，是一切其他教师教育力要素形成的基石与凭借。在教师教育大学中，师资竞争力主要来自两类师资：一类是教育理论专家，另一类是教育实践专家，师资竞争力主要体现在这两类专家在教育学术圈与教育行业中体现出来的显赫地位上，体现在两类优秀教育专家在教师队伍中所占的比例上。作为高校教师教育力的核心构成，师资竞争力常常以与其他教师教育要素结合的方式带动学校教师教育事业发展：教师人才在与办学资源结合中能够提高办学资源的社会效益，在与培养环节的结合中能够提高培养方式的先进性与效能性，在与学科活动的结合中能够提高学科建设的产出与水平，等等。一句话，师资竞争力贯穿在教师教育力形成的全过程、全要素之中。

（4）模式变革力

所有教师培养活动都要借助一定的模式来进行，模式是把各种教师教育要素连接起来的一个具体形体，教师教育模式及其变革性是高校教师教育力的又一重要构成要素。当前，高校教师教育模式的主要类型是

---

① 朱佳颖：《21世纪高等师范院校的综合化发展》，《黑龙江高教研究》2003年第5期。

理论主导型、能力本位型与自主发展型，每种类型都有其优势，但对教师专业发展而言，每种模式的适用性范围有所差异。同时，任何一种教师培养模式都不可能成为高校的唯一模式、固定模式，而要在不断改进、调适、选配、交融中持续提高其工作适应性与实际效能性。因此，是否善于选用科学模式来组织本校的所有教师教育要素，能否在发展中优化教师教育模式来提升其社会效能，是判定高校教师教育实力水准的两个重要观测点。

（5）资源吸附力

办学资源是教师教育事业发展的物质依托，与教师人才要素同等重要，毕竟“巧妇难为无米之炊”。在特定高校中，其办学资源是一个定值，具有相对有限性的特点，但如何配置则取决于具体专业的校内竞争力。对一个发展良好的学科与专业而言，它能从校内获取更多资源，表现出较强的资源吸附力，而对一个发展欠佳的专业而言，这种吸附力显得较为脆弱。在师范院校中，师范专业与非师范专业之间、优势师范专业与普通师范专业之间存在着办学资源争夺关系；在综合大学中，教师教育学科与其他理工学科之间存在办学资源争夺关系。这就决定了每个专业学科从学校中吸附办学资源的能力是有差异的。相对而言，教师教育专业的资源吸附能力越强，表明其教师教育力越强；反之，表明该高校的教师教育实力有待继续增强。

相比而言，教育人才培养力是最具控制性、灵活性的教师教育力类型，其特点是：显示度较高，观测相对容易，是高校提升其教师教育力的重要操控点。持续优化人才培养环节，系统推进人才培养模式变革，是高校提升其教师教育力的攻坚工程。

3. 教育市场竞争力

毕业生是职前教师教育事业的终端产品，其在教育行业中体现出来的后续发展力与社会效应力是高校教师教育力的权威指标。这就是教师教育市场力。张维迎认为，大学是一种“关联性产品”，人们对大学的需求“取决于这所大学过去培养的学生的质量、现在培养的学生的质量和预期未来可以培养的学生的质量”①。教师教育行业亦是如此。教育行业及其专业需求是教师教育事业组织与变革的重要归口，是教师教育人才培养活动的出发点与归结点，提升教育市场竞争力是高校教师教育建设事业的关节点所在。这一竞争力主要表现为三个：就业市场力、品牌竞争力与行业贡献力。

（1）就业市场力

市场力是企事业单位及其产品服务的市场竞争力、市场影响力，在教育就业市场上，高校毕业生的就业市场力是鉴别其教师教育实力的重要指标。如果一所高校毕业生具有较强的就业市场力，其意味着：在同等条件下，高市场力高校的毕业生更容易被选聘，因而具有较强的就业优势。正如有学者所言，“学校核心竞争力的价值追求体现在提供优质服务，满足消费者（社会、家庭、学生）的需求和偏好上，如社会对高级人才的需求、个人兴趣爱好的满足、家庭与个人对教育回报率的期望等”②。与之相应，教师教育大学的就业市场力来自其优秀教育人才的输出。因此，高校教育毕业生的就业市场力是其毕业生在市场竞争空间中表现出来的比较优势或相对实力，是其被教育机构关注与重视的程度。

（2）品牌竞争力

所谓品牌竞争力，就是一个产品或服务的供给者在所属行业中形成了相对稳定的信誉与口碑，即具有了一定的知名度、美誉度与认可度，并在消费者的意识中占据了一个相对清晰、稳定、重要的位置。张维迎指出，“大学的声誉很大程度上取决于校友的质量，而不是老师的质量”③。推而广之，教师教育大学的品牌竞争力是该机构在教师教育行业、圈层中获取了一定的知名度与美誉度，是其毕业生在本行业中形成了标杆效应。教师教育品牌竞争力来自教师教育大学所培育出来的教育

① 张维迎：《博弈与社会》，北京大学出版社 2013 年版，第 12 页。

② 赖德胜、武向荣：《论大学的核心竞争力》，《教育研究》2002 年第 7 期。

③ 张维迎：《博弈与社会》，北京大学出版社 2013 年版，第 45 页。

人才的可信度与认可度，来自其教育人才培养质量的稳定性与影响力。持续经营教师教育事业，努力形成自身品牌，是高校培育其傲人教师教育力的路径之一。

（3）行业贡献力

教育行业是高校教师教育毕业生的终生耕耘之地，是其专业才能潜能持续被发掘、展现的场所，行业贡献力是毕业生在教育行业终身成就的集合。一名训练有素的教师教育毕业生能够在教育行业中持续前行、不断创造，进而对教育行业做出较大的社会贡献；而一名培育欠缺、训练不足的毕业生则可能终生业绩平平，对教育行业的社会贡献微乎其微。所以，高校教师教育毕业生的行业贡献力是评量其教育绩效的最高指标，但其缺陷是：影响教师一生成功的变量较多，难以判定职前教师教育对其行业贡献的真正大小与准确比重。

市场竞争力是教师教育力的关键构成，具有终端性与持续经营性的特点。在教师教育力培育与提升中，高校必须确立教师教育品牌意识、市场意识与行业意识，形成面向行业、市场与品牌的教师教育办学定位，持续提升自身的教师教育事业发展力。

（二）高校教师教育力的运行图

一所高校教师教育力的形成绝非单因素操控的过程，而是多因素联动、互动、共促的结果，善于抓住核心要素来筹划教师教育力系统提升的运行图，是高校教师教育力快速、持续提升的科学思路。显然，高校的教师教育力是在教师教育办学实践中被激活、被整合、被升华的，办学实践就是高校凝练其教师教育力的操作间。在教师教育力培育中，师范大学与综合大学应该掌控好四个关节点，即愿景规划、专业建设、特色培育与过程监控，在系统调控中不断提升自身的教师教育行业竞争力。在具体运行中，教师教育力提升工程大致可以按照下图来推进（见图5－2）。

图5－2表明，高校教师教育力的运行是以教师教育发展图景为统领，以教育专业建设为中心，系统整合凝练三类教师教育力——专业吸引力、人才培养力与市场竞争力的过程。该过程的科学推进需要把控好

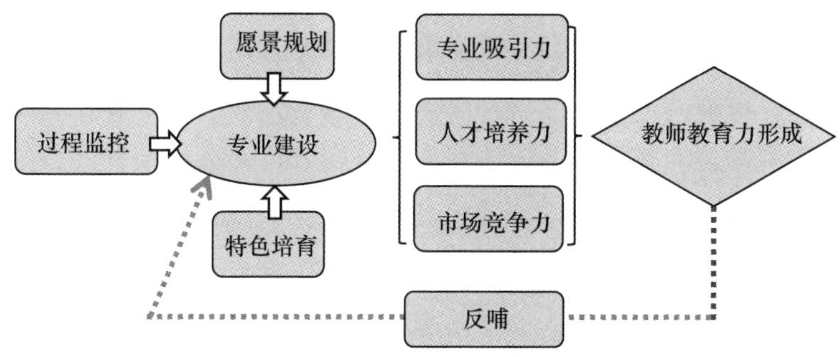

图5-2　高校的教师教育力运行图

三个关键环节，即愿景规划、特色培育与过程监控，敦促所有教师教育力要素在专业建设这一交汇点上聚合生成。从力学角度看，力的三要素是方向、大小与作用点，与之相应，教师教育力的三要素分别对应的是教师教育愿景规划、教师教育特色与教师教育专业建设，教师教育过程监控贯穿全程。一所大学的教师教育力一旦形成，就会对学校专业建设产生反哺作用，随之提高大学师范专业建设的整体水平。应该说，如果高校能够按照这一系统流程来全面筹划学校师范专业定位、布局、建设与评价问题，那些琐碎、零散、片面的教师教育改革行为会被统合到"教师教育力提升"这一主线上来，整个教师教育改革的合力随之增强，并为综合大学办教师教育的问题提供了可资借鉴的理念支持。

所以，教师教育力运行中必须重点关注以下四个环节：

1. 愿景规划：重视办学方向定位

高校教师教育力形成的首要环节是办学愿景规划，这是促使各类教师教育力要素走向聚合的观念起点。要办好教师教育，高校必须明确三个问题：其一是教师教育事业在学校发展布局中的定位；其二是教师教育建设事业的主攻方向与学科；其三是未来教师教育建设事业的图景设计。如若能在这三个问题上达成共识，各类教师教育力就有了共同关注点与目标点，进而形成合力最优的培育效果。

2. 专业建设：促成办学要素聚合

在教师教育力运行中，专业建设是主攻点，是所有教师教育力的主源与根源。借助教师教育专业建设来聚合所有办学要素、办学能量，促使各种教师教育力类型在专业建设中持续提升，是高校培育其教师教育力的常规思路。教师教育专业建设是一项系统工程，其实质是凝聚校内一切教师教育人力、物力、精力，促成核心教师教育竞争力的培育，加速其教师教育学科竞争力、人才培养竞争力、毕业生市场竞争力等的形成。所以，专业建设是教师教育建设事业的实质工作与焦点环节，是高校教师教育力的生力点与施力点。

3. 特色培育：加快办学优势凝练

教师教育力的一般存在形态是“基础 + 特色”，即一般教师教育力与特色教师教育力构成的综合体。其中，一般教师教育力主要包括一所高校在生源、培养与就业方面表现出来的基本实力，而特色教师教育力主要指相对于其他同类高校而言的特有实力，如独特培养模式、毕业生特有素质、独特培养理念等，后者成为教师教育大学无与伦比的竞争优势。可以说，特色是高校发展中的亮点与突点，是对其全局发展中最具带动力的发展资源。所谓“特色发展”，就是“大学凭借良好的制度对自身、社会及市场的各种资源所蕴含潜能的激发与整合提升而形成的、被社会公认的整体优势特征，反映的是一所学校独特的本质内涵”①。在同质化竞争中，教师教育大学容易陷入恶性竞争的循环，不利于每所高校各自特色的彰显；而在异质化发展主导的格局下，各高校之间会形成百花齐放、各放异彩的发展形势，有利于高校间形成“一校一品”的错位发展局面。所以，加快办学优势培育，借助特色培育思路来提升高校的教师教育力，是高校超越式发展的必经之路。

4. 精细推进：关注办学过程监控

在教师教育力的催生与运转中，办学过程监控是确保教师教育力正

---

① 甘晖：《学科综合化：高水平师范大学转型的战略选择——以陕西师范大学为例》，《高等教育研究》2013 年第 4 期。

向生长、高效运转的重要保证，借助过程监控来实现教师教育事业的精细化推进意义明显。过程控制，包括招考选拔、培养环节与职后发展等，都是高校教师教育力持续增量的重要环节，而实施这一监控的主要手段就是：对高校的教师教育力增减变化进行适时监测与客观评价，分析其发展中存在的弱势与不足，及时进行问题归因、精准干预、精细调控，引导高校教师教育力沿着积极方向持续增长。

由此可见，高校教师教育力的形成与运行是在教师教育事业发展愿景统领下，以专业建设与特色培育为基本手段，以精细化过程控制为保障，促使学校的教师教育力正向持续增长的过程。高校教师教育力的运行图告诉我们：对构成该图的各个环节进行科学干预是促使高校教师教育力增长的有效路径。

三 高校提升教师教育力的现实路径

基于上述分析，我们认为，高校教师教育力提升理应抓住其运行关节点，并及时开展精准干预，确保其教师教育力持续提升。我们认为，这些关节点理应是愿景规划、专业建设、特色培育与过程监控；更具体地说，其直接着手点或操作点是高校的教师教育办学方向、资源供给、人才培养、学科建设与教育实践等。无论是综合大学还是师范院校，要提升其教师教育力，就应该从这五个操作点着手使力，确保高校教师教育力的关键环节持续优化。

（一）把稳教师教育办学方向

高校教师教育力是一个矢量，即既有大小又有方向的一个量，准确的办学方向是决定其最终合力大小的重要指标之一。对教师教育事业高校而言，其对学校教师教育事业的发展定位、方向确定、办学态度至关重要，具体体现在两个方面：其一，教师教育办学定位决定着高校所能为教师教育事业发展提供的空间大小，一个将教师教育事业作为学校“办学特色”或学校属性的高校自然会将更多发展资源向教师教育事业倾斜，否则，教师教育事业必将被置于边缘化的地位；其二，明确的教师教育办学定位是学校聚合校内各种教师教育力量或有利发展因素的统合点，在没有确定、稳定教师教育办学方向定位的高校中，其教师教育事业发展可能会面临摇摆不定的窘境，不利于强大教师教育合力的形成。正是如此，要提升高校的教师教育力，就必须在学校层面准确定位学校发展愿景，明确教师教育事业办学定位，把稳教师教育事业发展方向，为其持续发展提供必要的政策与规划支持。

（二）保证教师教育资源供给

高校教师教育力的形成其实是物力、人力、精力在教师教育专业建设中的聚合发力过程，没有必要的物力、人力、精力投入的教师教育办学行为势必面临发展困境。当然，一所高校中教师教育事业所能够获取的资源总量取决于两个要素：其一是教师教育学科自身的建设水平，一个具有较高建设水平的教师教育学科专业会自然具备较强的资源吸附力，相反，其自身造血与发展能力较弱；其二是学校发展教师教育事业的自觉投入，这是学校保证教师教育资源投入的主观条件。为此，要保证教师教育资源的有力供给，高校一方面要保证教师教育事业发展必需的物力、人力与精力，另一方面还要不断强化教师教育学科专业的建设水平，提高其自身造血能力与资源吸附能力。一般情况下，高校应该在科学评估教师教育学科专业发展现状与走势的基础上准确确定其发展资源需求，以超前投资的眼光增加教师教育投资，刺激教师教育事业的发展，充分发挥资源调控的特异功能。

（三）优化教育人才培养环节

应该说，教师教育力的主要生产车间是教育人才培养环节，教育人才培养理念、内涵、模式、路径的优化始终具有较强的能动性与先驱性，是实质性地提升高校教师教育力的关键入手点。有学者相信，“教师教育的本质特性体现为培养目标的针对性、课程设置的特殊性、品德教育的重要性、教育实践的人本性、教育文化的民族性”①，所以，教

① 武海顺、闫建璋、程茹等：《论教师教育特色》，《教师教育研究》2011 年第 6 期。

育人才培养是彰显教师教育本质的中心环节。进言之，教育人才是教师教育事业的培养对象，严格按照教育人才成长规律来优化人才培养系统具有其客观必然性。在教育行业中，教育人才包括两类：一类是教育研究人才，另一类是教育实践人才；两类人才成长中的共同需要是主体参与、成长环境与专业实践，这是因为教育人才始终是其在教育环境中经由专业实践而发生的自我成长过程。为此，要优化教育人才培养环节，高校必须抓住四个关键节点：其一是系统设计教育人才成长环境，构建有利于教育人才成长的学校文化环境、课堂教学环境与自我发展环境，为教育人才成长创造出一种以学习者为中心的高营养教育环境；其二是系统设计教育人才培养流程，包括招生、学习、实践等环节，确保学习者受到专业的训练；其三是强化教育实践环节，包括教育技能实践与教育研究实践，持续提升学习者的工作与研究能力；其四是重视教育信念与情怀教育，凸显教育行业的特殊资质要求，将课程育人、师德教育融入每一个人才培养环节与细节中。

（四）强化教师教育学科建设

学科建设是发展教师教育事业的学问支架，是驱动教师教育力提升的知识引擎，强化教师教育学科建设是高校做大做强教师教育事业的又一重要入手点。学者认为，“学科的综合化是大学综合化的基础，学科的多样化是学科综合化的前提，多样性学科间的渗透、交叉与融合则是学科综合化的实质”①。因此，推进包括文理基础学科在内的大教师教育学科建设是推进教师教育综合化，提升高校教师教育力的必由之路。学科不仅是专业知识的聚会之所，更是专业团队的活动空间，做强做大教师教育学科对教师教育大学的发展而言意义重大。为此，高校必须加大加强教师教育学科建设步伐，致力打造教师教育学科高峰，使之成为教师教育建设事业的强大学科航母。为了达到这一目标，高校应该做好三项建设工作：其一是教师教育学科平台搭建，即建设一流教师教育研

① 甘晖：《学科综合化：高水平师范大学转型的战略选择——以陕西师范大学为例》，《高等教育研究》2013 年第 4 期。

究平台、实训平台；其二是教师教育学科团队搭建，即建立以顶尖教师教育学者领衔、结构年龄配置合理的研究团队，使之成为一支一流教师教育学术力量；其三是教师教育学科方向建设，即培育以优势学科方向为主干、其他学科方向为辅助、基本学科方向健全的教师教育学科阵营，力促相互支撑、互动共生的学科发展格局出现。显然，学科建设是一项长期积累、持续推进、科学布局的实践，建设一流教师教育学科势必是一项系统工程与立体实践，是教师教育学科潜力培育的重要链环。

（五）完善毕业生职后发展服务体系

职后发展是教师专业发展的重要内容，是毕业生质量、声誉、品牌建立的重要一环，构建毕业生职后发展服务体系是高校持续提升教师教育力的途径之一。就目前而言，教师教育大学应该建立形形色色的毕业生职后跟踪服务平台，如在线专业指导咨询服务系统、定期返校再培训制度、毕业生专业发展协作组织、毕业生专业发展支援机构、高校教师定期巡回指导制度等，及时为毕业生提供精准专业指导服务，为优秀毕业生迅速成长为教学名师、教育专家创设优越的成长环境。换个角度来看，职后实践是教师教育专业学习者最终迈向职业成功的关键一环，相对而言，职前教师教育仅承担着铺路奠基、专业播种的职责。借助职后发展服务体系的建立来打通毕业生职前职后发展环节，建立毕业生职业持续发展的高速公路，是充分彰显高校教师教育功能的有效举措。

第二节　高校教师教育力监测的实践研究

综合化是我国教师教育综合实力持续提升的必由之路，是中国特色社会主义教师教育改革的重要内涵。在中共中央、国务院新近颁布的教师教育领域纲领性文件——《关于全面深化新时代教师队伍建设改革的意见》中明确指出：推进综合化，即“建立以师范院校为主体、高水平非师范院校参与的中国特色师范教育体系”，是未来我国教师教育改革的不变方向，构建师范大学与非师范大学竞争互促、共容互促的开放型教师教育格局是国家教师教育改革的确定蓝图。《意见》还指出，支撑教师教育综合化的两个政策支点：一是“支持高水平综合大学开展教师教育”，二是“严控师范院校更名为非师范院校”[①]。这一政策立场表明：我国教师教育综合化的两翼是师范大学综合化与综合大学师范化，其共同宗旨是：借助综合化推手来做强教师教育事业，增强国家教师教育事业的竞争力。但在实际运行中偏离国家政策初衷的倾向时有发生：要么偏离师范教育主体开展综合化改革，要么在符应就业市场的功利主义驱使下开展师范教育，如此运转极易导致教师教育综合化背离“办好教师教育”的宗旨。基于这一考虑，适时推出“教师教育综合化指数”（Teacher Education's Integration index，TEi）概念，尝试实施教师教育综合化状态监测，精准掌控教师教育综合化的量度，引导教师教育综合化健康、持续、科学推进，是一项非常有意义的研究课题。在本书中，笔者试图从我国“教师教育力”提升这一原点出发，依托国内教师教育机构公布的相关状态数据，对教师教育综合状态与趋势进行量化跟踪与态势把脉，以期实现科学导航全国教师教育综合进程的意图。

一 基于“教师教育力”测量的教师教育综合化指数内涵分析

当前，我国教师教育综合化正面临着双重考验：一方面，国家三令五申禁止181所师范院校“更名”、“脱帽”，防止师范大学借用“综合化”名义“挂羊头卖狗肉”；另一方面，综合大学，如兰州大学等校撤销教育学院[②]的现象次第出现，似乎我国综合大学参与教师教育的教育生态遭遇困境。究其原因，在于国家无法准确知悉一所高校教师教育的含量与实力，无法科学衡量国内高校教师教育服务的供给量与供给力，导致针对性政策干预缺位或失灵。其实，描述一所大学教师教育状况的

---

① 教育部：《中国181所师范院校一律不更名不脱帽》，http：//www. xixik. com/content/01935feef55942cc，2020年12月14日。

② 《兰州大学教育学院正式撤销》，https：//www. weixin765. com/doc/rrmauqqf. html，2020年12月16日。

重要指标有两个：一个是教师教育服务的现实供给量及其含金量或品质；另一个是其生产教师教育服务的实力，这两者的耦合就是教师教育力。所谓教师教育力，本书认为，是指一所大学在教师培养工作上体现出来的综合实力或比较竞争力，具体包括教师教育学科实力、师范专业实力、卓越教师培养力、毕业生行业竞争力等要素。无疑，国家推进教师教育综合化的初衷是提振师范大学的教师教育能力，激活综合大学的教师教育资源，“寻求‘学术性’与‘师范性’的高水平的结合”①，形成双轨并进、融合共促国家教师教育力持续攀升的新局面。显然，“教师教育力”是一个相对抽象的概念，不借助数量化的指标来呈现，终归只能停留在理念的层面，难以外现为引发教师教育变革的真实作用力。所以，研发“教师教育综合化指数”，借此来直观地呈现“教师教育力”水平，将一所高校的教师教育服务供给力与竞争力可视化，就成为本书的意图所在。

（一）“教师教育综合化指数”的内涵界定

所谓“指数”，是指“用于测定多个项目在不同场合下综合变动的一种特殊相对数”②。这一概念为我们量化“教师教育力”提供了一条科学思路。在教师教育服务品质与数量测量上，教师教育力其实就是综合反映一所高校教师教育服务组配能力、品质水准及其动态变化情况的一个重要视角，它是将影响学校教师教育力的相关因素整合起来，总体反映学校教师教育力变动态势的一个特殊相对量。在这一意义上，教师教育综合化指数是反映一所教师教育机构或教师教育大学，包括师范大学与参与教师教育的综合大学为社会提供优质教师培养服务的状况与能力的一个数量。具体包括两重含义：其一，教师教育机构提供教师培养服务的现状，譬如，培养师范生、教育类研究生的数量，它体现着一所大学的现实教师教育能力；其二，教师教育机构提供教师培养服务的潜在能力，例如，一所高校具有教师教育学科、中小学教师培养条件但还

① 宋涛：《高等师范院校综合化发展道路之我见》，《鞍山师范学院学报》1994 年第 1 期。

② 王志华：《统计指数及其实质浅探》，《知识经济》2013 年第 13 期。

没有正式开始培养师范生，此时，本指数特指其能够承担教师培养工作的可能性概率。由于综合化是在师范大学与综合大学间的边缘区域发生的一种教育现象，因此，选择“现实性”与“可能性”、实力与潜力两个相对观测点有利于真实反映一所教师教育机构的综合化状态与水平。进言之，教师教育综合化指数是反映一所教师教育机构“教师教育力”状况的一个综合量数，严格来说，它是横向意义上的相对量数与纵向意义上的相对量数的综合：前者是指某一特定教师教育机构相对于其他同类教师教育机构而言的教师教育力对比状况；后者是指特定教师教育机构在一段时间内教师教育力的波动状况及其发展态势。对教师教育力监测而言，两组量数都具有“指标”意义，即表达教师教育机构的教师教育实力状况。

（二）教师教育综合化指数的具体内涵

上述对“教师教育综合化指数”的理解仅仅是社会经济统计学意义上的“指数”向教师教育领域直接推演迁移的结果，其实质意义还需要进一步廓清与细化。我们认为，“教师教育综合化指数”具有四重具体内涵：

1. 教师教育综合化指数是描述教师教育机构综合化程度及其教师教育能力水平的重要量数

在历史上，教师教育机构的诞生有两大路径：其一是国家社会举办专门教师教育机构——师范院校，其二是非师范大学，包括综合大学、其他文理专门学院等举办教师教育学位教育与专业教育。从原初意义上看，纯粹师范大学的教师教育综合化指数假定为100分或100%，但在综合化理念驱动下，其教师教育纯度开始下降，导致教师教育综合化指数不断下跌。从同一意义上看，一所纯粹非师范大学的教师教育综合化指数假定为0，而在国家开放式教师教育政策的驱动下，它们纷纷参与教师培养工作，导致其教师教育综合化指数渐次攀升。可以说，教师教育综合化指数是在纯师范院校与纯粹非师范大学之间波动的一个量数，找准特定教师教育机构在这一谱系中的特定位点正是教师教育综合化测量的意图所在。进言之，教师教育综合化指数其实是指某一特定教师教育机构中教师教育元素、工作、机构、资源、师生等的含量与比重，是该机构整合既有资源、人事、部门来筑就教师培养服务的能力——教师教育能力的水平或量数。

2. 教师教育综合化指数是描述一所教师教育机构的教师教育动能强度的综合量数

从教师教育综合化的“两翼”——师范大学综合化、综合大学师范化来分析，[①] 在不同综合化形态、不同教师教育机构类型中，“教师教育综合化”的意义蕴涵是有区别的。在师范大学综合化进程中，教师教育综合化指数反映的是一所师范大学的名实吻合度、教师教育事业忠实度、教师教育特色强度等指标，反映的是该师范大学的教师教育政策、立场、规划、方向、投入等关键教师教育能力建设环节的发展水平；在综合大学师范化进程中，教师教育综合化指数反映的是教师教育事业在综合大学中的吸引力、参与度、师范化转型可能性以及教师培养工作涉入深度等指标，反映的是该综合大学组建优质教师教育服务的潜能与动能。无论是哪一种情况，教师教育综合化指数都体现的是教师教育机构举办教师教育服务的能量强度，可视为教师教育综合化的内驱力量度标尺。

3. 教师教育综合化指数是指某一教师教育机构的学科结构、教师结构、院系结构与中小学教师培养需求间的契合度、匹配度

应该说，如若一所教师教育机构具备培养各级各类教师，尤其是培养中小学教师的能力，且全部办学资源用于教师教育事业，该机构的教师教育综合化指数理应为100分或100%。但实际上，每个教师教育机构不一定全部具备这一能力，常常会出现两种情况：其一是学校的学科、教师、院系等配备大于中小学教师培养工作要求，如师范大学综合化情况；其二是学校的学科、教师、院系等配备小于中小学教师培养工

① 胡玲翠：《教师教育开放背景下师范大学综合化转型研究》，博士学位论文，陕西师范大学，2014年。

作要求，如综合大学的教师教育参与情况。就现实而言，二者恰好对等的情况几乎不多见，大量教师教育纯度不高的综合大学、师范大学出现，打破了传统师范大学主宰局面，用教师教育综合化指数反映其教师教育纯度的客观要求随之出现。具体而言，教师教育机构的学科结构、教师结构、院系结构与中小学教师培养需求间的匹配情况可以分为三种。

（1）学科结构的匹配度

从中小学教师培养要求来看，它要求教师教育机构必须具备三类教师教育子学科，即中小学所教学科、（狭义）教师教育学科（特指教育学、心理学、教育技术学等）、学科教学论学科（见图5－3）。这三类学科构成了广义“教师教育学科”，成为一所大学开展教师培养工作的必需学科准备。而在现实中，许多综合大学常常是只具备中小学所教学科建制，或同时具备中小学学科与狭义“教师教育学科”建制，很少具备学科教学论学科，导致其教师教育综合化指数整体水平偏低。相对而言，综合性师范大学中不仅具备广义教师教育学科，而且还新增了许多新兴学科，如工学、医学、农学、法学等非教师教育学科，导致其教师教育学科纯度下降。

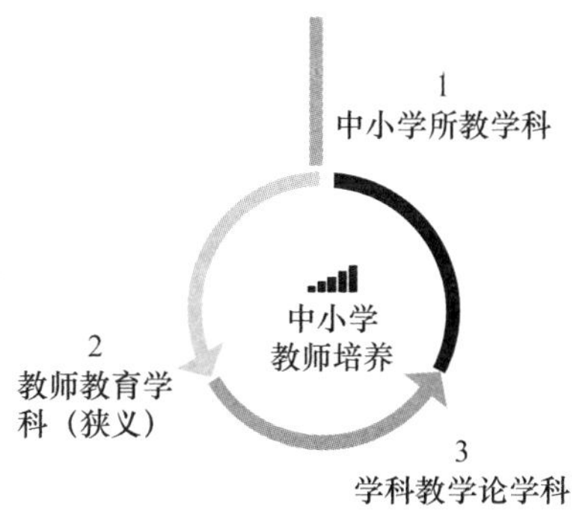

图5－3　广义教师教育学科构成图

（2）教师结构的匹配度

中小学教师培养是一件实践性较强的工作，它要求教师教育机构必须具备以下四类教师（见表5－1）：

表5－1　适合中小学教师培养工作的教师结构配备

类型1	通识教育教师
类型2	文理基础学科教师
类型3	教师教育理论教师
类型4	教育实践指导教师

显然，许多综合大学中并不具备教育实践指导教师，导致其徒有教育理论学科，只能开展教师教育理论方面的研究生教育，而难以具备培养一线中小学教师的功能与能力。相对而言，许多师范学院不仅具备上述四类教师，在综合化进程中还引入了一批研究非文理基础学科、开展理工科教育实践指导的专业教师，导致其教师队伍专业混杂，教师教育者纯度下降。

（3）院系结构的匹配度

无疑，教育学院、教师教育学院、师范学院、教育研究院等专门教师教育机构是将全校教师教育资源、力量、人员、要素等聚合起来的组织依托，如若缺乏这一机构设置，教师教育力量会趋于琐碎化、分散化，致使中小学教师培养服务难以被整合、被组建。在这一意义上，院系结构中有无教师教育机构至关重要，是比师范专业设置更为重要的一个环节。无疑，师范专业只是教师教育要素整合的初级阶段，而教师教育学院设立则是教师教育服务走向集中化、专业化发展的关键阶段，是决定教师教育机构的综合化指数高低的一个关键性指标。

由上可见，教师教育综合化指数研究是全面衡量某一教师教育机构举办优质教师教育的条件状况的重要量数，其实质意义较为明显。

4. 教师教育综合化指数是反映某一教师教育机构中的师范教育板块与非师范教育板块对比版图的量化指数

师范教育是教师教育事业的主体构成，当代师范大学至多是以师范教育为主业的大学，而不再是传统意义上的“纯师范性大学”。在不同教师教育机构中，师范教育与非师范教育的构成比重是有差异的：在一所师范大学中，那些师范教育模块，如师范专业、教育学科、师范生、师范文化、师范教育人才等占有较大比重，而在一所综合大学中，师范教育模块所占比重相对较小；一所正宗师范大学所承载的师范教育工作模块相对较多，而在一所名义性师范大学中，师范教育工作模块则相对较少。历史地看，几乎所有办学历史较为悠久的综合大学的前身都是师范大学，其中保留教师教育学科与建制的可能性较大，绝大多数综合大学都内蕴着师范教育的基因或前世正是此理。而在目前，区域性师范院校面向综合化的升格已是学校发展主流，新型区域性师范大学保留师范教育功能具有其历史必然性。据此可以推知：我国绝大多数师范大学、综合大学都是师范教育与非师范教育混合而成的混生体，对其师范模块与非师范模块之间的构成比值或版图比重进行描述，有利于我们清楚看到一所大学与师范教育间的相关度、密切度与涉入度。从这一角度看，当代教师教育在高校中存在的主流形态不是整块独体型，而是分散融入型的，师范教育正是以碎片化、分解式的形态向非师范大学的挺进。所以，研发“教师教育综合化指数”，科学测量一所大学中师范教育模块的含量，在现代高等教育研究中具有普遍性意义。

（三）教师教育综合化指数研发的现实意义

在专业化、开放化、市场化教师教育发展环境中，综合化已是势不可当的事实与潮流，师范教育与非师范教育混生发展已是常态，教师教育综合化指数研发尤为必要，其现实意义就在于：

1. 动态管理配置教师教育资源

在传统师范教育时代，国家教师教育资源投放的模式是以校为单位、整块批发式的，而在综合化教师教育时代，可以预见，国家教师教育资源投放的模式则是以教师教育服务供给能力与供给数量为依据，分板块、按要素、动态式投放的，即资源配置将参照高校教师教育服务的供给状况与能力。为此，以教师教育综合化指数研发为切入点，对各级各类教师教育机构的教师教育服务能力与水平进行量化衡量与即时监测，为教师教育资源投放提供精准数据服务，是推进国家教师教育管理市场化、科学化、灵活化的客观要求。

2. 实现高校校际教师教育力可比化

在当代，不同类型高校对教师教育的参与度、忠诚度、深入度不同，如若没有一个横贯性类似“教师教育力”测量的量化指标作媒介，不同高校间的教师教育服务品质比重是难以比较的，极易滋生“吃大锅饭”现象。在这种情况下，研发教师教育综合化指数，准确测算不同教师教育机构的教师教育综合化量数，就可能实现综合大学、专科大学、师范大学间教师教育力的横向比较，借此突破教师教育机构间的类型差异、等级差异、区域差异等瓶颈，实现所有教师教育机构在“教师教育力”维度上可比较、可排名的目标，为鼓励大学分类发展、特色发展提供最重要的指标杠杆。同时，针对某一所教师教育机构，评价部门可能根据不同时期该机构教师教育综合化指数波动情况，预测其办学走势，分析其教师教育事业发展水平，实现针对性的即时监测。

3. 科学推进教师教育机构认证工作，完善教师教育机构准入制度

为了推进教师教育机构的专业化、稳定化，国家不断出台政策，呼吁师范大学坚守主业，坚定办高品质师范大学的信念，持续提升自身的教师教育力。同时，在国家层面，继实施师范专业认证之后，教师教育机构认证政策即将出台，亟须客观、专业的发展数据支撑。尤其是在师范教育与非师范教育混合发展的格局下，如何科学认定一所师范大学的“师范”属性，为其他综合大学进入“教师教育机构”提供通道与依据，更需要一系列客观准确的数据支撑。为此，研发教师教育综合化指数就可能满足这一要求，为后续国家教师教育机构认证与准入制度提供客观、科学、有力的数据支持，克服主观化、随意

化的认证弊端。

4. 推进教师教育特色评价数量化，服务学校发展战略调整

在师范大学中，教师教育综合化指数研究一旦获得进展，师范大学坚守的“教师教育特色”是否名副其实、持续推进，就具有了一枚导航标与指南针。在师范大学综合化进程中，监测数据变动将可能成为师范大学审慎对待教师教育特色建设，调整学校发展战略布局与目标定位的高敏度监测器，为师范大学科学发展提供有力的状态信息支持。显然，本指数研发能有效引导师范大学固本守正、永葆本色，真正将师范特色、教师教育特色落到实处，不至于成为学校发展规划层面的一纸空文。

二　教师教育综合化指标设计的基本架构

教师教育综合化指数是一所教师教育机构中教师教育纯度与含量的数量化反映，是教师教育综合化进程的指数反映。要科学测量这一指数，指标设置、数据采集、统计处理是尤为重要的三个环节，需要在全面把握、科学权衡、理性分析的基础上形成科学的指标框架与数据采集模型。我们认为，教师教育综合化指标框架设计中必须考虑三个重要方面：指标设计的层级、指标观测点的抓取、指标观测点的数据量化操作等。

（一）教师教育综合化指标设计的层级：表象层、实质层与能力层

教师教育综合化是一个多类型、多维度、多层次的现象：在类型上，必须考虑师范大学与综合大学两类基本教师教育综合化类型；在维度上，必须厘清最主要的综合化表象、方面与指标；在层次上，必须厘清不同指标间的层级关系，综合权衡其在综合化中的地位与层次。客观地看，教师教育综合化的观测点是多样化的，如表面可视可感的观测点，譬如大学中师范生与非师范生、教育研究生与非教育研究生、师范专业与非师范专业等之间的比例关系，以及有无师范性学院、学科、学位点的设置；从实质性观测点来看，教师教育综合化的指标有教育学科排名、教师教育学科支持力、文理学科排名、师范毕业生的行业口碑或知名度等；从能力性观测点来看，教师教育综合化最终体现为大学的普

通教师（即中小学教师）培养能力、卓越教师培养能力、文理学科与教育学科间的融合能力（直接体现为有无学科教学论学位点设置）等（见图5－4）。三个层次的指标在教师教育综合指数中各有作用与特点：表象性指标客观实在，数据硬度高，但难以表明教师教育综合化的实质水平；实质性指标有利于表达教师教育综合化的真实实力状况，但难以对之进行准确量度；能力性指标与教师教育综合化程度高度相关，但作为一种潜在性指标，它仅仅具有可推测性，难以用高硬度的数据来支撑。在这种情况下，教师教育综合化指数测定只有按照三类指标系统考虑、综合加权的思路来进行。

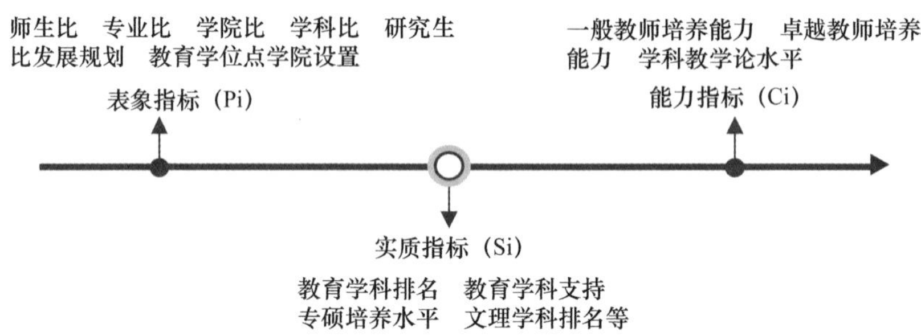

图5－4　教师教育综合指数层级构成图

（注：Pi-Presentational index，即表象性指标；Ci-Capacity index，即能力性指标；Si-Sunstantial index，即实质性指标）

（二）教师教育综合化观测点的量度：分层、分级与量化

基于上述思考，在教师教育综合化指数测量中应该全面考虑三个方面：各层级指标分档加权计入总分；所有数据分四个等级，即0—3级赋分计入；确保各类数据具有适当的可运算性，便于教师教育实力综合得分的形成。

首先是各层次指标的计入。如上所言，从数据硬度来看，反映教师教育综合化的三类指标——表象性指标、实质性指标、能力性指标依次降低，可测性依次下降。基于统计指数硬度的考虑，本书将其在教师教育综合化指数计量中的权重依次设置为：50%、30%、20%。

其次是各类数据的采集与计入方法。在具体实施中，不同层次数据宜采取不同的计量方法，力求形成客观准确的数据结果。上述三类数据中，表现性指标宜先采取数量比值法（百分比）来量化，再分档后计入，如师范生比例、师范专业比例、教育研究生比例等均按照百分比分档计入，以准确反映一所教师教育机构的相对师范教育含量，其中学校规划中的教师教育政策按照等级量化计入；实质性指标将按照等级量化的方法计入，分别按照不同的等级区分手段与量化方法计入综合化指数之中（见表5－2）。

表5－2　**表象性指标分档赋值方案**

指标 等级	教育学科综合支持力	文理学科支持力（2019软科学大学排名）	教育学科排名	教育硕士学科排名	教育研究生专业数量	师范生、教育硕士、招生专业、教师教育机构等比重（%）	赋分结果
0	无教育学科设置	>300	未进入排名	未进入排名	无	0—10%	0
1	有教育学位点	201—300	C类	C类	<15	11%—20%	1
2	有课程教学论学位点	101—200	B类	B类	16—30	21%—30%	2
3	有学科教学论学位点	<100	A类	A类	>31	>30%	3

学校发展规划中有无教师教育的定位及其清晰度是教师教育综合化的一个重要观测点，具体赋值方式参见表5－3。

表 5－3　学校发展规划中教师教育重视度分档赋值方案

等级＼指标	学校教师教育发展政策（依据学校《大学章程》及《学校发展规划》）	计分结果
0	未提及任何“教育”文字	0
1	提及“教育学科”	1
2	将“教师教育”纳入定位	2
3	建设目标是“师范大学”或强调“教师教育特色”作为发展定位	3

最后是能力性指标的计入。在教师教育综合化指数测定中，本书将采取等级量化法进行核算，将一所教师教育机构的教师培养能力区分为三个等级并加以量化处理，然后再计入教师教育综合化指数（见表5－4）。

表 5－4　能力性指标分档赋值方案

等级＼指标	普通教师培养能力	学科教学论课程建设	卓越教师培养能力（卓越教师培养计划项目）	赋分结果
0	无教育类学位教育	无	无	0
1	有教育类学术型研究生学位教育	开设学科教学论课程	有（校内自设）	1
2	有专业型研究生学位教育	省内重点（或有博士点）	有 1 个（部级）	2
3	有本科段中小学教师培养专业	国内重点	有 2 个（部级）	3

在此，我们将“教师教育综合化指数”的整体量化思路图示如下（见图5－5）：

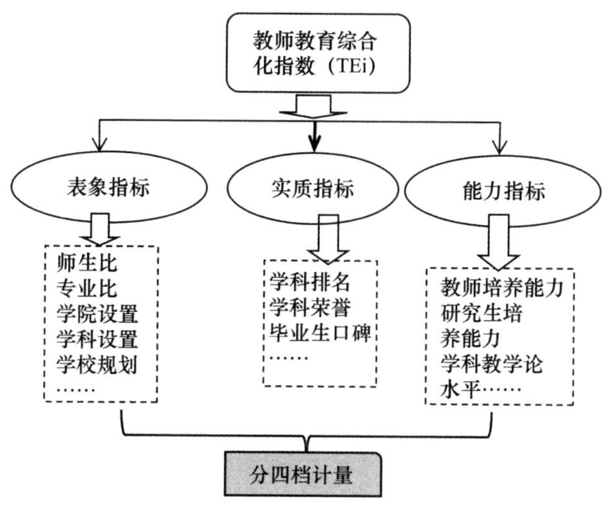

图5－5　教师教育综合化指数量化方案设计

（三）指标量数的合成与适用

教师教育综合化指数的形成是各相关指标量数的加权合成，因此，如何把各相关量数合理计入综合化指数是一个重要环节，这就是指标量数的合成。在实际操作中，拟采取以下公式来综合各二级指标量数，最终确定一所教师教育机构的教师教育综合化指数。

$$TEi = \sum_{i=1}^{3} \text{二级指标（教师教育得分/总量）} \times \text{加权系数}$$

其中，TEi——教师教育综合化指数

具体计算公式为：

$$TEi = Pi * 50\% + Si * 30\% + Ci * 20\%$$

其中，Pi——表象指标，Si——实质指标，Ci——能力指标

依据学校官网公开的数据信息，借助上述计量方式，就可以计算出每一所教师教育机构的教师教育综合化指数。在具体解释与适用时，本指数可以用以下三方面解释：

1. 本机构中教师教育所占的份额或比重。本指数可以用来大致解释一所教师教育机构正在把多大份额的办学资源，如招生指标、资金

设备、教师资源、办学空间等用于教师职前准备教育，也可以大致说明本机构中教师教育事业的地位、权重与相对比例。本数据可以用于同一时期内不同教师教育机构间的教师教育状态综合排名比较，由此，它使多所教师教育机构之间在教师教育状态这一维度上具有了可比性。

2. 教师教育能力建设状况。本指数也可以用来解释一所高等教育机构是否具有培养未来教师的能力，它能够向社会提供多大规模与质量的教师培养服务，以及是否具备接纳一定规模师范生开展教师培养活动的能力等。本数据还可以用于同一时期内不同教师教育机构间的教师教育能力、实力、潜力方面的综合排名比较，即可以进行不同教师教育机构间的教师教育力比较。

3. 本机构一段时间内教师教育规模与品质的波动状况。从历史角度看，同一教师教育机构在不同时期内监测到的综合化指数数据适用于跟踪研究，据此制定其教师教育综合化指数波动图，预测其在未来一段时期内教师教育规模与实力的波动态势，更直观地描述一所教师教育机构一段时期内表现出来的教师教育重视度、忠实度与稳定度。

三　部分样本教师教育机构的教师教育综合化指数分析

在上述指标体系框架下，本团队依托公共网络状态数据，对29所教师教育机构开展了抽样研究，并对每所教师教育机构的教师教育综合化指数（TEi）进行了量化处理与统计分析，得出了以下数据处理结果。

（一）样本抽取

处于研究的需要，本书初选出一批参与了教师教育综合化改革的国内教师教育机构，并进行了分区域、分层次抽样活动。本次抽样的基本原则是：师范大学与非师范大学兼顾，层次性与代表性并重，各类区域兼顾，尽可能立体反映出各级各类教师教育机构的综合化进程全景。样本学校抽取总体情况如表5－5所示：

表5－5　　教师教育综合化研究样本学校概览

地 区	样本学校名称（带英文缩写）	数量
华北	北京大学（BU）清华大学（QU） 中国人民大学（RUC）北京师范大学（BNU） 首都师范大学（CNU）中央民族大学（MUC） 北京联合大学（BUU）河北大学（HBU）	8
华东	复旦大学（FDU）同济大学（TJU） 江南大学（JNU）温州大学（WZU） 华东师范大学（ECNU）上海师范大学（SNU） 上海外国语大学（SISU）山东师范大学（SDNU）	8
华中	武汉大学（WHU）湖北大学（HUBU） 华中科技大学（HUST）华中师范大学（CCNU） 河南师范大学（HNU）	5
西南	重庆师范大学（CQNU）四川师范大学（SICNU） 西南大学（SWU）	3
西北	陕西师范大学（SNNU）西北师范大学（NWNU） 西安文理学院（XU）宁夏师范学院（NNU） 陕西理工大学（SNUT）	5

（二）教师教育综合化指数统计分析

在上述统计方案的指导下，本书对国内29所代表性教师教育机构的教师教育综合化指标进行了分维度统计，并对其综合化指数进行了加权核算，主要统计数据（见表5－6）：

（三）全国教师教育机构的综合化指数分析

基于上述数据，在此对全国样本教师教育机构的教师教育综合化状况加以量化分析与排行（见图5－6）：

图5－6表明，全国教师教育机构的教师教育综合化分布状况具有四个鲜明特征：

1. 全国教师教育机构的主体仍旧是“师范大学”，综合大学参与程度较低

利用两条直线，可以把29所教师教育机构的教师教育综合化状况划分为三个区域：教师教育核心区（TEi > 10）、教师教育中间区（10 >

表 5－6

国内 29 所大学教师教育综合化状态数据与指数分析表

地区	机构	表象指标[①]（Pi · 50%）								实力指标（Si · 30%）			能力指标（Ci · 20%）			综合量数合计	综合化指数 TEi
		师范生比 $P_{1(本)}$	师范专业比 $P_{2(本)}$	教育硕士比 $P_{3(研)}$	教育研究生比 P_5[②]	教育专业量 $P_{4(研)}$	相关学院百分比 P_5[③]	发展规划 P_7[④]	学科等级[⑤]	教育学科支持力	专硕排名	文理支持力[⑥]	普师培养力	卓师培养力[⑦]	学科教学论[⑧]		
华北	BU	0/0	0/0	0/0	1. 2/0	3/0	1/0	0	3	1	0	3	1	0	0	8	2. 9
	QU	0/0	0/0	0/0	0. 2/0	4/0	2/0	0	2	1	0	3	1	0	0	7	2. 4
	RUC	0/0	0/0	0/0	0. 5/0	4/0	2/0	0	0	1	0	3	1	0	0	5	1. 4
	BNU	17/1	16/1	7/0	18/1	46/3	26/2	2	3	3	3	3	3	3	3	31	11
	CNU	63/3	30/3	16/1	20/2	47/3	55/3	3	3	3	2	3	3	3	2	37	14. 5
	MUC	1. 2/0	8/0	5/0	2/0	8/0	17/1	0	1	2	1	2	2	0	1	10	3. 1
	BUU	24/2	19/1	8/0	8/0	2/0	17/1	1	0	3	0	0	3	1	1	13	4. 4
	HBU	1. 1/0	3/0	3/0	3/0	16/1	4/0	0	2	2	0	2	2	0	0	9	3. 1
华东	FDU	0/0	0/0	.2/0	1/0	6/0	2/0	0	0	1	0	3	1	0	0	5	1. 4
	TJU	0/0	0/0	1/0	1/0	3/0	3/0	0	1	1	0	3	1	0	0	6	1. 9
	ECNU	16/1	23/2	10/1	14/1	31/3	34/3	2	3	3	3	3	3	3	3	34	13
	SHNU	21/2	17/1	20/2	28/2	37/3	58/3	2	2	3	2	2	3	3	1	31	12
	JNU	2/0	7/0	[illegible]/0	2/0	3/0	5/0	0	1	2	0	3	3	0	0	9	2. 6
	WZU	41/3	34/3	13/1	16/1	25/2	53/3	2	1	3	0	2	3	0	1	25	10. 3
	SISU	3/0	5/0	0/0	2/0	3/0	12/1	0	0	2	0	3	2	0	1	9	2. 6
	SDNU	24/2	23/2	18/1	20/2	26/2	52/3	3	2	3	2	2	3	2	2	31	12
华中	WHU	0/0	0/0	[illegible]/0	. 5/0	5/0	3/0	0	0	1	0	3	1	0	1	6	1. 6
	CCNU	20/2	20/2	14/2	16/1	45/3	45/3	2	3	3	3	3	3	3	2	36	13. 3
	HUST	0/0	0/0	0. 5/0	1/0	7/0	4/0	0	2	2	0	3	2	0	0	9	2. 9
	HNU	32/3	24/2	35/3	34/3	51/3	51/3	2	2	3	2	2	3	2	2	35	14
	HUBU	14/1	9/0	17/2	17/2	21/2	14/1	0	1	3	1	2	3	1	2	21	7. 5

续表

地区	机构	表象指标（P.·50%）								实力指标（Si·30%）			能力指标（Ci·20%）			综合量数合计	综合化指数TEi
		师范生比$P_{1(本)}$	师范专业比$P_{2(本)}$	教育硕士比$P_{3(研)}$	教育研究生比P_5	教育专业量$P_{4(研)}$	相关学院百分比P_5	发展规划P_7	学科等级	教育学科支持力	专硕排名	文理支持力	普师培养力	卓师培养力	学科教学论		
西南	CQNU	52/3	31/3	20/2	23/2	33/3	56/3	3	0	2	1	1	3	3	2	31	12.3
	SICNU	26/2	22/2	12/1	17/1	36/3	54/3	3	2	3	1	2	3	3	2	31	11.9
	SWU	29/2	14/1	15/1	19/1	33/3	43/3	2	3	3	3	3	3	3	3	34	12.5
西北	SNNU	41/3	25/2	17/1	21/2	26/2	64/3	2	2	3	3	3	3	3	2	34	12.8
	SNUT	27/2	20/2	33/3	33/3	13/1	72/3	2	0	1	0	0	3	0	0	20	8.9
	XU	38/3	31/3	0/0	0/0	0/0	54/3	2	0	0	0	0	3	0	0	14	6.1
	NWNU	42/3	31/3	15/1	20/2	25/2	67/3	2	2	3	2	1	3	3	3	33	12.6
	NNU	56/3	61/3	100/3	100/3	7/0	92/3	2	0	1	0	0	3	1	1	23	9.8

注：①Pi 类指标中前 6 项均来自相应高校官网发布的 2018 年数据，数据中“分子”为实际数据，“分母”为赋分数值。

②本指标得分计算方法为：所有教育类研究生总量（包括教育学硕士、教育硕士、教育博士与教育学博士）/全校年度研究生（博士和硕士）招生总量。由于数据分散、难以获取，各学科课程与教学论专业的学术型硕士研究生数据统计不够准确。

③该比值为所有参与教师培养的院系占院系总数的百分比。

④本栏目主要统计依据：官网《学校简介》与《学校章程》中对学校发展规划的表述。

⑤主要依据第四轮教育部学科评估结果，即评估等级赋分。

⑥主要依据 2019 年最新发布的软科学中国最好大学排名赋分。

⑦本栏目主要参考卓越教师班建设状况，例如，有两项入选“教育部卓越教师培养计划项目”，即可得 3 分。

⑧主要依据学校教师教育机构，如教育学院（部）、师范学院、教育研究院等的介绍。

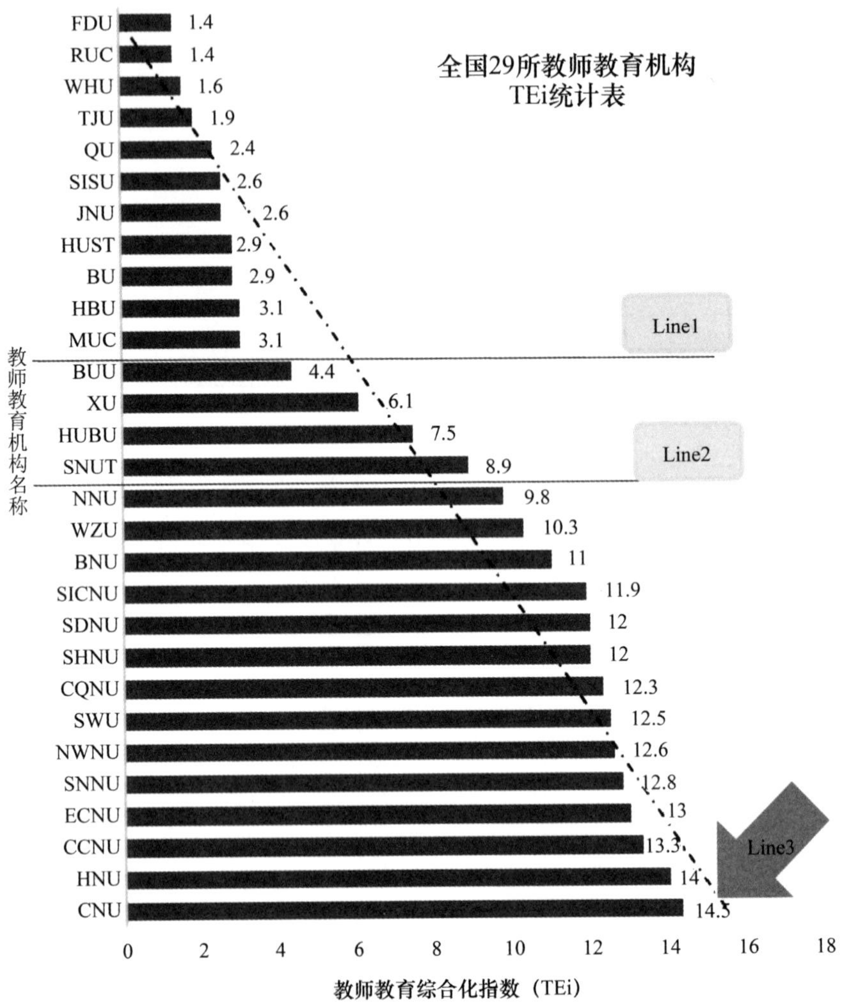

图5-6　全国29所教师教育机构教师教育综合化指数排行榜

TEi>6）与教师教育边缘区（TEi<4）。位于核心区的教师教育机构是师范大学，位于中间区的教师教育机构主要是由师范大学演变而来的新型综合大学，位于边缘区的教师教育机构主要是传统综合大学。从数据整体分布现状分析，综合大学数据均分布在走势线（Line3）的左侧，表明当代我国教师教育综合化整体呈现出走弱的态势：主体教师教育机

构，即部属师范大学与省属师范大学正走向师范与非师范混合发展的状态，区域性师范大学加速了综合化或去师范化的进程，而高水平综合大学的教师教育参与进程缓慢，与国家期待的“高水平综合大学参与教师教育”的政策期待尚有差距。值得关注的是，综合大学中西南大学、温州大学的教师教育仍占有较大比重，表明其综合化进程相对较慢。

2. 部属师范大学与省属师范大学对教师教育的重视度旗鼓相当

如图 5 - 6 所示，四所部属师范大学的平均教师教育综合化指数为 12. 52，而八所省属师范大学的平均教师教育综合化指数为 12. 36，部属师范大学均值略高于省属师范大学。这足以表明：国内师范大学的发展轨迹大致相似，教师教育依然是主流师范大学的发展重点，全国教师教育的中坚力量依然是部属、省属师范大学。在教师教育队伍阵营中，省属师范大学的代表是首都师范大学，部属师范大学的代表是华中师范大学，其对教师教育事业的综合贡献力最大。无疑，这种状况的形成与国家政策支持密切相关，尤其是首都师范大学、宁夏师范学院、山东师范大学等省属师范大学中均设有公费师范生培养项目，对学校教师教育特色的保持与强化功不可没。

3. 各地区教师教育的中坚力量仍旧是省属师范大学

从地区角度来看，每个地区都有教师教育的领头羊，并对该地区教师培养事业发挥着重要辐射作用。依据有限样本数据来看，华北地区的首都师范大学、华东地区的华东师范大学、华中地区的河南师范大学、西南地区的西南大学、西北地区的陕西师范大学成为该地区教师教育事业的骨干力量，其 TEi 指数明显领先。这些大学中的60%是部属师范大学，继续强化这些大学的教师教育特色对于导航教师教育综合化进程意义重大。

4. 教师教育综合化路径是决定大学教师教育综合化指数的关键因素

从教师教育综合化路径来分析，大致有三种：其一是“N - C”式，即师范大学的综合化进程；其二是“C - N”式，即综合大学的师范化进程；其三是“N－C－N”式，即师范大学跨过了综合化进程后出现了回归或再现教师教育特色的态势。显然，图5－6中教师教育核心区院校的综合化走的是路径1，即“N－C”式，故其TEi指数较高；教师教育边缘区的综合化走的是路径2，即“C－N”式，故其TEi指数较低，都与理想的路径3尚有差距。这一综合化状态表明：综合化路径是决定TEi指数的关键因素，我国教师教育综合化尚处在起步阶段，还没有达到成熟的综合化目标，需要持续鼓励、加大研究，在师范化与综合化之间找到最佳平衡点，大力鼓励历史上的师范大学重振雄风。

四　提升我国教师教育综合化品质的政策建议

教师教育综合化是办学环境与内生动力双双驱动的产物，能否培植出一种高水平师范大学与高水平综合大学“强强联合”的理想教师教育格局，关键取决于三方力量的协同，这就是：学校自觉、政策领航与利益配置。鉴于上述分析，后续国家教师教育综合化政策应该加大三方面干预力度：

（一）国家实施教师教育特惠政策

教师教育事业具有较强的公益性、公共服务性，这就决定了其市场生存能力较弱，国家政策援助力度是决定其发展水平的首要因素，为此，制定国家层面的教师教育特惠政策尤为必要。就目前看，师范教育与非师范教育混合生长已是一种常态，建立国家教师教育特惠政策的前提是：针对师范大学与非师范大学、师范专业与非师范专业实施区别性教育政策，借助教师教育综合化监测数据精准判定两类教师教育机构——师范大学与综合大学中的教师教育份额，据此科学确定学校办学经费拨款的额度，谨防无视师范教育社会生存独特性的平均主义经费配置现象出现。与此同时，在坚持国家作为教师教育事业办学主体的前提下，要严格坚持“按照教师教育份额配置办学资源”的原则，基于教师教育综合化监测数据科学核算经费拨付额度，保障师范大学、师范专业的特惠政策落到实处。同时，建议国家继续支持公费师范教育政策，使之成为撬动师范大学回归本分、迈向重振的一个杠杆。

（二）加大省属师范大学扶持力度

省属师范大学依旧是我国教师教育事业的中坚力量，是紧随部属师范大学之后的又一重要教师教育服务供给主体，引导省属师范大学办好师范专业是助推“高水平师范大学”涌现的关键政策基点。教育事业是一项事关国计民生的事业，其对优秀教师的规模需求是巨大的，单单依靠部属师范大学难以撑起我国教师教育事业天空。换个角度看，只有做大做优省属师范大学的底盘，才可能促使整个教师教育事业“培基促优”的发展目标实现。为此，建议国家出台《加强省属师范大学教师教育能力建设的意见》等专项政策，多角度强化省属师范大学的办学实力，做大做强我国教师教育事业的基盘，力促“主体多元、平等参与、开放竞争、凝练品质”的师范大学发展格局形成。

（三）提振综合大学举办教师教育的热情

高水平综合大学既有师范大学的传统基因，又有高水平文理学科支撑，具备办出高水平教师教育学科专业的天然优势。因此，高水平综合大学举办教师教育学科与专业是突破师范大学整体学术水平较弱、社会竞争力不强等瓶颈的最佳选择。受偏好实用类理工科、教育专业就业市场狭窄等原因影响，国内高水平综合大学举办教师教育的热情不高，正处在裹足不前，甚至伺机撤退的境况，大学自觉与国家政策助推尤为重要。一方面，综合大学应该看到高水平教师教育学科对大学自身发展的影响力与支撑力，对大学自身办学方向、教育改革、社会影响等方面的特殊功能，这是促使其自觉参与教师教育事业的内因所在。另一方面，国家应该对举办教师教育学科专业的综合大学予以积极鼓励与扶持政策，及时召开综合大学教师教育学科与专业建设的专题推进会与经验交流会，善于利用项目、拨款、评比、考核等多种政策工具刺激综合大学举办教师教育事业的热情，尽可能实现教师教育政策干预的精准化与科学化。

附录　教师教育综合化案例院校招生专业数据信息收集

1. 北京大学

（1）学校本科生招生专业变化情况

年度	师范专业	非师范专业	师范专业比例	备注
2010	0	93	0	
2011	0	69	0	
2012	0	102	0	
2013	0	137	0	
2014	0	102	0	
2015	0	96	0	
2016	0	96	0	
2017	0	38	0	
2018	0	29	0	
2019	0	37	0	

（2）学校研究生招生专业变化情况

年度	师范专业	非师范专业	备注	
2019	18	60		
2018	16	69	依据 2018 年录取情况	
2017	18	68		

续表

年度	师范专业	非师范专业	备注	
2016	18	69		
2015	18	69		
2014	17	68		
2013	16	68		
2012	当年录取情况也未标注师范专业		无招生计划	
2011				
2010				

资料来源：该校本科历年招生简章。

2. 四川师范大学

（1）学校本科生招生专业变化情况

年度	教育类专业	非教育类专业	教育专业比例	备注
2014	3	55	5.45%	
2015				
2016	5	212	2.1%	
2017				
2018	5	231	2.1%	
2019	5	224	2.2%	

（2）学校研究生招生专业变化情况

年 度	教育类专业	非教育类专业	教育专业比例	备注
2019	29	62	29/91	
2018	31	66	31/97	
2017	56	102	56/158	
2016	43	87	87/130	

续表

年 度	教育类专业	非教育类专业	教育专业比例	备注
2015	40	85	40/125	
2014	44	86	44/130	
2013	42	87	42/129	
2012	42	80	42/122	
2011	43	56	43/99	
2010	43	50	43/93	
2009	25	45	25/70	

3. 北京师范大学

（1）学校本科招生专业变化情况

年度	师范专业	非师范专业	师范专业比例	备注
2015	14	37	27.5%（14/51）	
2016	18	28	39.1%（18/46）	
2017	13	40	24.5%（13/53）	
2018	11	58	20%（11/69）	
2019	14	44	24.1%（14/58）	

（2）学校研究生招生专业变化情况

年度	教育类专业	非教育类专业	教育专业比例	备注
2010	31	128	19.5%（31/159）	数据来自考研网报录比
2011	29	124	20%（29/153）	
2012	28	124	18.4%（28/152）	
2013	27	104	20.6%（27/131）	
2014	28	147	19%（28/175）	
2015	31	123	20.1%（31/154）	

续表

年度	教育类专业	非教育类专业	教育专业比例	备注
2016	34	99	25.6%（34/133）	数据来自考研网考研专业目录，专业数目似乎有些缺失
2017	44	143	23.5%（44/187）	
2018	48	129	27.1%（48/177）	
2019	45	128	26%（45/173）	

4. 温州大学

（1）学校本科生招生专业变化情况

年度	总专业数	师范专业	非师范专业	师范专业比例	备注
2010	55	14	41	25.45%	
2011	58	15	43	25.86%	
2012	57	15	42	26.32%	
2013	50	15	35	30.00%	
2014	55	15	40	27.27%	
2015	55	15	40	27.27%	
2016	46	15	31	32.61%	
2017	47	15	32	31.91%	
2018	41	15	26	36.59%	
2019	43	15	28	34.88%	

（2）学校研究生招生专业变化情况

年度	总专业数	教育类专业	非教育类专业	教育专业比例	备注
2010	31	12	19	38.71%	
2011	31	12	19	38.71%	
2012	41	12	29	29.27%	

续表

年度	总专业数	教育类专业	非教育类专业	教育专业比例	备注
2013	43	12	31	27.91%	
2014	42	11	31	26.19%	
2015	63	29	34	46.03%	
2016	63	29	34	46.03%	
2017	63	28	35	44.44%	
2018	60	25	35	41.67%	
2019	48	16	32	33.33%	

5. 陕西师范大学

(1) 学校本科招生专业变化情况

年度	师范专业	非师范专业	师范专业比例	备注
2019	17	51	17：68	各类下面又有细化的专业，有的是师范，有的是非师范
2018	16	29	16：45	只有类，没有细化的专业；此外，如化学和化学类这种师范和非师范算作两个专业
2017	17	27	17：44	
2016	17	27	17：44	
2015	17	50	17：67	专业分法同 2019 年
2014	15	47	15：62	
2013	15	45	15：60	
2012	15	44	15：59	
2011	17	41	17：58	
2010	18	36	18：54	

（2）学校研究生招生专业变化情况

年度	教育类专业	非教育类专业	教育专业比例	备注
2019	34	156	34：190	
2018	35	164	35：199	
2017	35	162	35：197	
2016	34	162	31：196	
2015	33	159	33：192	
2014	31	155	31：186	
2013	32	166	32：198	https：//www. docin. com/p-797476455. html https：//www. docin. com/p-684762181. html
2012	32	165	32：197	
2011	32	157	32：189	https：//wenku. baidu. com/view/4463af294b73f242336c5f1a. html https：//wenku. baidu. com/view/4e80430ff12d2af90242e685. html
2010	29	142	29：171	https：//www. docin. com/p-491165979. html

6. 西南大学

（1）学校本科生招生专业变化情况

年度	总专业数	师范专业	非师范专业	师范专业比例	备注
1999					
2000					
2001					
2002	48	21	27	43. 75%	
2003					
2004					

续表

年度	总专业数	师范专业	非师范专业	师范专业比例	备注
2005					于 2005 年 7 月由原西南师范大学、原西南农业大学合并组建而成
2006	105	17	88	16. 19%	
2007	95	17	78	17. 89%	
2008	95	17	78	17. 89%	
2009	104	17	87	16. 35%	
2010	107	19	88	17. 76%	
2011	105	19	86	18. 10%	
2012	105	16	89	15. 24%	教技、小教、教育学 3 个专业不再有师范方向
2013	103	16	87	15. 53%	
2014	105	16	89	15. 24%	
2015	108	16	92	14. 81%	
2016	105	16	89	15. 24%	
2017	102	16	86	15. 69%	
2018	100	16	84	16. 00%	
2019	103	16	87	15. 53%	

（2）学校研究生招生专业变化情况

年度	总专业数	师范专业	非师范专业	师范专业比例	备注
2003	53	0	53	0. 00%	纸质版招生目录
2004	69	0	69	0. 00%	
2005	89	15	74	16. 85%	
2006	140	15	125	10. 71%	
2007	161	15	146	9. 32%	

续表

年度	总专业数	师范专业	非师范专业	师范专业比例	备注
2008	161	15	146	9.32%	
2009	193	15	178	7.77%	教育学院教育硕士，其他查不到
2010	198	15	183	7.58%	还未开始招收免师硕士
2011	196	15	181	7.65%	博士 56 个专业，专业总数少
2012	278	19	259	6.83%	开招免师教育硕士
2013	272	19	253	6.99%	
2014	297	19	278	6.40%	
2015	241	19	222	7.88%	
2016	218	19	199	8.72%	
2017	222	19	203	8.56%	
2018	220	18	202	8.18%	不再设教育管理免师硕士
2019	229	18	211	7.86%	

参考文献

一　中文专著

冯大鸣：《美、英、澳教育管理前沿图景》，教育科学出版社 2004 年版。

黄宗智：《中国研究的规范认识危机》，牛津大学出版社 1994 年版。

俞可平：《治理与善治》，社会科学文献出版社 2000 年版。

张维迎：《博弈与社会》，北京大学出版社 2013 年版。

二　中文译著

[美] 伯顿·克拉克著：《高等教育系统——学术组织的跨国研究》，王承绪等译，杭州大学出版社 1994 年版。

[美] 德里克·博克：《走出象牙塔——现代大学的社会责任》，徐小洲等译，浙江教育出版社 2001 年版。

[美] 华勒斯坦：《学科·知识·权力》，刘健芝等编译，生活·读书·新知三联书店 1999 年版。

[美] 托马斯·库恩：《科学革命的结构》，金吾伦、胡新和译，北京大学出版社 2003 年版。

[美] 詹姆斯·罗西瑙：《没有政府的治理——世界政治中的秩序与变革》，张胜军等译，江西人民出版社 2001 年版。

[美] 唐纳德·A. 舍恩：《反映回观：教育与咨询实践的案例研究》，夏林清译，教育科学出版社 2008 年版。

[英] 阿克顿：《自由与权力》，侯健、范亚峰译，商务印书馆 2001

年版。

三 中文期刊

鲍嵘：《学科制度的源起及走向初探》，《高等教育研究》2002年第4期。

陈亮：《学科治理能力现代化："双一流"建设的逻辑旨归》，《高校教育管理》2019年第6期。

陈林：《教师教育学科专业建设的现实需要及其路径》，《当代教师教育》2019年第1期。

陈文江、寇星亮：《"学科本土论"与西部社会学的本土化实践》，《甘肃社会科学》2016年第5期。

陈霞：《教师教育研究领域关键学者分析》，《教育与教学研究》2014年第8期。

陈晓宇：《关于我国教育学科发展若干问题的认识》，《高等教育研究》2017年第2期。

陈永明、王健：《"教师教育学"学科建立之思考》，《教育研究》2009年第1期。

陈越：《基于分布式领导理念的二级学院治理》，《教育评论》2018年第9期。

丁云龙、孙冬柏：《产业技术研究院的创建及意义》，《中国高校科技》2012年Z1期。

傅翠晓、钱省三、陈劲杰等：《知识生产研究综述》，《科技进步与对策》2009年第2期。

甘晖：《学科综合化：高水平师范大学转型的战略选择——以陕西师范大学为例》，《高等教育研究》2013年第4期。

郭书剑、王建华：《论学院的治理及其意义》，《江苏高教》2016年第5期。

郭书剑、王建华：《论一流学科的制度建设》，《高校教育管理》2017

年第 2 期。

韩菁菁：《系统耦合理论视域下的高职院校创新创业教育》，《创新与创业教育》2019 年第 3 期。

郝文武：《教师教育学科建设为谁、谁建、怎样建》，《教师发展研究》2018 年第 4 期。

黄维：《本科立人，本科立校——构建“中国特色世界一流”本科教育体系初探》，《中国高教研究》2016 年第 8 期。

计亚萍：《“内卷化”理论研究综述》，《长春工业大学学报》（社会科学版）2010 年第 3 期。

赖德胜、武向荣：《论大学的核心竞争力》，《教育研究》2002 年第 7 期。

雷环、钟周、乔伟峰：《“双一流”建设背景下中美研究型大学“学科”发展模式比较研究》，《清华大学教育研究》2018 年第 6 期。

李春林、刘丽丽：《一流学科的演进特征与生成机理》，《国家教育行政学院学报》2017 年第 11 期。

李润洲：《教师教育学：一门有待具象的学科》，《上海教育科研》2014 年第 2 期。

李硕豪：《论一流本科教育的基本特征》，《中国高教研究》2018 年第 7 期。

李维平：《对人才定义的理论思考》，《中国人才》2010 年第 23 期。

李政涛：《教育学科发展中的“制度”与“制度化”问题》，《华东师范大学学报》（教育科学版）2001 年第 3 期。

李中国、黎兴成：《教师教育学科的建设逻辑》，《教育科学》2018 年第 6 期。

林丽：《试论师范教育的有效性》，《中国成人教育》2012 年第 23 期。

刘海峰：《高等教育学：在学科与领域之间》，《高等教育研究》2009 年第 11 期。

刘海燕、曾晓虹：《学科与专业、学科建设与专业建设关系辨析》，《高等教育研究学报》2007 年第 4 期。

刘世定、邱泽奇：《“内卷化”概念辨析》，《社会学研究》2004 年第 5 期。

龙宝新：《论师范院校的教师教育学科体建设》，《当代教师教育》2020 年第 2 期。

陆根书、胡文静：《一流学科建设应重视培育学科文化》，《江苏高教》2017 年第 3 期。

马陆亭：《“双一流”建设不能缺失本科教育》，《中国大学教学》2016 年第 5 期。

马陆亭：《一流学科建设的逻辑思考》，《高等工程教育研究》2017 年第 1 期。

莫甲凤：《基于耦合系统理论分析 MIT 工程教育的三次教学改革》，《高等工程教育研究》2015 年第 5 期。

庞发现：《试论人生发展的科学化趋势》，《学术交流》1988 年第 2 期。

彭宇文：《教育法地位再探——兼论教育法学学科建设》，《教育研究》2020 年第 4 期。

尚红娟：《美国一流本科教育的改革与发展趋势》，《现代大学教育》2018 年第 3 期。

宋涛：《高等师范院校综合化发展道路之我见》，《鞍山师范学院学报》1994 年第 1 期。

谭月娥：《“学科”演进的理性审视》，《中国高教研究》2011 年第 9 期。

陶应军：《现代大学治理视野下地方高校二级学院治理模式创新研究》，《中国成人教育》2015 年第 23 期。

王洪才：《一流本科教育的四重内涵》，《苏州大学学报》（教育科学版）2018 年第 4 期。

王建华：《一流学科评估的理论探讨》，《大学教育科学》2012 年第 3 期。

王健：《教师教育学科建设中的立场与视野》，《中国教育学刊》2011年第7期。

王强、周刚、朱启超等：《一流大学本科教育的基本特征》，《现代教育科学》2009年第9期。

邬大光：《重视本科教育：一流大学成熟的标志》，《中国高教研究》2016年第6期。

吴丹丹、马海泉、张雷生：《浅析科学研究与高等教育的耦合机制》，《中国高校科技》2018年第Z1期。

武海顺、闫建璋、程茹等：《论教师教育特色》，《教师教育研究》2011年第6期。

武建鑫：《走向自组织：世界一流学科建设模式的反思与重构》，《湖北社会科学》2016年第11期。

武学超：《模式3知识生产的理论阐释——内涵、情境、特质与大学向度》，《科学学研究》2014年第9期。

武毅英、童顺平：《供给侧改革视域下的一流学科建设》，《大学教育科学》2017年第4期。

肖国芳、彭术连：《治理视阈下高校二级学院分权治理研究》，《江苏高教》2017年第2期。

许宁生：《把握好"中国特色、世界一流"的核心要求》，《中国高等教育》2015第22期。

宣勇：《大学学科建设应该建什么》，《探索与争鸣》2016年第7期。

宣勇：《治理视野中的我国大学校长管理专业化》，《中国高教研究》2015年第1期。

杨林、李辉、茶世俊：《省属师范大学教师教育学科建设：价值、目标与路径》，《云南师范大学学报》（哲学社会科学版）2013年第3期。

杨清华、孙耀斌、许仪：《建立中国特色的世界一流大学评价体系》，《中国高等教育》2017年第19期。

杨兴林：《"世界一流学科"建设须预防四大误区》，《现代教育管理》

2016 年第 8 期。

杨跃：《关于教师教育学科构建的理性思考》，《教师教育研究》2007 年第 1 期。

杨跃：《“教师教育学”刍议》，《南京师大学报》（社会科学版）2015 年第 3 期。

杨跃：《“教师教育学科建设”的“去学科化”憧憬》，《中国教育学刊》2020 年第 4 期。

杨跃：《教师教育学科制度建设：内涵、目标、困境与行动——基于新制度主义社会学的视角》，《教育发展研究》2018 年第 22 期。

叶澜：《一个真实的假问题——“师范性”与“学术性”之争的辨析》，《教师教育研究》1999 年第 2 期。

尹伟中：《共生效应》，《时尚北京》2015 年第 5 期。

于晓霞：《高师院校教师教育学科队伍建设的思考》，《通化师范学院学报》2011 年第 3 期。

张德祥、李洋帆：《二级学院治理：大学治理的重要课题》，《中国高教研究》2017 年第 3 期。

张古忍：《关于生命起源的哲学思考》，《湘潭师范学院学报》（社会科学版）1993 年第 6 期。

张宇华：《高校二级学院从管理到治理的转变》，《教育理论与实践》2018 年第 15 期。

郑杭生：《中国社会的巨大变化与中国社会学的坚实进展——以社会运行论、社会转型论、学科本土论和社会互构论为例》，《江苏社会科学》2004 年第 5 期。

周光礼、武建鑫：《什么是世界一流学科》，《中国高教研究》2016 年第 1 期。

朱佳颖：《21 世纪高等师范院校的综合化发展》，《黑龙江高教研究》2003 年第 5 期。

朱平：《学术自由和社会良心：大学的批判品格——布鲁贝克〈高等教

育哲学〉读后》，《贵州师范大学学报》（社会科学版）2008 年第 4 期。

朱旭东、赵英：《“双一流”建设逻辑中师范院校的教师教育学科建设》，《教育发展研究》2018 年第 9 期。

朱旭东、赵英：《再论教师教育学科建设》，《教师发展研究》2019 年第 1 期。

四　学位论文

胡玲翠：《教师教育开放背景下师范大学综合化转型研究》，博士学位论文，陕西师范大学，2014 年。

李俐兴：《“后理论”的缘起及其三大问题域》，博士学位论文，浙江大学，2018 年。

姚瑶：《综合化背景下师范大学教师教育发展问题研究》，硕士学位论文，沈阳师范大学，2014 年。

翟亚军：《大学学科建设模式研究》，博士学位论文，中国科学技术大学，2007 年。

五　中文报纸

郭东明：《一流本科教育要“软硬兼施”》，《中国教育报》2019 年 1 月 21 日第 003 版。

邱勇：《一流本科教育是一流大学的底色》，《光明日报》2016 年 6 月 21 日第 13 版。

赵英：《教师教育学科振兴助力良师培养》，《中国教育报》2018 年 10 月 22 日第 2 版。

六　外文专著

Allison Gulamhussein, *Teaching the Teachers: Effective Professional Development in an Era of High Stakes Accountability*, Washington, D. C.: Center for Public Education, 2013.

Beate Kohler-Koch, Rainer Eising, *The Transformation of Governance in the European Union*, London: Routledge, 1999.

Hart Research Associates, *Recent Trends in General Education Design, Learning Outcomes, and Teaching Approaches*, Association of American Colleges and Universities, 2016.

G. Ritzer, *Sociology: A Multiple Paradigm Science*, Boston: Allyn and Bacon, 1975.

七 外文期刊

Robert S. Hirschfield, "Public Papers of the Presidents of the United States: Lyndon B. Johnson, 1963 - 1964, Vols. I and II", *The Journal of Higher Education*, Vol. 38, No. 6, 1967.

后　记

教师教育是国家基础教育的专业母体，教师教育改进是中小学教育改革的原动力所在，加大教师教育学科学问研究更是从源头上提高我国教师培养质量的关键之举。在跨世纪之初，我国教师教育改革浪潮汹涌，面向专业化、大学化、综合化、一体化、标准化的教师教育改革此起彼伏，锁定了我国面向21世纪的教师教育改革宏伟蓝图。正是在这一背景下，本人有幸承担了2018年全国教育科学规划国家级项目——“教师教育力提升与‘双一流’背景下教师教育综合化改革研究”（BAA180019），着重对教师教育综合化视野中的教师教育改革问题做了较为深入的研究，形成了一些不够成熟的体会与认识。本书的出版既是本人对该问题研究的一个阶段性小结，又是启动新一轮研究的开端，真正有见地的结论还处在学术探究的途中。

无疑，在当代教师教育改革浪潮中，教师教育综合化是最为抢眼的浪峰之一，鼓励学术实力优异的综合大学加入教师教育阵营，堪称当代中国教师教育改革中现实而又浪漫的一个创举：说其“现实”，是因为中国着实需要高水平优质教师教育服务，以北大、清华等校为代表的精英大学参与优秀教师培养工作一定是根本性提升中国教师教育品质的现实选项；说其“浪漫”，是因为这一改革具有一定的理想性与超时代性，毕竟精英综合大学更为看重的是自身在国家高科技事业中所占的份额与地位，教师教育无论如何都难能进入其主业范畴。正是如此，整个21世纪前期，我国教师教育综合化一直处在蹒跚攀爬状态之中，甚至还不时遭遇阻力与障碍，导致部分入群综合大学屡屡暴露出“退群”的心态。全面审视教师教育综合化，用最具实质性的教师教育力指标来评判一所综合大学的教师教育状况，无疑是科学导航教师教育综合化全局的一面旗帜！

教师教育综合化不仅源自当代大学理念——“综合大学作为大学代言人”的新兴理念触发、“综合大学”情结困扰，更源自师范大学对自身“综合性”发育不够的自卑情绪，国内一批表现不俗的师范大学由此率先走上了“综合化”或“去师范化”的道路。在“综合大学”倍受推崇的时代，师范大学生存空间有限，被迫走上综合化轨道，将这一选择放在高等教育发展格局中去审视，的确也可以理解。由此，师范大学综合化成为我国教师教育综合化的又一侧翼，综合大学办教师教育一同奏响了我国教师教育综合化改革的主旋律。

国情不同，形势不同，教师教育综合化的路径与表现也就不同。对我国而言，教师教育综合化没有统一的格式，没有法定的样态，没有权威的“国标”，只有“对卓越教师规模化培养有效”这一实质性判定标尺。在近 30 年的摸索中，中国教师教育综合化走出了表层综合化、应时综合化、局部综合化、理想综合化的误区，开辟出了一条“中国特色、实质至上”的教师教育综合化道路。无论是哪类学校的综合化、哪个层面的综合化、哪种形态的综合化，只要其教师教育化的量度——教师教育综合化指数（TEi）持续走高，这种综合化形态就应该是科学合理的，是有利于中国教师教育持续、快速、优质发展的综合化形态。

基于上述考虑，本书提出：以教师教育力评量为基准，科学导航教师教育综合化方向，助推我国教师教育实力不断积累增值，是面向未来中国教师教育综合化康庄前行的一条“中国道路”。在这一意义上，我们呼吁国家、政府、高校要善于破除制约教师教育综合化的观念、体制与文化等壁垒，大胆推进教师教育综合化工程的系统创新，促使中国教师教育综合化回归初心与正途，在践行教育强国战略中大胆作为，真正发挥其领航教师教育、助力教师教育振兴的独特功能。

在本书编校过程中，以刘艳老师为首的出版团队付出了心血与汗水，在此特致以诚挚的谢意！同时，由于本人水平所限，本书中难免还有许多不成熟的表达与观点，甚至还有许多漏洞百出的观点，如若发现，还请读者海涵！学术事业是一场时刻发现谬误，向谬误宣战的事业，真正的学术思想是在一次次、一步步、一点点地被证伪中脱颖而出的。教师教育学术研究亦是如此，愿本书中那些不成熟的观点能够成为学术界批判的对象与素材，成为催生教师教育真理显现的铺路之砖块！

于西安曲江

2021 年 6 月 13 日